논어가
흐르는
경 영

논어가 흐르는 경영

김혁 지음

들어가는 말

우리는 관계망 속에서 살고 있다

이 책은 현대 경영이 부딪히고 있는 문제점을 유학사상의 관점에서 어떻게 풀어나갈 수 있는지를 모색하기 위해 쓴 책이다. 유학사상을 매니지먼트에 어떻게 접목할 것인지는 인간이 근원적으로 관계망network 속에 있는 존재라는 설정으로부터 시작한다. 관계망 속에 있는 인간의 모습을 잠시 스케치해본다.

2005년 〈너는 내 운명〉이라는 영화로 청룡영화제 남우주연상을 받은 배우 황정민 씨의 수상 소감은 많은 사람을 가슴 뭉클하게 했다. 자신은 일개 배우 나부랭이고 뒤에서 힘쓴 많은 분들의 도움으로 차려진 밥상에 숟가락 하나 얹은 정도의 일을 했는데도 모든 스포트라이트는 혼자서 다 받는다는 감사하고 미안한 마음의 표현이 우리 뇌리에 신선하게 다가왔기 때문이다.

자기가 현재 있는 자리가 자기 혼자만의 능력이나 노력 때문이 아니라 자신을 둘러싼 많은 사람들의 도움 때문이라는 것을 안다는 것은 우리가 세상을 바르고 기쁘게 사는 데 있어 반드시 요구되는 지혜라고 할 수 있다. 자신이 태어날 때부터 다른 사람들과의 관계뿐 아니라 하늘과 땅과의 모든 인연 관계로 엮어졌다는 것을 아는 것이 참 지혜다. 그러나 우리는 눈앞의 문제에 집중하느라 이 지혜를 종종 잊고 어리석은 상태에서 삶을 영위하는 것은 아닌지 살펴볼 필요가 있다.

관계망 속에 있는 인간의 구체적인 모습을 보기 위해 장면 하나를 보자. 2014년 세월호 사고로 꽃다운 어린 학생들이 목숨을 잃은 황당한 일이 일어났다. 20년 전 1994년에 서울의 성수대교가 무너져 많은 인명 피해를 본 지 20년이 지났지만 안전에 대한 의식의 변화나 제도적인 보완책이 이루어지지 않았다고 언론은 분석하고 있다.

겉으로 화려해 보이는 세상이지만 내부는 해결해야 할 문제가 복잡하게 얽혀있는 모습이다. 눈앞의 이익을 위해 사람의 목숨조차 가볍게 여기는 우리 마음이 드러난 것이다.

우울한 앞 장면과 대비되는 다른 장면을 보자. 샌프란시스코에 있는 중급 정도의 호텔 경영자인 칩 콘레이가 2010년 테드TED 강연에서 밝힌 자신의 경험담이다. 2000년대 초 미국에서 '닷컴' 기업들이 붕괴되어 샌프란시스코 경제가 매우 어려웠고 특히 호텔산업은 최악의 국면으로, 문을 닫는 호텔이 속출하는 큰 어려움을 당했을 때 콘레이가 운영하는 호텔은 큰 어려움 없이 난관을 극복했다.

콘레이의 호텔이 난관을 극복한 이유는 경영자가 경영을 잘 한 것 때문이 아니라 베트남에서 미국으로 건너와 메이드(잡역부) 일을 하고 있는 비비안이라는 종업원 때문이었다. 비비안은 화장실 청소와 같은 하찮은 일을 담당하는 메이드였지만 늘 웃음을 머금고 고객을 기쁘게 하는 자세로 일했다. 예를 들어 화장실에 꽃을 꽂고 고객이 이로 인해 기뻐하는 모습을 생각하며 행복감을 느끼는 식이었다. 이에 따라 고객들은 마치 자신의 집에 온 듯 편안함을 느꼈다고 칭찬을 하였다. 이처럼 비비안은 고객과 정서적으로 연결이 되어 20년간 100번 이상 호텔에 투숙한 고객이 있을 정도로 눈에 보이지 않는 공헌을 한 것이다.

이 일화를 소개한 칩 콘레이는 경영자가 잊기 쉬운 것이 '우리가 인간이라는 것'임을 밝힌다. 경영을 하면서 동료나 고객에게 인간적으로 다가서고 거기에서 행복을 나누는 관계가 진정한 성공을 가져온다는 사실을 일깨운다.

유학은 인간이 관계망 속에 있음을 바탕으로 하여 인간다운 길을 모색하는 사상이다. 관계망 속에 있는 인간의 모습을 인(仁)이라는 언어로 집약하고 이를 실천하는 여러 방법을 자상하게 설명한다.

경영은 사람들과 함께 일하면서 맡은 일을 성공적으로 해내기 위한 방식을 다룬다. 일을 성공적으로 해내는 기능을 '매니지먼트'라고 하는데 매니지먼트를 제대로 아는 사람과 그렇지 않은 사람 사이에는 삶이나 일에 있어 엄청난 차이가 있게 된다. 매니지먼트의 핵심 과제가 같이 일하는 사람들이 일을 잘할 수 있도록 하는 기능이기 때문에 매니지먼트에서도 역시 관계망 속의 인간이라는 주제가 중요함을 알 수 있다.

관계망 속의 인간이 지녀야 할 덕목이라 할 수 있는 유학사상은 매니지먼트에 지혜를 제공할 수 있다. 예를 들어 인을 실천하는 경영이란 어떤 것이어야 하며 의(義)와 이(利)의 문제가 경영현장에서 어떻게 작용해야 하는지와 같은 영역이다.

21세기에 접어들어 급격한 환경 변화로 경영이 방향을 잃고 표류하는 현재, 공자의 마음이 잘 드러난 《논어》를 경영 현장에 새롭게 새겨 보다 멋진 세상을 일구는 데 도움이 되었으면 하는 바람을 품는다.

남산자락에서
김혁 씀

차례

들어가는 말_우리는 관계망 속에서 살고 있다 5

우리 삶과 경영의 뿌리

1
논어와 경영이 만나다
논어에서 공자는 이런 사회를 바랐다 18
논어 속을 들여다보자 21
논어에서 어떻게 경영을 읽어낼 것인가 25
논어와 주판은 무슨 관계가 있을까 28
유학의 인의예지신이란 무엇인가 30
아끼고 보살피는 마음 인(仁) | 바르게 사는 사회를 바라는 마음 의(義)
공손하고 질서를 지키는 마음 예(禮) | 앎을 배워가는 삶의 마음 지(智)
서로 믿고 사는 세상을 바라는 마음 신(信)
유학의 어제와 오늘을 살펴보자 38
논어 | 맹자 | 대학 | 중용

2
삶이란 배우고 익히는 것이다
배움이란 무엇인가 48
군자와 선비가 되는 길은 어떠한가 49
세계의 오늘과 미래를 가늠해본다 51
제3의 물결: 앨빈 토플러 | 다가오는 세계: 피터 드러커
공감의 시대, 3차 산업혁명: 제레미 리프킨
드림 소사이어티: 롤프 옌센

3
관계망 속에서 삶의 의미를 찾다
물질과 마음, 무엇이 더 중요할까 68
소유냐 존재냐: 에리히 프롬 | 무의식 속의 종교심: 빅터 프랭클

사람은 왜 일해야 하는가 73
스티브 잡스의 일 | 경영의 관점에서 일을 본다
사람은 함께 살게끔 생긴 존재다 80
착한 마음으로 세상을 보자 82
선한 성품에 대한 현대의 연구 | 베풀면서 사는 삶
경쟁 사회에는 질서가 필요하다 89
순자의 예치 사상 | 한비의 법치 사상
경쟁 속에서 행복의 길을 찾는다 91

4
경영의 어제와 오늘을 스케치해본다

보이는 경영으로 위기를 돌파한다 99
경영의 진정한 의미는 무엇인가 100
사업 | 성과
인문으로 경영한다 105
육일약국에서 배운다 107
매니지먼트는 이렇게 변화해 왔다 109
매니지먼트의 첫 출발, 테일러의 과학적 관리법
조직행동 연구 | 현대 경영학의 아버지 피터 드러커

**2
논어가
흐르는 경영**

5
가치를 나누고 새 가치를 창조한다

마케팅으로 가치를 나눈다 120
스포츠 마케팅 | 문화 마케팅 | 스페이스 마케팅
1퍼센트와 롱테일 마케팅 | 브랜드 마케팅
디자인이 경영이다 133
이노베이션으로 가치를 창조한다 135
알을 깨고 새가 나온다 | 기술혁신 | 제품과 서비스 혁신
프로세스와 비즈니스 모델 혁신
블루오션 전략으로 승부한다 149

6
신뢰로 소통한다

회계 부정은 기업을 망하게 한다 156
의사소통은 사람의 생명이다 158
의사소통은 조직의 혈관이다 160
신뢰가 리더의 생명이다 163
조직 외부와도 원활하게 소통해야 한다 166
신뢰와 소통의 경영은 이렇게 한다 168
집단토론 방식 | 아웃소싱 | 네트워크 활용 매니지먼트
감성으로 경영한다 173
조직의 정보와 문화를 통일한다 176
조직 정보의 통일 | 조직 문화의 통일

7
경영으로 생명을 살린다

사람을 사람답게 대접한다 184
자신의 가치와 삶의 의미를 알아내자 186
경영에 어떻게 인의 씨앗을 싹트게 할 것인가 189
생명력이 넘치는 경영을 한다 191
자율성, 자기주도적인 동기부여의 힘 | 숙련, 몰입에 이르는 길
목적, 의미 있는 삶
이제는 몰입의 경영이다 195
사람을 키우고 보살핀다 197
살리는 경영은 이렇게 한다 199
3M | 홀푸드

8
의로운 경영이 미래다

공자와 맹자는 의를 이렇게 보았다 205
서양 철학자들은 의를 어떻게 생각했을까 208
최대 다수의 행복 추구, 공리주의 | 자유지상주의 | 칸트의 도덕철학
아리스토텔레스의 목적론적 사고 | 공동선의 추구
무엇이 올바름의 경영인가 214
올바른 경영을 위해 네 가지를 질문해보자 219

사업 | 앞으로의 사업 | 고객
고객이 가치 있다고 여기는 바를 실천한다 225

9
예와 덕의 경영이 기업을 살린다

예치와 법치는 사회에 반드시 필요하다 231
경영에도 예치와 법치가 긴요하다 233
자율 경영에서 예치와 덕치가 가장 잘 구현된다 235
사고 예방과 안전 훈련도 덕치의 하나다 238
기업의 사명과 윤리를 저버려서는 안 된다 241

10
지식 경영과 창조 경영으로 내일을 연다

지금의 기술과 지식은 곧 낡은 것이 된다 247
지식 경영이 해답이다 248
집단지성을 십분 활용한다 251
외부 지식을 적극적으로 받아들인다 252
전혀 다른 제품과 서비스를 상상한다 253
창조 경영이란 이런 것이다 255
상상력이 남이섬을 살렸다 259

11
사회와 함께할 때 논어경영은 완성된다

기업의 사회 기여가 전 세계적인 추세이다 266
윤리 경영, 사회 공헌 경영을 해야 성공한다 270
사회적기업이 점점 늘어나고 있다 272
리더란 사는 길로 이끄는 사람이다 274
이것이 리더가 갖추어야 할 덕목과 능력이다 276
조직의 목적과 비전 제시 | 능력 있는 사람을 쓰고 키우는 능력 | 열정
섬김의 리더십을 발휘하자 279
군자 리더십이야말로 궁극의 리더십이다 282

인용 고전 원문과 주석 288
감사의 글 294

우리 삶과 경영의 뿌리

불휘 기픈 남군 보루매 아니 뮐씨 곶 됴코 여름 하느니
(뿌리가 깊은 나무는 바람에 움직이지 아니하므로, 꽃이 좋고 열매가 많으니)

훈민정음을 만든 후 우리글로 만든 《용비어천가(龍飛御天歌)》에 나오는 아름다운 글귀이다. 뿌리가 깊지 않은 나무는 폭풍이 오면 흔들리다 결국 뿌리가 뽑혀 버린다. 경영 역시 그 뿌리가 튼튼하지 않으면 외부의 충격에 조직이 무너지는 것이다. 이곳에서는 경영이 땅속에 뿌리를 튼튼하게 뻗칠 수 있는 지혜를 살펴본다. 자세한 내용은 다음과 같다.

1 논어와 경영이 만나다
2 삶이란 배우고 익히는 것이다
3 관계망 속에서 삶의 의미를 찾다
4 경영의 어제와 오늘을 스케치해본다

중국 산동성 곡부의 공자사당에 있는 노벽(魯璧).
한나라 때 궁궐 확장 공사 중에 옛 공자의 집에서 진시황의 분서갱유를 피해 숨겨둔 《논어》, 《상서》 등 수십 종의 책이 발견되었다. 노벽은 이를 기념해 세운 것이다.

I
논어와 경영이 만나다

논어에서 공자는 이런 사회를 바랐다
논어 속을 들여다보자
논어에서 어떻게 경영을 읽어낼 것인가
논어와 주판은 무슨 관계가 있을까
유학의 인의예지신이란 무엇인가
유학의 어제와 오늘을 살펴보자

새로운 길

내를 건너서 숲으로
고개를 넘어서 마을로

어제도 가고 오늘도 갈
나의 길 새로운 길
민들레가 피고 까치가 날고
아가씨가 지나고 바람이 일고

나의 길은 언제나 새로운 길
오늘도… 내일도…

내를 건너서 숲으로
고개를 넘어서 마을로

(윤동주)

1
논어와 경영이 만나다

●1991년 미국 로스앤젤레스에서 과속으로 운전하다 도주한 흑인 로드니 킹을 백인 경찰이 구타하는 바람에 폭동이 일어났다. 로드니 킹을 구타한 경찰이 무죄 평결을 받은 데 분노한 흑인들이 상가나 회사 건물을 불태우고 자동차를 파괴하는 대규모 폭동이었다. 이런 폭동 속에서 유일하게 맥도날드 매장 다섯 건물은 아무런 피해도 입지 않았다. 그 당시 폭도들이 모든 상점을 약탈하고 건물을 불태우고 사람이 죽기도 했던 상황에서 맥도날드 매장 건물만 아무런 피해를 입지 않은 사건은 매우 놀랄 만한 일이었다. 이 사건에 흥미를 느낀 스탠퍼드 대학교 사회학자들이 맥도날드 건물이 피해를 입지 않은 이유를 조사했다.

맥도날드 건물이 파괴되지 않은 이유에 대해 흑인들을 인터뷰해보니, 그들은 맥도날드가 평소에 자신들을 돌보아준 이웃이기 때문이라고 대답했다. 맥도날드는 창업자 레이 크록은 자신의 기업이 거둔 수익의 일부를 어떤 식으로든 공동체에 환원해야 한다는 방침을 매장주들이 지키도록 해왔다. 흑인들이 농구를 하고 싶었으나 농구를 할 만한 곳이 없는 것을 보고 폭동 지역의 맥도날드는 농구장을 지어주고 농구공을 제공하였다. 또한 거처할 데가 마땅치 않은 노인들이 일자리가 없어 거리를 떠돌 때 노인들에게 공짜로 커피를 나누어주었다.

　맥도날드가 펼친 수익의 사회 환원 활동이 폭동에서 피해를 입지 않는 보상으로 돌아온 것이다. 물론 맥도날드는 이런 종류의 보상이나 혜택을 기대한 것은 아니었지만 결과적으로 혜택을 받게 된 것이다.

　이 사례는 경영에서 우리가 잊고 있는 사실, 즉 기업은 인간 사회를 위해 도움을 주기 위해 존재한다는 점을 일깨운다. 기업경영은 상품이나 서비스를 효율적인 방식으로 생산하여 소비자에게 제공함으로써 가치창조의 역할을 맡고 있다. 그런데 경영이 자신의 이런 역할을 효율적으로 수행하다 보면 그 중심에 있는 인간을 그만 잊고 이익만 추구하는 경우가 많으며 맥도날드 사례는 이런 잘못을 다시 생각하도록 하는 것이다.

논어에서 공자는 이런 사회를 바랐다

《논어》 또는 유학사상을 경영활동의 기본 바탕으로 삼고 싶은 것은 공자가 보여준 유학의 길, 특히 《논어》를 통해 깨우친 지혜를 통해 관계망 속에서 가치 창조를 담당하는 경영을 더욱 인간적인 모습으로 발전시킬 수 있다고 생각하기 때문이다. 공자가 보여준 인(仁)의 지혜가 생명을 살리고 경영을 살리는 바른 길임을 이 책을 통해 모색하고자 한다.

　우리는 모두 행복한 삶을 살고 싶어 한다. 좋은 집을 갖고 건강한 몸으로 자기가 하고 싶은 일을 하며 살아가는 모습을 그린다. 이런 행복한 삶을 달성하기 위해 온 힘을 다하여 달려가는 것이 우리의 현재 모습이다. 과연 어떻게 사는 것이 행복한 삶이고 또 어떻게 행복한 세상을 이루는지에 대해 옛날부터 많은 철학자들과 학자들이 생각을 다듬어 왔다.

그리스의 철학자 플라톤이 《국가》란 책에서 그린 행복한 삶과 사회, 즉 좋은 세상을 이루기 위한 모습을 살펴보자. 그는 '정의'가 무엇인가 하는 생각을 펼친 뒤 정의가 훌륭함arete이고 지혜sophia이며 행복한 삶을 가져오는 것이라고 설명한다. 여기서 훌륭함, 즉 아레테는 '덕'으로도 해석되는데 이는 모든 사물이 원래의 목적이나 기능을 잘 발휘하는 상태를 말한다. 칼의 아레테는 잘 자르는 것이고 눈의 아레테는 잘 보는 것이다. 우리 삶은 혼, 즉 프시케psyche의 기능인데 이 혼은 보살피고 다스리는 등의 일을 한다. 정의란 혼의 좋은 상태(아레테)이지만 불의는 혼의 나쁜 상태다. 따라서 정의로운 혼을 가진 사람은 행복하게 살게 된다.

국가의 모습을 보면 개인들이 모여 국가를 이루기 때문에 개인들이 저마다 자신의 일을 잘 감당하면 개인의 정의가 이루어지고 국가 또한 정의가 이루어져 좋은 세상을 이룬다. 국가는 생산자, 수호자, 통치자로 구성된다. 생산자는 돈벌이를 하는 사람, 수호자는 전쟁 등을 담당하여 국가를 수호하는 사람, 그리고 통치자는 나라를 다스리는 사람을 말한다. 이때 통치자는 연장자로서 지혜가 많은 철학가가 맡아서 정의가 이루어지고 사회를 행복하게 한다는 행복한 삶의 구상을 그린다. 플라톤이 생각한 행복한 사회는 지혜와 용기, 절제 등의 덕을 갖춘 정의로운 세상이다.

개인과 국가의 행복한 삶이라는 플라톤식 사고에서 벗어나 인간 개개인의 행복한 삶을 어떻게 이룰 수 있는지에 대한 뇌신경과학의 연구 자료들을 살펴보는 것도 도움이 될 것이다. 우선 행복과 관련하여 우리 뇌에서 생성되는 도파민이란 물질을 알아보자. 우리 뇌의 깊숙한 곳에 위치한 중뇌에는 신경전달물질인 도파민을 만들어 신경회로를 통해 전달하는 뉴런 그룹이 있다. 이 뉴런들은 기대보다 더 좋은 일이 발생하면 엔도르핀이라는 마약을 만들어 우리가 즐거움을 느끼게 한다. 행복한 마음을 느끼기 위해서는 뇌에서 도파민이 생성되도록 해야 하는데 도파민 생성을 위해서는 무엇을 하고 무엇을 하지 말아야 하는지를 알아야 한다. 여기서 행복한 마음을 불러오는 것들의 예시로는 신체의 운동, 종교나 철학을 통해 삶과 고통에 담겨진 의미를 발견하는 일, 웃는 것, 남을 돕는 데서 오는 뿌듯함, 보람 있는 일을 성취하는 것 등등을 들 수 있다.

상당수의 사람들은 마음의 평화와 삶의 행복을 종교를 통해 추구한다. 불교에서는 기쁨이나 고통 등이 모두 우리 마음에 의한 것이므로 마음을 잘 살피고 깨달아 행복한 상태로 이끄는 길을 제시하고 있다. 기독교에서는 천지를 창조한 하나님과 우리의 죄를 대신 짊어지신 예수 그리스도를 믿음으로써 죄에서 구원받고 행복한 삶을 이룰 수 있는 길을 보여주고 있다.

이제 공자가 그린 행복한 삶을 보기로 한다. 2천 5백 년 전 중국 노나라에서 살았던 공자는 어지럽던 그 당시의 사회를 어떻게 하면 평화롭고 살기 좋은 세상으로 이끌 수 있는지에 대해 깊이 탐구한 끝에 유학을 창시하였다. 공자가 역대 제왕들의 통치행위와 밑바탕에 깔린 여러 생각을 집대성하여 체계를 세우고 이를 제자들에게 가르치면서 유학이란 새로운 사상과 철학이 시작된 것이다.

유학사상의 중심에 '인(仁)'이 있는데 이는 인간이 이 세상을 홀로 살아가는 것이 아니라 여러 사람과 함께 살아가며 인간뿐 아니라 하늘과 땅과 같은 자연과 더불어 살아가는 관계망 속의 존재라는 바탕에서 출발한다. 이런 바탕에서 평화롭고 행복한 삶을 이끄는 도덕적 가치로서 인을 내세운다.

관계망 속에서 인을 실천하는 것은 '수기안인(修己安人)'이라는 말로 표현된다.

《논어》〈헌문편〉을 보자.

자로가 군자에 대해 물었다. 공자께서 말씀하셨다. "경으로 자신을 닦아야 한다." 자로가 "그렇게 하면 됩니까?" 하고 묻자, 공자께서 말씀하셨다. "자신을 닦아 남을 편안하게 해야 한다." 자로가 말했다. "그렇게만 하면 됩니까?" 공자께서 말씀하셨다. "자신을 닦아 백성을 편안하게 해야 한다. 자신을 수양하고 백성을 편안하게 하는 일은 요순임금도 근심하였다."[1]

'수기'라는 말은 자신을 갈고 닦아 사회의 리더가 될 수 있는 덕을 갖춘 사람이 되는 것을 말한다. 유학에서는 자기를 잘 닦은 사람을 군자 또는 선비라 말한다. '안인'은 다른 사람을 편안하게 하는 일을 말한다. 군자가 사회를 다스릴 때 인이라는 덕이 펼쳐지도록 하면 많은 사람들이 편안한 세상이 된다는 사상이다. 공자가 꿈꾸는 세상의 모습을 '대동사회'라고 한다.

대동사회란 유학이 보여주는 큰 덕과 도(道)가 행해지는 사회를 말한다. 대동사회는 현명하고 덕이 있는 지도자가 사회를 공정하게 다스려 믿음이 있고 서로를 아끼는 그런 세상이다. 이는 플라톤의 지혜와 능력이 있는 철학자가 다스리는 이상세계와 거의 같다고 볼 수 있다. 어린이는 곱고 바르게 자라고 어른은 자기 분수에 맞는 일을 하여 도둑이 없고 살맛나는 세상인 것이다.

논어 속을 들여다보자

《논어》는 공자와 제자들 또는 주위 사람들과의 대화를 기록한 책이다. 따라서 공자와 제자들의 모습을 생생하게 잘 보여주며 내용도 비교적 가벼워 쉽게 다가갈 수 있는 책이다. 《논어》의 느낌을 신정근 교수는 《마흔, 논어를 읽어야 할 시간》이라는 책에서 다음과 같이 재미있게 표현하고 있다.

중국 철학사를 통틀어 관심이 가장 넓고 생각이 가장 깊으며 종합 능력이 둘째 가라면 서러운 송나라의 철학자 주희도 처음에는 《논어》에 별다른 느낌을 느끼지 못했다. 그냥 늘 부모님으로부터 듣던 '좋은 말씀'과 같은 잔소리로 생각했을 정도다. 조선의 이이도 그랬다. 두 사람은 도교와 선불교에 심취하는 등 먼 길을 돌아온 뒤에야 비로소 《논어》의 매력에 푹 빠져서 그 묘미를 느끼기 시작했다. 쉬우면서도 깊은 맛이 바로 《논어》의 특징이다. (11쪽)

'쉬우면서도 깊은 맛.' 《논어》의 느낌을 아주 잘 표현한 말이다. 《논어》의 '깊은 맛'은 《논어》를 읽으면서 각자 체험할 일이며, 여기서는 《논어》를 읽을 때 주의를 기울일 점을 살펴보기로 한다.

《논어》가 탄생한 시기는 지금으로부터 2천 5백 년 전인 중국의 춘추전국시대라는 사실을 염두에 두어야 한다. 춘추전국시대는 주나라 황실이 쇠퇴하여 여러 제후국들이 패권을 다투어 전쟁과 폭력이 지배하던 시기여서 모든 인간적 가치가 땅에 떨어진 시기였다. 정치 경제 시스템은 봉건제로서 왕이나 제후를 정점으로 하여 대부나 선비가 뒤를 잇고 일반 백성으로 계층이 이루어지고 있었다. 이러한 시기에 인간의 가치를 드높이며 덕에 의한 정치를 부르짖은 공자의 높은 이상을 오늘날의 관점에서 비판하는 방식으로 보아서는 안 되는 것이다. 《논어》를 춘추전국시대의 그 험난한 상황에서도 외롭게 외친 공자의 마음자리에서 읽어야 백성을 위한 그의 뜻을 제대로 알 수 있는 것이다.

《논어》는 맨 처음 〈학이편〉에서 시작하여 마지막 〈요왈편〉까지 모두 20편으로 구성되어 있다. 《논어》는 대나무를 깎은 죽간에 쓰여 있으므로 각 편의 죽간 맨 처음의 구절 위의 글자를 편명으로 삼았다. 〈학이편〉이 '학이(學而)'로 시작되는 구절의 처음 두 글자를 따서 편명으로 삼은 것과 같다.

《논어》에는 공자와 제자 간의 대화가 진실하고 재미있게 소개되어 있다. 공자의 제자가 무려 3천 명이나 되었다니 그 당시 일반 백성들에게 공자의 말씀이 얼마나 절실하게 다가갔는지를 미루어 짐작할 수 있다. 공자의 수많은 제자 중에도 필자에게는 4명이 매우 흥미롭게 다가온다. 안회, 자로, 자공, 그리고 자장이다.

안회는 젊은 나이에 세상을 하직한, 공자가 가장 아낀 충실한 제자였다. 공자가 〈옹야편〉에서 노나라 임금 애공에게 하는 말 속에서 안회를 평가한 말을 보자.

> 안회라는 제자가 배우기를 좋아하며, 다른 사람으로부터 자기가 당한 노여움을 다른 사람에게 옮기지 않을 뿐더러 같은 잘못을 거듭 저지르지 않습니다.[2]

노여움이 있어도 이를 남에게 옮기지 않는다는 '불천노(不遷怒)', 같은 실수를 거듭 저지르지 않는다는 '불이과(不貳過)'는 인격 수양이 깊지 않으면 이룰 수 없는 경지다. '불천노, 불이과.' 참으로 도전해볼 만한 자세다. 또한 안회와 관련해서는 공자가 안연에게 인(仁)을 설명하면서 "자기를 극복하여 예로 돌아가는 것이 인이다"[3]라고 한 〈안연편〉의 말도 유명하다.

자로는 원래 무뢰한이었으나 공자의 훈계로 제자가 되었는데 거칠고 소박하며 용기가 있는 장수의 기질과 가끔 공자에게 대들기도 한 소박한 성품을 가졌었다. 위나라에서 벼슬을 했었는데 내란이 일어났을 때 도의적 입장에서 참여하여 전사한 의리의 사나이다. 그가 비파가락을 학당 문 안에서 연주하자 공자가 이를 나무랐다. 비파가락이 무인들의 힘을 과시하는 듯한 것이기 때문이다. 이에 공자의 문인들이 자로를 무시하자 공자가 자로는 학문이 완성의 경지는 아니지만 초입은 된 상태라는 뜻으로 문인을 나무라는 말이 〈선진편〉에 있다. "유야 승당의 미입어실야(由也 升當矣 未入於室也)", 유(자로의 이름)는 마루에는 올랐으나 아직 방에는 들어오지 않았다는 뜻이다. 〈위정편〉에는 자로에게 아는 것이 무엇인지를 가르쳐주는 좋은 말이 있다.

> 자로야 내가 너에게 아는 것이 무엇인지 가르쳐주마. 아는 것을 안다고 하고 모르는 것을 모른다고 하는 것이 진정으로 아는 것이다.[4]

자공은 말을 잘하여 외교관 노릇도 하고 이재에 밝아 공자 학단의 살림살이를 책임진 매우 실리적인 상인 기질의 사람이다. 〈안연편〉에 보면 자공이 공자에게 국가경영의 핵심이 무엇인지를 물어보는 유명한 내용이 나온다.

> 공자께서 말씀하셨다 "살림을 풍족하게 하고 군사력을 튼튼히 하며 백성들이 신뢰하도록 하는 것이다." 자공이 묻기를 "부득이 버려야 한다면 이 세 가지 중 무엇을 먼저 할까요?" "군사력을 버린다." 자공이 또다시 묻기를 "부득이 또 버려야 한다면 두 가지 중 무엇을 먼저 할까요?" "살림을 버려야 한다. 예로부터 누구나 죽음이 있거니와 백성들의 신뢰가 없으면 나라가 서지 못한다."[5]

마지막으로 자장을 보자. 자장은 공자의 제자들 중 나이가 가장 어린 축에 들며 어떤 일이든 진취적으로 해내는 기백이 있지만 자기 성찰이 부족하여 공자가 그를 나무라는 것과 제자들 역시 그가 어질지 못하다고 평하는 말들을 볼 수 있다. 그러나 자장은 후에 제자들을 거느리며 공자 무리를 이끌 정도로 리더십과 정치 수완이 있었다. 〈위정편〉에는 자장이 벼슬하는 길에 대해 공자에게 묻고 공자가 가르치는 내용이 있다.

많이 듣고서 의심스러운 부분은 빼놓고 그 나머지를 조심스레 말하면 허물이 적으며, 많이 보고서 위태로운 것을 빼놓고 그 나머지를 조심스레 행하면 후회하는 일이 적을 것이다. 말에 허물이 적으며 행실에 후회할 일이 적으면 녹(祿)은 그 가운데 있다.[6]

공자의 이 가르침은 성찰이 부족한 자장이 자신을 닦는 데는 소홀히 하면서 벼슬을 탐하는 자세를 안타깝게 여기고 자장이 좀 더 성실한 자세에서 '인'을 수양해야 함을 표현하는 것으로 보아야 한다.[7]

논어에서 어떻게 경영을 읽어낼 것인가

앞에서 살펴본 것처럼 공자로부터 시작된 유학은 인간의 관계망을 중심으로 이 세상을 어떻게 보다 살기 좋은 세상으로 하느냐 하는 문제의 해결을 기본 바탕으로 하였다. 인간 사회의 현실 문제에 대한 해결 방안을 모색하는 유학사상은 조직의 목적을 잘 달성하기 위한 활동인 경영이 뿌리내려야 할 기본 덕목을 제공함으로써 보다 바른 경영으로 인한 풍성한 결실을 맺게 할 수 있다.

경영(매니지먼트)은 조직의 목적을 효율적으로 이루기 위한 구체적인 활동이지만 그 기본은 조직을 이루는 사람들에 있기 때문에 직원들과 세상을 어떤 눈으로 보고 어떻게 대하느냐에 따라 성과가 다르게 나타난다.

이 시대가 신자유주의의 신념에 따라 생명이나 자연보다는 돈을 중심으로 하는 물질 위주의 삶에 너무 깊이 빠져 있음을 우리는 잘 알고 있다. 경영 역시 사람을 사람답게 대우하지 못하고 경제적 관점에서 모든 일을 처리하려 하기 때문에 여러 면에서 어려움을 겪고 있다. 매니지먼트가 유학사상을 받아들여 바른 방향으로 길을 헤쳐 나가야 하는 이유가 여기에 있다.

유학 경전의 하나인 《중용》에는 우리가 일상생활 중에 느끼는 기쁨이나 슬픔 같은 감정이 일어나지 않은 상태를 중(中)이라 하고, 이런 감정이 발현되어 상황에 잘 맞추어 나오는 것을 화(和)라고 한다. 이어서 말하기를 중은 천하의 큰 뿌리(大本)이고 화는 천하에 통하는 도리이며, 중과 화를 이루면 하늘과 땅이 바른 자리를 잡게 되고 만물이 잘 자라게 된다고 하였다.[8] 여기서 중은 가운데라는 일반적인 뜻보다는 인간의 마음속에 있는 생명을 살리는 근본 마음으로 풀이하고, 이런 마음이 인간이 지켜야 할 도리나 상황에 잘 맞추어 발현되는 것이 조화harmony라는 것이다.

생명의 조화로움은 세상 사람들이 이루어야할 도리 또는 길이며, 그런 조화로운 세상을 이룰 때 모든 만물이 다 잘 자라고 살아갈 수 있다는 유학의 높은 이상을 말하고 있다. 유학은 이처럼 인간이 가야 할 길을 잘 제시해준다. 그러나 우리들은 이런 지혜의 길을 잊고 욕심이 이끄는 잘못의 길로 빠지는 일이 많다.

경영의 세계에 유학의 마음을 비추어 보자. 우리가 알고 있는 것처럼 현대 매니지먼트는 여러 문제점을 안고 있다. 많은 문제 중 가장 큰 문제는 이익을 가장 높은 가치로 추구하는 과정에서 인간을 인간답게 대접하지 못하게 된 것이라 하겠다. 다시 생각하기도 끔찍한 일이지만 2014년의 세월호 사건과 같이 인간의 생명을 앗아간 사건들은 물질적 삶에 매몰되어 조직의 리더들이 인간의 바른 자리를 잃어버리고 극도로 이기적인 인간이 된 것이 원인이라고 할 수 있다. 특히 우리나라는 해방 이후 짧은 기간에 경제적인 풍요를 이루기 위해 인간적인 가치를 옆으로 밀어내고 달려온 역사가 있다.

이 덕분에 국가, 기업, 학교, 종교 등 사회의 모든 분야에서 참다운 가치를 잊어버리고 물질 만능과 효율성 위주의 사고방식 아래 온갖 부정과 부패가 우리 삶에 가득 차 버린 것이 우리의 현실이다.

이러한 잘못된 관행에 대해 제도적으로 잘못된 것은 당연히 뜯어 고쳐야 하겠지만, 제도 개선과 함께 우리가 잊고 지낸 인간의 가치, 공동체 삶의 덕을 다시 일깨우는 것이 무엇보다 긴급한 일이라고 할 수 있다. 조직의 리더들이 유학사상에서 일깨우는 덕, 즉 자기 자신을 닦은 후 자신이 몸담고 있는 조직을 이끌어 가는 책임을 다하는 자세를 회복해야 한다. 이렇게 덕을 회복할 때에만 다른 사람들과 함께 즐거움을 나누는 여민동락(與民同樂)의 살림살이, 보다 좋은 세상을 이룰 수 있을 것이다.

유학사상은 인간뿐만 아니라 천지자연과도 조화로움을 추구하기 때문에 환경문제에 대해서도 관심을 기울이게 한다. 세계 각국이 경제발전에 몰두한 나머지 몸살을 앓고 있는 지구의 환경을 어떻게 다시 살기 좋은 모습으로 바꾸고 보존하느냐 하는 문제는 그냥 지나치기에는 너무 긴박한 문제다.

일찍이 유학사상은 하늘을 아버지로 삼고 땅을 어머니로 삼으며, 그 가운데 인간이 잘 살고 있다는 생각으로 자연과의 교류를 중요하게 여겨 왔다. 이런 유학사상은 서양에서 자연을 정복할 대상으로 보는 생각과는 다른 것임을 알 수 있다. 매니지먼트가 유학사상에 바탕을 둘 경우 자연을 더욱 소중히 여기고 자연과 더불어 나아가는 방향으로 경영활동을 해 나가게 된다.

유학이 현대 매니지먼트에 새롭게 일깨우는 지혜를 또 들자면, 인간들이 개인으로 생각하고 살아가는 것이 아니라 공동체적인 생각과 행동을 하며 살아가도록 태어났다는 관계망의 사고방식을 바탕으로 삼고 있다. 서양에서는 조직은 독립적인 개인들이 모인 것이라는 생각에서 출발하여 이에 따른 매니지먼트 방식을 발전시켜 왔다. 이에 반해 동양, 특히 유학은 독립된 개인보다는 나와 너의 관계, 공동체의 삶을 아우르는 덕목과 수양, 매니지먼트를 중요하게 여겨 왔다.

최근의 사회심리학이나 신경과학의 연구는 인간이 공동체적인 삶에 맞도록 탄생하고 성장하고 실제 행동도 이런 방향으로 이루어지고 있음을 밝히고 있다. 개인을 위주로 하는 매니지먼트 방식에서 발생하는 문제점을 보완하기 위하여 공동체를 바탕으로 하는 매니지먼트의 여러 방식을 심도 있게 연구해야 할 필요가 있다. 예를 들어 개인의 업적뿐 아니라 팀 단위라든가, 조직 전체의 성과를 어떻게 올릴 수 있을지를 깊이 생각해야 할 것이다.

논어와 주판은 무슨 관계가 있을까

공자와 맹자가 이야기한 인과 의를 기업 현장에 적용하는 문제를 고민한 일본의 사업가 시부사와 에이치가 쓴 《논어와 주판》이라는 책을 통해 《논어》에 비추어본 경영의 모습을 살펴보자.

시부사와 에이치는 에도 시대(도쿠가와 가문이 통치하는 막부시대)인 1840년에 태어나 쇼와 시대인 1931년까지 살았다. 이 시기의 일본은 막부정권이 무너지고 천왕이 실권을 갖게 되며 명치유신이라는 혁명적 전환기를 맞아 모든 제도와 사상이 한꺼번에 뒤바뀌는 시기였다. 이 당시 일본은 사농공상의 중세적 신분질서가 엄격하여 상인은 비천한 자이고 상업은 악이라는 인식이 지배적이었다. 시부사와는 이런 막부정치의 부패와 사농공상 계급제도의 악랄함을 인식하고 사회를 개혁하는 정치가가 되기로 결심한다.

시부사와는 우여곡절 끝에 막부 가문의 가신이 되어 27세인 1867년 파리 만국박람회의 사절단으로 유럽을 다녀오게 된다. 만국박람회와 유럽 여행은 시부사와의 사상을 근본적으로 바꾸는 계기가 되었다. 서양 각국의 은행,

주식, 증권거래소, 증기기관, 방직기계 등 자본주의 문명은 시부사와를 큰 충격에 빠뜨렸다. 사농공상의 신분제 하에서 상업은 비천한 자들의 몫이라는 일본과 달리 관존민비의 풍조가 없이 상공업자가 높은 사회적 지위를 누리면서 국가발전에 기여한다는 사실이 그를 새롭게 각성시켰다. 유럽에서 돌아온 시부사와는 일본 최초의 주식회사를 설립하였는데 이 회사는 금융업과 상업을 혼합한 조직체였다. 이러한 시부사와의 경제지식과 경영능력을 알아본 일본 정부는 29세의 시부사와를 대장성의 조세담당국장이라는 높은 지위로 발탁한다. 대장성의 관리로 일하는 동안 일본 경제의 토대가 되는 조세, 화폐은행 제도 등을 정비하고 특히 회계 시스템을 서구의 근대적 재정회계로 바꾸는 개혁을 실시하였다.

시부사와는 33세 때에 5년의 관직에서 은퇴한 후 사립 은행인 제일국립은행의 총재에 취임하며, 보험업을 창시한다. 또한 새로운 회계 시스템을 상인에게 전파하는 등 500개 이상의 다양한 기업의 설립에 관여하면서 '일본 금융의 왕', '일본 근대경제의 최고 영도자', '일본 현대문명의 창시자'로 불리게 된다. 그는 다른 상인이나 재벌과 다르게 사적인 영리 추구 차원이 아니라 국가경제라는 공적인 차원에서 일본 근대 실업계를 이끌었기 때문에 '일본 경제의 아버지'로 불린다.

《논어와 주판》의 핵심 내용은 이익을 추구하는 경제활동과 개인과 사회의 윤리 도덕을 강조하는 《논어》는 서로 배치되는 것이 아니라, 서로를 도와 우리의 삶을 더욱 풍요로우면서 살맛나는 세상으로 이끈다는 것이다. 우리가 생활하기 위해 필요한 물질을 생산하고 재산을 쌓는 부귀 추구는 그 방법이 정당하고 윤리적이면 부끄러운 일이 아니고 당연히 추구해야 하는 길임을 밝히고 있다.

이는 마치 독일의 사회경제학자 막스 베버가 《프로테스탄티즘의 윤리와 자본주의 정신》에서 이윤을 추구하는 자본주의가 금욕, 검소, 청렴 등의 프로테스탄트의 윤리를 밑바탕 삼아 발전하였다는 인식과 비슷하다. 시부사와는 《논어》에는 부귀를 천시하는 내용이 없다고 주장한다. 그는 '부귀가 악'이라는 해석은 후대 사람들이 공자의 말씀을 잘못 해석한 것이라고 주장했다. 《논어》〈이인편〉의 "부귀는 모든 사람이 바라는 것이지만 정당한 방법으로 얻는 것이 아니라면 부귀를 누리지 않아야 한다"[9]는 구절을 들어 정당한 부귀는 존중받아 마땅하다는 생각을 피력한 것이다.

그때까지 일본에서는 송나라 주자학파의 영향을 받아 이(利)를 배척하고 인(仁)만을 강조했기에 상공업을 천시하고 상공인을 비천한 자들이라고 방치하였다. 이에 따라 상공인들은 도덕적 속박을 받을 필요가 없다고 여겨 인의 도덕을 무시한 채 오로지 이익만을 추구하는 배금주의에 빠지는 폐단이 있었다. 시부사와는 이런 폐단을 없애기 위해 《논어》 속에서 상도를 추출해 새로운 경제윤리를 확립한 것이다. 그는 서구식 자본주의를 도입하여 상공업을 일으키면서 그 밑바탕에 유교의 '인의 도덕'을 강조하여 '도리에 어긋나지 않는 부귀의 추구'와 함께 '기업의 사회적 책임' 의식을 불러일으킨 것이다.

유학의 인의예지신이란 무엇인가

유학의 기본 덕목은 인(仁), 의(義), 예(禮), 지(智), 신(信)의 다섯 가지이다.

아끼고 보살피는 마음 인(仁)

모든 생명은 살려는 뜻을 품고 있으며, 생명을 살리는 마음은 모든 종교가 추구하는 근원적 가치라 할 수 있다. 기독교의 사랑, 불교의 자비, 유교의 인이 모두 같은 마음을 달리 표현한 것일 뿐이다. 슈바이처 박사가 개미 한 마리라도 해칠까 조심해서 길을 살펴 걸었다는 이야기에서 생명을 아끼는 숭고한 마음을 읽을 수 있다.

우리가 살아오면서 부모님이나 주위로부터 진심 어린 사랑을 받거나 사랑을 베풀 때 우리 마음이 얼마나 따뜻해지고 세상이 아름다운지를 다들 경험하였을 것이다. 아름다운 노래를 듣고 아름다운 꽃을 보거나 이른 새벽 솟아오르는 찬란한 해를 보면서 자신의 마음이 기쁨과 알 수 없는 감동으로 가득 차오르는 것을 경험하는 것이 우리가 사랑으로 이 세상에 태어난 까닭이라고 말할 수 있다.

유학은 사람이 이처럼 살아있는 생명을 아끼고 보살피는 마음을 인간의 삶에서 가장 높은 덕목으로 삼고 있다. 생존을 위한 일을 아무것도 알 수 없고 할 수도 없는 갓난아이가 부모와 주위의 사랑으로 살아남아 성장해 나가는 모습을 살펴보면 아끼고 베푸는 인(仁)이라는 가치의 중요성을 깨달을 수 있다. 그래서 주자는 인이란 하늘이 마음속에 심어둔 덕이며, 아끼고 보살피는 이치라고 해석하였다.

《맹자》〈공손추상〉에서는 갓난아이가 아무것도 모르고 우물로 기어가는 것을 보면 누구든지 그 갓난아이가 우물에 빠지지 않도록 달려가 갓난아이를 구해내는 마음이 모든 사람에게 있으며, 이런 '측은지심'이 바로 아끼고 보살피는 인의 마음이라고 이야기한다.[10] 우리 모두가 이런 인의 마음을 갖고 태어나기 때문에 맹자는 인간이 근원적으로 선하다고 주장하였던 것이다.

아끼고 보살피는 인의 마음은 관계망 속에서 사회생활을 하는 인간들에게 보다 좋은 사회를 만드는 기초로서 그 의미가 깊다. 우선 자신과 가장 가까운 부모님이나 형제 친척들을 아끼고 보살피는 마음에서 효도와 자애로움 같은 덕목이 발휘된다. 사회적으로는 다른 사람을 존중하고 아끼는 마음인 서(恕)의 덕목이 중요하게 된다. 이는 다른 사람 입장에 서서 서로의 관계를 살피는 마음이기 때문이다. 만일 자신이 어떤 부당한 처지에 빠지거나 하기 싫은 일을 하라는 명령을 싫어한다면 자기 역시 다른 사람을 그런 부당한 입장에 빠지지 않도록 배려해야 한다는 마음을 요구하고 있는 것이다.

2007년 KBS는 〈유교, 2500년의 여행〉이라는 방송 프로그램을 방영하면서 이 내용을 《유교 아시아의 힘》이란 책으로 펴냈다. 이 책은 현대 사회가 겪고 있는 극심한 빈부격차, 환경파괴, 문화와 종교 차이로 인한 갈등 등의 현상을 어떻게 해결해야 하는지를 모색하면서 유교에 눈을 돌린 내용이다.

   이 책 첫머리에 나오는 효(孝)와 관련된 중국 다큐멘터리 내용을 보자. 몇 년 전 중국에서 13억 중국인을 울고 웃게 만든 〈세 바퀴 자전거 여행〉이란 프로그램이 있었다. 74세의 왕이민 할아버지가 퇴직을 하고 시간 여유가 생기자 100세를 앞둔 어머니의 새로운 모습을 발견하는 데서 시작한다. 그는 하루 종일 하염없이 창밖만 바라보는 어머니의 모습이 가슴 아파서, 100세가 되기 전 중국 전역을 직접 둘러보는 어머니의 소원을 들어주기로 하고 자전거 여행을 결심한다.

   노모가 거동이 불편해 자동차로 이동하면 좋지만 자동차 살 형편이 안 되어 자전거를 삼륜으로 개조하여 여행을 떠난다. 고속도로는 위험해서 국도로 다니는 통에 겨우 자전거가 다닐 정도의 좁은 길을 가기도 하고, 산 넘고 물을 건너며 밥을 직접 지어 봉양하는 힘든 여정이었으나 3년간의 긴 여행 동안 싫은 내색 한 번 않고 노모를 모신 그의 모습에 중국인들은 폭발적인 반응을 보였다.

몇 년 전 한 텔레비전 프로그램에서 일본에서 한류 열풍을 일으킨 〈겨울연가〉가 왜 일본 여자들에게 그렇게 인기가 있었는가를 취재하여 방영한 적이 있었다. 한 일본 여성의 인터뷰 내용이다. 일본 남자들에게서는 여자를 진심으로 사랑하는 모습을 볼 수 없는데 〈겨울연가〉에서 배용준이 보여주는 참된 사랑의 모습을 보고, 저런 사랑이 있는 한 이 세상을 살 만한 가치가 있다고 여겼다는 것이다. 그때까지 우울한 상태에서 자살하려던 마음이 있었는데 마음을 되돌리고 한국을 방문하게 되었다며 눈물을 흘리던 일본 여성의 모습에서 참된 사랑의 아름다움을 깊이 느낀 적이 있었다. 이것이 바로 유학이 품은 인간에 대한 진정한 사랑의 마음이 아니고 무엇일까.

다른 예를 하나만 더 보자. 2001년 1월에 일본 지하철에서 술에 취해 선로로 떨어진 일본인을 구하려 선로로 뛰어들어 목숨을 잃은 고 이수현 씨의 아름다운 이야기다. 자기와 아무 관련이 없는 일본인을 살리려고 목숨을 바쳐 선로에 뛰어든 이수현 씨의 마음, 이것이 유학의 바탕인 인의 마음인 것이다.

바르게 사는 사회를 바라는 마음 의(義)

몇 해 전 우리 사회에서는 정의에 관한 꽤 어려운 책이 베스트셀러가 된 적이 있었다. 우리 사회가 정의라는 가치에 매우 목말라하고 있음을 보여주는 사례라 하겠다. 사람이 관계망 속에서 살아갈 때 마음속으로 가장 안타깝고 억울한 것이 자신이 잘못한 일이 없는데도 잘못을 저질렀다고 벌을 받는 일일 것이다. 특히 자신이 몸담고 있는 세상을 보다 잘살게 하기 위해 바른 일을 했는데도 불구하고 목숨까지 앗아가는 세력에 대해서는 울분을 금하지 못한다.

과거 일본이 우리나라를 무력으로 점령하고 있을 때 안중근 의사가 조선 총독부 초대 총독인 이토 히로부미를 저격한 사실은 우리 민족으로서는 너무도 옳은 일이요 가슴 뜨거운 애국심의 표현이었다. 그러나 일본인이 이를 범죄로 여겨 안 의사를 사형한 것은 결코 정의로운 일이라고 우리가 받아들일 수 없다. 역사에서 우리가 생각하는 정의가 아니라 불의한 일들이 너무도 많았음을 살펴볼 때, 보다 좋은 세상이란 정의가 펼쳐지는 세상임을 다같이 염원하게 된다.

맹자는 왕이 정치를 하는 데 있어서 인의(仁義)로 해야 한다는 주장을 했다. 정의가 살아있는 바른 사회를 만들어야만 백성들의 삶이 편안해지고 행복해진다고 주장했다. 드라마 〈정도전〉에서 전라도 나주로 귀양 간 정도전이 백성들의 비천한 삶에 대한 연민과 이를 개혁하기 위해 맹자를 공부하여 왕도정치에 대한 밑그림을 그리는 장면을 통해서 맹자의 사상을 실감할 수 있었다.

올바른 사회는 한 사람을 바르게 대우해주는 세상이다. 태어나면서부터 양반과 그렇지 않은 사람의 신분상 차별을 두어 이후의 삶에서 제도적인 제약이 가해지는 세상은 결코 바른 세상이 아닌 것이다. 모든 사람을 평등하게 대우해야 한다는 생각은 19세기 프랑스대혁명에서 크게 분출되었다. 귀족이나 종교 지도자들은 세금을 내지 않고 평민만 죽을 고생을 하면서 과도한 세금을 내는 부조리한 세상을 뒤엎자는 평민들의 마음은 평등과 정의에 대한 열망으로 가득했던 것이다.

오늘의 사회에서도 사람을 차별 대우하는 나쁜 습성이 근절되지 않고 있다. 미국에서 피부색이 다르다고 흑인을 억압한다든가, 종교나 신념, 또는 인종이 다르다고 서로를 인정하지 않고 폭력을 행사하는 등의 행위는 결코 바르지 못한 것이라고 할 수 있다.

공손하고 질서를 지키는 마음 예(禮)
우리는 어떤 가게를 들렀다가 종업원의 태도가 불친절하고 가게의 물품들이 어지럽게 널려 있을 경우 두 번 다시 그 가게를 쳐다보지 않고 보다 친절하고 분위기가 좋은 가게로 발걸음을 돌린다. 다른 사람과 더불어 살아가는 데 있어 다른 사람을 공손하게 대하고 서로 질서를 지키는 것은 세상살이의 가장 밑바탕을 이루는 것이다.

예가 없는 사회는 살벌하고 삭막해서 살아갈 재미가 없는 세상이다. 다른 사람의 처지를 무시하고 자신의 욕심만을 앞세워 질서를 어지럽히는 사람을 어느 누구도 달가워하지 않는다. 남을 공손히 대하고 상대방의 뜻을 헤아리고 질서에 따라 일을 처리하는 예의 덕목은 함께 더불어 살아가는 살림살이에 없어선 안 되는 것이다. 그래서 《논어》〈안연편〉에서는 "예가 아니면 보지도 말고 예가 아니면 듣지도 말고, 예가 아니면 말하지도 말고 예가 아니면 행하지 말라"[11]고 거듭 강조하고 있다.

공자는 그 당시의 어지럽던 시기에 어떻게 하면 나라를 잘 다스릴 수 있는가 하는 문제에 대해 깊은 생각을 하면서, 그 생각의 하나로서 덕으로 다스리는 자세에 대해 이야기한다. 《논어》〈위정편〉에서 백성을 형벌로 다스리면 백성들이 형벌을 면하려는 행동을 하여 염치를 모르게 되지만 덕으로 인도하고 예로 다스리면 염치를 알게 되고 바르게 된다[12]는 구절이 바로 덕치를 말하고 있다.

일본은 유학사상 중에서도 순자의 학설을 받아들여 예법, 특히 법에 의한 질서를 매우 강하게 유지하는 사회를 이끌어 가고 있다. 그러나 이들의 예법에 의한 질서는 마음에서 우러나는 공손함과 질서 의식에서가 아니라 법에 의한 강제적인 것이므로 조그마한 틈만 있어도 야만적인 속성이 드러나는 위태로운 것이다.

이런 현상을 일본 여성 작가가 쓴 《불모지대》라는 소설이 잘 묘사하고 있다. 2차 세계대전에서 패한 일본군 장교인 소설의 주인공이 소련의 감옥에 갇혀 지내는 생활을 그리고 있는 장면이 있다. 소련 간수가 일본군 포로들 중 몇 사람을 회유하여 그들을 통해 일본 포로들의 단결심을 흐트러뜨려 자신들의 명령에 복종하게 한다. 일본 군인들의 질서와 단체 행동은 모두 무너져버려 그들은 부당한 명령에 고통을 당한다.

이에 반해 미군 포로들은 미군 장교의 명령에 자발적으로 순종하고 소련군의 부당한 처우를 단결된 힘으로 물리치는 모습을 보인다. 아무리 포로라는 일상의 체계를 벗어난 사회일지라도 자발적인 질서 의식만이 변함없이 유지된다는 것을 소설은 깨우쳐준다.

앎을 배워가는 삶의 마음 지(智)

사람이 다른 동물과 구별되는 것 중 하나가 사람은 생각을 할 줄 알고 자신과 자기 주위의 세상에 대한 앎을 배워간다는 것이다. 자신이 누구인지, 왜 이 세상에서 살고 있는지, 어떻게 사는 것이 행복한 삶인지, 무엇을 하고 무엇을 알아야 하는지를 생각하고 배워가며 이 세상을 살아가는 것이다.

그리스어 '필로소피아'는 앎을 사랑한다는 뜻을 지니고 있다. 사람들이 자신의 삶에 대해 알기 위한 걸음에서 철학이 출발한 것이다.

공자는 알기 위해 배우는 자세를 매우 중요하게 여겼다. 〈위정편〉에서 공자 자신이 15세에 배우는 것에 뜻을 두기 시작했고 30세에 배움의 길을 바로 세웠으며, 40세에 배움의 길에서 흔들림이 없게 되어, 50세에 드디어 하늘의 뜻인 생명을 살리는 길을 알게 되었다[13]고 배움의 과정을 묘사하고 있다.

백성들을 보다 좋은 세상으로 이끄는 리더가 되기 위해서는 자신을 갈고닦아야 하며 동시에 자기 자신과 다른 사람들의 삶을 어떻게 해야 잘살 수 있게 하는지에 대해 배워야 한다는 것은 말할 필요가 없다. 유학의 근본 자리가 자신을 닦아 주위 사람들을 편안하게 한다는 '수기안인'이라는 것은 이런 앎의 중요성을 강조하는 것이다.

〈자로편〉에 보면 공자의 앎과 배움에 대한 내용에서 제자 중의 한 명인 번지라는 제자가 공자에게 농사짓는 법을 묻는 장면이 나온다. 공자는 그 제자에게 자신이 늙은 농부나 능숙한 농사꾼이 아니라는 답변으로 그 질문을 회피한다. 제자 번지가 나가자 남은 제자들에게 군자가 우선적으로 알아야 할 것이 농사짓는 기술이 아니라 예나 의, 그리고 믿음 같은 덕목을 기르는 것임을 밝힌다. 군자가 이런 배움을 먼저 가져야 온 사방에서 농사꾼들이 몰려와서 농사를 전문으로 하는 농부들에 의해 곡식 수확이 많아지고 세상이 좋아진다고 말한다. 이는 각자의 위치에 따라 우선적으로 배워야 할 내용이 달리 있다는 지혜를 말하는 것이다.

〈옹야편〉에는 배우는 자세에 대한 재미있는 표현이 있다. 많이 들어본 적이 있겠지만 지혜 있는 사람은 물을 좋아하고 덕이 있고 너그러운 사람은 산을 좋아 한다[14]는 말이다. 이 말은 지혜 있는 사람은 물이 흐르듯 늘 변화하는 세상의 이치를 알기 위해 배우는 것을 좋아하고 너그러운 사람은 산처럼 묵묵히 모든 것을 감싸 안으려는 모습을 사랑하는 것이라고 생각할 수 있다. 지혜를 탐구하기 좋아하는 사람들은 물과 같이 늘 자신의 생각을 흐르게 하며 시대의 변화에 뒤떨어지지 않는 근원적인 지식을 연마해야 함을 일깨워주는 말씀이다.

서로 믿고 사는 세상을 바라는 마음 신(信)

우리가 사는 세상에 믿음이 없다면 살아가는 것이 거의 불가능하다. 예를 들어 건널목을 건널 때 파란불에 나는 건너가지만 빨간불에 서있어야 할 자동차가 나의 믿음을 저버리고 그냥 달린다면 나의 생명이 위태로우므로 마음 놓고 신호등을 믿고 건널 수 없다. 은행에 돈을 맡길 때 은행이 망하지 않고 내 돈을 잘 보관하고 영업을 잘해서 후일 이자와 함께 내 돈을 잘 찾을 수 있다는 믿음이 없다면 은행거래를 할 수가 없다. 믿음이 사회생활의 바탕인 것이다.

우리가 현재 살고 있는 사회는 알게 모르게 믿음이라는 밑바탕 위에 '신용사회'라는 제도가 움직이고 있기 때문에 믿음이 깨져 버리면 엄청난 혼란과 함께 사회가 제대로 움직이지 못하는 공황에 빠지게 된다.

공자는 나라에 필요한 국방, 경제, 그리고 믿음이라는 세 가지 요소 중 결코 없어선 안 될 마지막 요소가 믿음이라고 강조했다. 믿음은 원래 어머니가 자녀에게 젖을 먹일 때 모자간에 싹트는 친밀감에서 비롯되었다고 한다. 이 친밀감이 사회로 크게 넓어져 우리 살림살이에 기본이 되는 믿음을 형성시켰다는 것이다.

어떤 사람을 믿는다는 것에는 그가 한 말을 믿는다는 뜻이 담겨 있다. 말은 그럴듯하게 하지만 그 뒤의 행실은 말과 동떨어졌을 때는 그 사람을 전혀 신뢰하지 못한다. 그래서 군자는 말을 할 때는 과연 그 말을 잘 지킬 수 있을지 신중하게 생각한 후에 말을 하고, 자신이 한 말은 빠르게 꼭 지켜서 믿을 수 있는 사람이 되어야 함을 또한 강조한다.

유학의 어제와 오늘을 살펴보자

유학은 중국 은나라 시대에 하늘에 제사를 지내던 문화에서 시작되었다. 유학의 '유(儒)'란 글자는 농사를 잘 짓기 위해 하늘에 제사를 지내어 비가 잘 내리게 하는 역할을 맡은 사람을 의미했다. 이렇게 하늘에 제사를 지내는 사람들인 '유'는 그 당시 관리와 행정을 담당하는 지식인 그룹이었다.

은나라에 이어 중국을 통치한 주나라는 자신의 왕이 하늘의 아들이라는 천자(天子) 사상을 만들고 은나라의 제사 전문가를 우대하여 하늘에 대한 제사를 맡김으로써 유학사상을 계승했다. 주나라 말기인 춘추시대 때의 공자는 어지러운 세상을 바르게 하는 방법을 구상하면서 전설적인 요순이나 주나라 무왕 등의 성인(聖人)의 역사와 가르침을 집대성하여 유학이라는 실천적인 삶의 철학을 세우게 되었다.

공자는 자신의 뜻을 펼치기 위해 여러 나라를 돌아다니지만 각 나라의 왕들은 부국강병의 방식을 원하고 공자가 말하는 이상적인 사회 건설에는 관심을 두지 않았다. 결국 18년에 이르는 기간 동안 고생만 한 후 고향에 돌아와 제자를 가르치며 유학을 크게 발전시켰다. 공자와 제자들 간에 질문하고 답변하는 내용이 《논어》에 잘 나타나 있다. 주윤발이 주연한 영화 〈공자 춘추전국시대〉(2010)를 보면 이 같은 공자의 삶을 살펴볼 수 있다.

시간이 꽤 흐른 후 전국시대에 맹자라는 대학자가 나와 유학의 내용을 더욱 발전시킨다. 맹자는 우리 사회를 다스리는 데 인의라는 덕목으로 하여야 한다는 주장을 했으며, 인간은 남에게 선한 일을 하려는 본성이 있다는 생각을 펼쳐 보였다. 그는 백성의 마음이 하늘의 마음을 담고 있으며, 백성 위주의 정치를 해야 한다는 것을 강하게 주장하였다.

중국의 수나라와 당나라 시대에는 불교가 널리 퍼지는 바람에 유학이 거의 잊힐 정도였다. 이후 송나라 시대에 주희라는 걸출한 학자가 불교와 도교의 사상을 유학에 접목시켜 유학을 보다 철학적인 체계로 세웠다. 우주와 인간의 근본 이치를 이(理)라고 하였으므로 송대 이후의 유학을 주자학 또는 성리학이라 한다. 성리학은 우주가 태극이라는 이(理)에 의해 움직이는데 이 이치가 천지자연과 인간 세상을 함께 움직이는 것이라고 생각하였다. 또한 태극은 눈에 보이지 않는 이치지만 음과 양이 순환하는 형식으로 우리가 알 수 있음을 밝힌다.

주희는 유학의 철학적 체계를 위해 유교 경전인《예기》속에서 하나의 편이었던《중용》을 별도의 경전으로 독립시켰고 동시에《예기》의《대학》역시 별도 경전으로 삼아 유학 경전이 사서삼경의 체계를 갖추도록 했다.

우리나라에는 고려 말에 성리학이 들어와 정몽주와 같은 대학자가 배출되었다. 특히 조선 건국의 기초를 쌓은 정도전은 성리학에 입각한 국가운영의 철학을 담아 조선의 헌법에 해당하는《조선경국전》을 썼으며, 이후 성리학이 우리 사회를 이끌어 가는 모든 제도와 생활 방식에 깊숙이 스며들게 되었다.

유학사상을 담은 주요한 경전으로 사서(四書)와 삼경(三經)을 든다. 사서는《논어》,《맹자》,《대학》,《중용》을 말하며, 삼경은《시경(詩經)》,《서경(書經)》,《주역(周易)》을 일컫는다. 사서의 내용을 간략히 살펴보자.

논어

《논어》의 첫 문구의 내용을 살펴보면, 배우며 늘 익히고 실천하면 즐겁지 않겠는가라는 첫 문구 다음에 벗이 먼 지방에서도 찾아오는 즐거움을 말하고 마지막으로 남이 자기를 알아주지 않아도 화가 나지 않는 것이 군자답다[15]는 내용이다. 마지막 문구에서 '남이 알아주지 않는 것'에 대해 이어령 교수의 저서《젊음의 탄생》에 나오는 '공곡유란'의 일화가 매우 재미있다.

> 공자는 30년 가까이 천하를 주유하면서 72명의 제후들을 만나 왕도정치의 이념을 설파합니다. 하지만 패도정치의 무력이 지배하던 전국시대에 문덕으로 다스리는 문인정치에 귀를 기울일 사람은 아무도 없었습니다. 패러다임을 바꾸는 데 실패한 공자는 노나라로 향하던 중 인적 없는 골짜기에서 난초와 만나게 됩

니다. 아무도 보아줄 사람이 없는 공곡(空谷)에서 홀로 핀 유란(幽蘭)의 그윽한 향기를 맡으며 공자는 깊이 탄식합니다. 잡초 속에 묻힌 애처로운 난초의 모습에서 자신의 처지를 느꼈기 때문이지요. 하지만 공자는 곧 빈 골짜기의 난초처럼 남이 알아주든 말든 고결한 향기를 가꾸며 살아가야겠다는 결심을 하고 그 뜻을 시로 읊고 〈의난조(倚蘭操)〉라는 거문고 노래를 만들었습니다.(227-228쪽)

이날 이후 공자는 향리에 숨어 학문을 즐기게 되었고, 자신이 찾아다니지 않아도 먼 데서 많은 현자들이 찾아오게 되어 제자가 3천 명에 이르는 신화가 생긴다. 이것이 바로 먼 데서 찾아오는 선비들을 맞이하는 즐거움이며, 남이 자신을 알아주지 않아도 스스로 골짜기의 난초처럼 자족할 줄 아는 군자의 마음인 것이다.

삼성그룹을 창립한 이병철 회장이 《논어》를 평생 가까이하며 '인재제일'이라는 경영의 지도이념으로 삼아 사업을 크게 이룬 것을 보더라도 《논어》의 무게를 알 수 있다.

맹자

공자의 뒤를 이은 맹자의 사상을 담은 책이 《맹자》이다. 《맹자》는 7편으로 구성되어 있다. 맹자는 공자의 인에 의(義)를 더하여 인의를 강조하였으며, 왕도정치를 설파하였다. 그는 백성의 중요함을 강조하였으며 인간은 태어나면서부터 하늘에서 부여받은 어진 성품을 갖추고 있다고 주장하였다.

특히 맹자는 어진 성품에서 인의예지라는 덕성이 발휘되도록 자신을 가다듬는 것과 정치를 하는 데 있어 백성들이 경제적으로 안정된 삶을 이끄는 너그러움의 정치를 강조하였다.

《맹자》의 맨 처음에 나오는 〈양혜왕장구상〉에 보면 맹자가 양혜왕을 만나 대화하는 장면이 나온다. 왕이 어떻게 하면 나라에 이로움이 있겠느냐고 질문하자 맹자는 하필이면 이로움을 말씀하시느냐, 오직 인의(仁義)가 있을 뿐이라고 대답한다. 그리고 임금부터 이익을 구하기 시작하면 대부, 선비, 일반 백성들까지 모두 서로 이익을 다투게 되어 나라가 위태로워질 것이라고 말한다. 의(義)를 뒤로하고 이(利)를 앞세우면 빼앗지 않고서는 만족하지 않는다는 것과 인의에 따라야만 모두가 잘살 수 있는 세상을 일구게 됨을 역설한 것이다. 맹자가 품은 사상을 전체적으로 잘 보여주는 내용이다.

대학

《대학(大學)》은 원래 《예기》에 포함되어 있던 내용을 별도로 분리한 경전이다. 큰 학문(대학)의 길은 밝은 덕을 밝히고(明明德) 백성을 친밀하게 하고(親民) 최고의 선에 이르도록(止於至善) 하는 것임을 밝히는데 이를 3강령이라 한다. 강령이란 으뜸이 되는 큰 줄거리라는 뜻이다.

  3강령을 실천하기 위한 방법으로 8가지를 드는데 이를 8조목이라고 한다. 8조목은 격물, 치지, 성의, 정심, 수신, 제가, 치국, 평천하로 되어 있다. 이 중 격물치지는 학문을 하는 자세와 유학의 인식론을 밝히는 중요한 내용이다.

  인식론이란 인간이 객관적 실재를 어떻게 인식하는가 하는 철학의 근본 문제 중 하나이다. 유교에서는 인간이 인식 대상으로 나아가 그 이치를 생각하고 진리를 인식한다는 자세를 말한다. 인간에게는 선천적으로 사물을 인식하는 능력이 있으므로 사물에 나아가 그 이치를 밝히면 진리를 얻을 수 있다는 것이다.

중용

《중용(中庸)》 역시 《대학》처럼 《예기》의 한 편이었지만 독립된 경전으로 가다듬어졌으며 33장으로 구성되어 있다. 《중용》은 유학의 철학적 바탕을 밝히고 있다. 첫 장에서 "하늘이 명한 것을 성(性)이라 하고, 성을 따르는 것을 도(道)라 하며, 도를 닦는 것을 교(敎)라 한다"[16]고 밝히고 있다. 사람이 사람답게 살기 위해 배워야 할 길은 하늘에서 부여받은 생명을 살리는 마음인 성(性)을 따르는 것이라는 것이다. 중용의 중(中)은 한쪽으로 치우치지 않고 기울지도 않으며 지나침도 미치지 못함도 없는 상태로 과녁의 한가운데 같은 의미를 지닌다. 용(庸)이란 떳떳함 또는 바뀌지 않는 것을 일컫는다.

《중용》에서는 화(和)를 중요하게 여기는데 우리 마음속에 희로애락의 감정이 드러나기 이전의 순수한 마음을 중이라 하고, 마음이 일어나 때와 장소에 잘 맞는 상태를 화라고 한다. 중화를 이루면 하늘과 땅이 만물을 살리는 것처럼 우리 인간의 삶도 생명을 살리는 조화로운 세상이 된다는 것이다.

서울 종로구 명륜동 성균관 안에 있는 공자의 위패를 모시는 전각인 대성전(大成殿).
공자, 맹자 등 네 성인의 위패와 한국의 18현을 모신다.
대성전 뒤에 있는 명륜당과 더불어 공자를 모시는 사당인 문묘를 이룬다.

2
삶이란 배우고 익히는 것이다

배움이란 무엇인가
군자와 선비가 되는 길은 어떠한가
세계의 오늘과 미래를 가늠해본다

꽃

내가 그의 이름을 불러 주기 전에는
그는 다만
하나의 몸짓에 지나지 않았다.

내가 그의 이름을 불러 주었을 때
그는 나에게로 와서
꽃이 되었다.

내가 그의 이름을 불러 준 것처럼
나의 이 빛깔과 향기에 알맞는
누가 나의 이름을 불러 다오.
그에게로 가서 나도
그의 꽃이 되고 싶다.

우리들은 모두
무엇이 되고 싶다.
너는 나에게 나는 너에게
잊혀지지 않는 하나의 눈짓이 되고 싶다.

(김춘수)

2
삶이란 배우고 익히는 것이다

●갓난아기가 말을 배우는 모습을 보고 있노라면 귀엽기도 하지만 정말 신비로운 생각이 든다. 부모라는 생각조차 할 수 없고 따라서 사물을 알아보는 인식이 아무것도 없던 상태에서 점차 어머니를 알아보기 시작하여 엄마 비슷한 말을 하는 과정이 너무 신기하기만 하다. 우리 인간은 태어나면서부터 자신의 주위에 대한 앎을 조금씩 배워가는 두뇌의 능력을 타고난 것임은 뇌과학의 지식을 빌리지 않더라도 알 수 있다.

사람은 자신과 세상에 대한 지식을 배우고 쌓아가는 존재이며, 배우고 익히는 것이 삶의 즐거움이라는 사실은 꼭 《논어》의 공자 말씀을 듣지 않더라도 다들 자신의 삶에서 경험했으리라 본다. 특히 어린아이의 시기를 지나 자신이 누구인가 하는 자각이 생기는 사춘기를 맞으면 자신과 세상에 대한 궁금증과 이성에 대한 호기심 등이 겹쳐 왕성한 배움의 욕구가 일어난다. 공자도 이런 과정에서 15세에 배움에 대한 뜻을 세운 이후 일생에 걸쳐 방대한 옛 성현들의 말씀과 역사 등을 읽고 정리하고 가르쳐서 오늘 우리가 올바른 삶의 자리를 찾을 수 있도록 하였으니 고마울 뿐이다.

소크라테스는 자기 자신이 누구인지를 알라는 의미 깊은 주제를 우리에게 던져주었다. 과연 자신이 어떤 삶을 살아가야 하는지, 삶의 목적이 무엇인지 등에 대해 배우고 생각해야 제대로 된 인간으로서의 삶을 살 수 있다는 가르침이다.

배움이란 무엇인가

무엇인가를 알기 위해서는 배우는 과정이 있어야 한다. 어느 누구도 태어나자마자 세상의 모든 이치를 아는 사람은 없다. 공자는 이런 이치를 공자 자신이 태어나면서부터 모든 것을 안 사람이 아니고 단지 옛 성현의 지혜를 좋아하여 빠르게 이를 배우는 사람이라고 했다. 지식을 얻기 위해서는 배워야 한다는 진리의 말씀이다. 《논어》〈계씨편〉에 보면 사람에 따라 배우는 능력의 차이는 있지만 배우지 않으면 어리석은 백성이 될 뿐이라는 말이 있다.

> 저절로 도리를 알면 으뜸이요, 배워 아는 사람은 그 다음이다. 어렵더라도 배우는 사람은 또 그다음이다. 어려워도 배우지 아니하면 어리석은 백성이 된다.[17]

우리가 무엇을 배워 안다는 것은 눈으로 보거나 귀로 듣거나, 코로 냄새를 맡거나, 손으로 만지는 식으로 감각기관을 통해 인식을 하지만 이런 인식만으로 제대로 안다고 할 수는 없다. 예를 들어 피아노로 음악을 연주한다고 할 때 건반을 누르면 각 음정에 해당하는 소리가 나온다는 것을 머리로 알지만 연습을 하지 않는 한 자기가 좋아하는 노래를 피아노로 연주할 수 없다는 것을 안다. 제대로 안다는 것은 배운 것을 시시때때로 익혀서 완전히 자기 것으로 해야 한다는 것이다. 공자도 그래서 제대로 알기 위해서는 배움만이 아니라 익힘을 강조한다.

배우고 익힘이 제대로 배우는 길이지만 여기에 하나를 덧붙이면 자기가 아는 것을 다른 사람에게 가르쳐준다거나 삶에서 그것을 실천할 때 이전까지 생각 못했던 특정 지식의 깊은 뿌리를 알거나 의미를 깨닫는 수가 많다. 주위의 모르는 사람에게 가르치는 것을 실천해보면 이 말의 의미를 알 수 있을 것이다.

《중용》에서는 배움의 과정을 널리 배우고 깊게 질문하며 신중하게 생각하고, 밝게 판별하는 것이라고 말하기도 한다. 즉 박학(博學), 심문(審問), 신사(愼思), 명변(明辯)이다. 《논어》〈위정편〉에는 옛것을 잘 익혀 이를 바탕으로 새로운 지식을 쌓아간다는 '온고이지신(溫故而知新)'의 중요성을 말한다. 스티브 잡스가 새로운 것을 많이 만들어냈지만 그 밑바탕에는 남이 이미 개발한 지식이나 기술을 활용해서 남이 생각 못하는 자기 나름대로의 방식으로 조립했다는 사실에서 옛것을 익히고 새것을 쌓는 의미를 알 수 있다.

이렇게 습득된 지식과 지혜는 반드시 자신의 삶에 활용되어 결실을 맺어야 한다. 군자가 자신의 인격수양과 주위 사람을 편안하게 한다는 수기안인(修己安人)이라는 목표를 향해 나가는 것이 배움의 자세인 것이다.

군자와 선비가 되는 길은 어떠한가

사회를 이끌어 가는 리더를 유학에서는 군자 또는 선비라 한다. 누구든지 군자와 선비가 될 수 있지만 그러기 위해서는 자신의 마음을 가다듬고 지혜를 배워야만 한다. 군자와 선비가 배워야 하는 학문의 방법을 《대학》에서는 상세히 밝히고 있다.

《대학》은 첫머리에서 큰 배움의 길이 추구하는 목표를 세 가지로 설명한다. 첫째, 밝은 덕을 더욱 밝히는 것, 둘째, 백성을 올바로 이끌어 친하게 하는 것, 셋째, 이러한 노력이 최상의 경지에 이르도록 하는 것이다.[18] 그리고 큰 배움의 길은 다음 8가지의 단계를 거치는 것이라고 밝힌다.

① 사물을 경험하면서 그 이치를 밝히는 격물
② 앎을 지극히 발전시키는 치지
③ 뜻을 정성스럽게 하는 성의
④ 자기 마음을 바르게 하는 정심
⑤ 자신을 닦는 수기
⑥ 집안을 질서 있게 잘 다스리는 제가
⑦ 나라를 잘 다스리는 치국
⑧ 세상을 평화롭게 하는 평천하[19]

우리가 천재라고 하는 사람들은 그들의 천재적인 재능을 꽃피우기까지 남모르는 엄청난 배움과 훈련의 시간을 거쳤다는 것을 알아야 한다. 예를 들어 르네상스 시대 최고의 천재 예술가였던 미켈란젤로는 여섯 살부터 열 살까지 석공 기술자 가족과 함께 살면서 망치와 끌 다루는 법을 배웠다. 또한 위대한 스승 기를란다요의 도제로 들어가 스승의 작업을 도우면서 스케치를 하거나 모사를 했다. 그가 24세에 피에타라는 작품을 만들기 전까지는 전도유망하지만 거의 알려지지 않은 예술가로서 훈련을 한 것이다. 사람들은 피에타를 천재의 솜씨라고 하지만 미켈란젤로 스스로는 자신이 그런 경지에 오르기까지 아주 열심히 노력한 덕분이라고 밝혔다.

공자는 《논어》〈공야장편〉에서 "배우는 것을 좋아하여 민첩하고 아랫사람에게 묻기를 부끄러워하지 않는다"[20]고 배움의 자세를 말하고 있다. 또한 〈위정편〉에서 자로에게 "아는 것을 안다고 하고 모르는 것은 모른다고 하는 것이 바로 아는 것이다"[21]라고 일러주어 군자의 배움의 자세를 가르치고 있다. 이러한 군자의 배움의 길은 세상의 출세에 목표를 두기보다는 자신의 인격 수양에 있다는 것을 〈헌문편〉에서 "옛 학자는 자기 수양을 위해 공부했으나 오늘의 학자는 남에게 알리기 위해 공부한다"[22]고 말하고 있다. 또한 군자가 목표하는 것은 한 분야의 기술을 익히기보다는 폭넓은 지도자여야 함을 '군자불기(君子不器)'라는 말로 깨우치고 있다.

세계의 오늘과 미래를 가늠해본다

우리가 알고 배울 것은 인격 수양뿐 아니라 이 세상이 어떤 모습을 하고 있는지와 앞으로 어떻게 변화될 것인지에 대한 지식이다. 특히 경영을 하는 리더가 되기 위해서는 시대의 변화를 미리 읽는 지혜가 절실히 요청된다.

21세기의 오늘에는 모든 것이 빠른 속도로 바뀌고 있다. 20세기까지 지배하던 이성 대신 감성이 우리 사회에 더 큰 영향력을 행사하며, 예전 같으면 한 국가 내의 한 지역에서 끝났을 일이 전 세계적으로 큰 영향력을 발휘하는 시기에 살고 있다.

유학은 세상은 늘 바뀌는 것이므로 이에 발맞추어 나가야 한다고 말한다. 이런 생각에서 《주역》은 세상의 변화하는 모습을 음과 양의 기운이 변화하는 현상에 빗대어 신비스럽게 설명하고 있다.

오늘과 내일, 세계가 변화하는 특징을 잘 설명하고 있는 몇 가지 생각을 살펴보기로 하자.

제3의 물결: 앨빈 토플러

앨빈 토플러의 《제3의 물결》은 우리가 살고 있는 문명에 관한 새로운 시각을 보여줌으로써 발간 당시 세계적으로 매우 큰 충격을 준 책이다. 저자는 문명을 1만 년 전 농업에 의한 제1의 물결, 산업혁명으로 인한 제2의 물결, 그리고 정보화와 글로벌 문명에 의한 대변동의 시기인 제3의 물결로 나누고 있다. 새로운 문명은 모든 낡은 권력관계에 도전하고 새로운 행동 규범과 새로운 제도를 만들어 내고 있다는 의미에서 문명보다는 '물결'로 표현하고 있다.

제2의 물결인 산업사회는 매스미디어의 정보 체계, 대규모 공장과 교통망 등의 기술체계, 핵가족과 같은 사회 체계로 구성되어 시장이 중심이 되는 사회로 특징지워진다. 앨빈 토플러는 제2의 물결의 6가지 원칙을 표준화standardization, 전문화specialization, 동시화synchronization, 집중화concentration, 극대화maximization 그리고 중앙집권화centralization로 규정하고 이에 대해 상세히 설명한다. 그리고 제2 물결의 이러한 원칙은 결과적으로 물질을 중시하는 비인간적인 관료기구에 의해 움직여진다고 비판한다. 제2의 물결인 산업사회에서 자연은 정복할 대상으로 보고, 인간은 진화론에 의해 보다 강하고 높은 것만이 살아남는다는 우등생의 논리와 제국주의의 정당성을 주장하게 되었다는 것이다. 사상에 있어서도 우주를 통일체로 보기보다는 작은 단편으로 분할하는 원자론의 입장에서 자율적인 개인주의를 옹호한다고 한다.

이러한 산업사회는 생태계를 파괴하고 인간이 심리적으로 좌절하고 정신적인 문제를 앓게 되는 인격의 위기를 가져옴으로써 진정한 행복과는 멀어지는 문제를 안고 있다고 진단한다. 이에 대한 반작용으로 인간들은 공동체 의식을 찾을 수 있고 인간의 의미를 찾을 수 있는 신앙이나 소그룹 모임을 찾게 되었으며, 획일화를 벗어나는 문화를 추구하는 제3의 물결로 접어들게 되었다는 것이다.

제3의 물결 사회에서는 에너지 소비를 줄이는 기술의 응용, 우주산업, 해양개발, 그리고 유전자산업 등이 중요한 산업으로 부각할 것을 예측하고 있다. 한편 우리들의 마음과 관련하여 공동체의식을 기르고 삶의 의미와 보람을 찾는 문화가 일어날 것을 예측하였다. 또 제3의 물결 사회의 지도자는 타인의 이야기에 귀를 기울이는 능력이 뛰어난 사람이라고 지적한다.

다가오는 세계: 피터 드러커
피터 드러커 교수는 《넥스트 소사이어티》라는 책에서 새로운 사회의 모습을 몇 가지 큰 그림으로 보여주고 있다.

첫째는 새로운 인구구조와 지식근로자의 등장이다. 오늘날 대부분의 선진국들은 65세 이상의 노인 인구가 성인 인구의 절반을 차지할 정도로 늘어나고 있으며, 젊은 인구의 감소, 특히 출산율이 급격히 떨어지는 인구구조의 변혁을 맞고 있다. 이러한 인구구조의 변화는 퇴직연금의 문제, 새로운 노동력을 위한 이민 정책 등 많은 문제를 제기하고 있다.

먼저 인구구조의 변화에 따라 시장이 분열되고 있다. 50세 이상을 위한 투자신탁기금이나 연금 시장이 크게 성장하는가 하면, 젊은이들을 위한 몇몇 시장은 엄청난 이익을 보고 있다. 예를 들어 좋은 학교가 있는 도시 외곽의 값비싼 주거지역으로 이사하는 등 한 명의 자식 교육을 위한 엄청난 시장이 발전하는 것이다.

노동력 역시 젊은 노동력과 노인 노동력으로 구분되어 행동 방식이나 일의 측면에서 현저히 다르게 된다. 젊은 노동력 집단은 영구적 직업을 갖고 지속적인 수입을 얻기를 바란다. 노인 노동력 집단은 선택의 폭이 넓어 비전통적인 일자리나 여가 생활 등 자신에게 적합한 형태로 선택하게 된다. 이러한 노동력이 분리되는 현상은 여성 지식근로자들로부터 시작될 가능성이 높다. 여성 간호사, 컴퓨터 기술자, 법률 전문가들이 자신의 아이들을 돌보기 위해 15년가량 직장을 물러났다가 다시 풀타임 직장으로 되돌아올 수 있는 것이다.

전체 노동력 중에서 공장 근로자의 비율은 꾸준히 줄어들지만, 미국과 다른 선진국들에 있어서 지식근로자들은 빠르게 성장하고 있다. 새로운 지식근로자들은 종전의 근로자와는 여러 면에서 다르다. 그들은 희소 자원인 지식이라는 핵심 자원을 소유하고 있으며 연금기금과 투자신탁기금의 투자지분을 통해 많은 대기업들의 주주와 소유주가 되었다. 지식근로자는 전문화된 지식으로 조직이 필요로 하는 능력을 발휘하며 종업원이 아니라 전문가로 인식되고 있다.

지식은 급속히 새것으로 바뀌기 때문에 지식근로자는 정기적으로 그들의 지식을 최신의 것으로 향상하기 위한 교육을 받아야 한다. 따라서 이들을 가르치는 교육, 특히 정보기술을 통한 교육이 매우 번창할 것으로 보인다. 지식근로자는 자신이 가진 전문 지식을 바탕으로 자신의 정체성을 느끼게 되며 동일한 지식 분야라면 한 직장에서 다른 직장 또는 다른 나라로 이동하는 것을 아무렇지도 않게 여기게 된다. 돈은 중요하지만, 그들은 돈을 궁극적인 기준으로 생각하지 않으며, 일을 인생 그 자체로 귀중히 여긴다.

둘째는 기업과 최고경영자의 미래가 변화한다는 것이다. 지식근로자의 등장으로 기업의 모습에 변화가 일어나고 있다. 예를 들어 전통적인 풀타임 종업원 조직으로 운영되는가 하면, 종업원은 아니지만 동반자 또는 동료 자격으로 경영되는 인간 조직도 있을 수 있고, 어떤 조직은 풀타임이지만 아웃소싱 회사의 종업원으로 일하며 자신이 근무하는 회사와는 아무런 계약관계가 없는 그런 조직도 있다. 이런 다양한 조직에서 어떤 방식으로 생산성을 올릴 수 있는가 하는 것이 문제가 된다.

이렇게 기업의 형태가 바뀌는 미래의 조직에서는 강력한 책임을 지는 최고경영자가 더 필요하게 된다. 최고경영자는 사람과 돈을 관리할 책임을 지고 외부 세계에 대해 조직을 대표해 정부와 사회의 관계를 유지해야한다. 그러나 미래의 최고경영자는 현재와 다른 몇 가지 유형으로 발전할 것이다. 제네럴 일렉트릭GE의 경우 회사의 큰 과제가 생길 경우 모든 권한을 GE 연합체 소속 각 사업부의 최고경영자들에게 위임하여 해결하는 방식을 쓴다. 스웨덴과 스위스의 합작 거대 다국적기업인 아세아브라운보베리는 회사의 개별 사업부들을 별도의 세계적 사업체로 만들고 몇몇 비상임 임원들로 구성된 강력한 최고경영자 팀을 만들었다.

셋째는 경제와 국가의 세계화이다. 세계경제가 글로벌화하면서 각 나라는 자기 나라의 화폐에 대한 가격, 즉 환율의 문제를 안고 있다. 변동환율제는 극단적인 통화 불안정을 일으키고 있으며, 각 나라는 재정 및 화폐 정책을 통해서 환율의 급격한 변동에서 오는 피해를 줄이기 위해 애쓰고 있다.

1985년 미국과 일본 정부가 플라자 합의를 통해 미국 달러와 일본 엔화의 교환 비율을 자유롭게 하기로 한 후 미국 달러 가치는 엔 대비 60퍼센트가량 떨어질 때까지 멈출 줄을 몰랐다. 일본의 수출상은 일본이 망한다고 했지만 일본의 수출은 늘어났고 미국의 대 일본 무역적자는 더 늘어갔다. 이에 대한 설명의 하나는 일본이 식품과 원료에 대한 세계 최대 수입국이고 모든 대금은 달러로 지불하기 때문에 일본 전체로 보아서는 달러로 들어온 돈이 달러로 나가는 구조에서 큰 영향을 미치지 않는다는 것이다.

오늘날은 투자가 무역을 앞지르고 있으며 금융, 경영컨설팅, 회계, 법률과 같은 서비스 교역은 재화의 교역보다 더 빠르게 성장하고 있다. 이 같은 환경에서는 높은 환율이 한 국가의 수출을 개선한다 하더라도 그것은 동시에 해외투자 능력을 약하게 하여 장기적으로는 수출시장을 개척할 힘을 약화시키는 것이다.

각국 정부는 자국의 법률을 역외로까지 확대하여 이런 추세에 맞서려 노력하고 있다. 그렇지만 초국적기업을 통제할 수 있는 지배적인 경제 강국은 존재할 수 없다. 앞으로 글로벌 경제를 통제할 수 있는 도덕적, 법률, 경제적 규칙을 만들고 초국적 기관을 조직할 필요가 있다.

공감의 시대, 3차 산업혁명: 제레미 리프킨
제레미 리프킨은 우리가 살고 있는 21세기를 '공감의 시대The Empathic Civilization'라고 부른다. 그리고 《3차 산업혁명》에서 새로운 자본주의 시대가 열릴 것이라고 예고한다.

먼저 그가 말하는 공감에 대해 알아보자. 공감empathy이라는 용어는 미학에서 쓰는 독일어 'einfühlung(감정이입)'에서 온 것이다. 감정이입은 관찰자가 흠모하거나 관조하는 물체에 자신의 감성을 투시하는 방법을 설명하는 용어다. 즉 감정이입은 다른 사람의 입장이 되어 그들이 어떻게 느끼고 생각하는지 이해하는 것을 의미한다. 공감의 '감pathy'은 다른 사람이 겪는 정서적 상태로 들어가 그들의 고통을 자신의 고통인 것처럼 느끼는 것을 뜻한다. 수동적 입장을 의미하는 동정과 달리, 공감은 적극적인 참여를 의미하여 관찰자가 기꺼이 다른 사람의 경험의 일부가 되어 그들의 경험에 대한 느낌을 공유한다는 의미를 갖는 새로운 개념이자 용어다.

과학자들이 발견한 '거울신경세포'는 인간의 공감 현상을 잘 설명해준다.

거울신경세포는 공감 신경세포라고도 불린다. 처음 태어났을 때의 어린아이의 두뇌는 완전한 기능을 갖추지 못한 상태이며, 이후 몇 달간에 걸쳐 엄마와 갖는 관계의 결과에 따라 결정된다. 이때 아기의 거울신경세포가 많은 활동을 하며 두뇌의 발달을 돕는다. 만일 엄마와 아기가 정서적으로 잘 통하지 못하면, 아기의 두뇌는 생리적 결함을 지속적으로 드러낼 수 있다고 한다. 학자들은 인간에게 공감은 내재되어 있으며, 공감이 우리의 본성이고 우리를 사회적 존재로 만들어준다고 주장한다.

여러 다양한 분야의 학자들은 인간의 모든 활동이 실체적 경험, 즉 다른 사람과의 관계에서 나타나는 공감 능력이라고 본다. 다른 사람이 자신인 것처럼 그의 마음을 읽고 반응하는 능력은 인간이 세계에 참여하고, 개인의 정체성을 만들고, 언어를 발전시키고, 사회적이고 현실과 존재를 정의하는 방법의 핵심 요소라는 것이다.

우리는 다른 사람과의 관계를 통해서만 우리 자신을 알 수 있다. 언어 자체는 단어로 생각을 만들어내는 능력이지만 다른 사람과의 관계에서만 생긴다. 사람과의 접촉 없이 기계가 돌보는 아기는 언어를 구사할 수 없다. 이유는 간단하다. 언어는 사람들 사이에서 일어나는 것이기 때문이다.

제레미 리프킨은 인간의 의식 변화에 대해서도 언급한다. 인간의 시대의식은 고대에서 현대까지 다양하게 변화되어 왔다. 저자는 이렇게 변화되는 모습 속에 공감의식이 조금씩 발전했다는 생각을 펼친다. 고대 원시 세계는 신화적 의식이 지배한 세계다. 신석기시대의 농업사회가 되자 사람들은 신학적 의식을 갖는다. 이집트에서는 태양신이 등장하고 중국에서는 황제를 천자라고 하여 지상에서 천하를 대표하는 하늘의 사자로 추앙했다.

유대 민족은 성서를 바탕으로 유대교를 믿었다. 로마가 세계를 통일한 뒤 유대교에서 갈라져 나온 기독교가 로마의 종교가 되었다. 중세 말이 되면서 이탈리아를 중심으로 르네상스 운동이 일어난다. 인쇄술의 혁명, 종교혁명으로 휴머니즘(인문주의) 의식이 개화되며 중세 기독교 세계관과 결별한다. 이후 산업혁명으로 모더니즘, 즉 인간의 이성으로 세상의 모든 일을 합리적으로 해결할 수 있다는 합리주의 의식이 자리 잡는다.

19세기와 20세기는 산업혁명과 자본주의 시장경제가 비약적으로 발전한 시대다. 이 시기에는 낭만주의가 일어났다. 낭만주의자들은 자연이 영원히 고정된 것이 아닌, 끊임없이 스스로 초월하는 새로운 창조적 힘이라고 생각했다. 기독교 신앙이 초월성으로 향하는 길목을 열어주고 이성이 계몽철학자들의 길잡이 역할을 했다면, 낭만주의자에게는 상상력이 그 역할을 맡았다. 상상력으로 각 개인은 자연의 창조력을 활용할 수 있고 자연과 더불어 세상을 함께 창조하는 신성한 과정에 참여한다는 것이다.

낭만주의가 지난 후 전기 혁명에 힘입어 심리학적 의식이 자리 잡는다. 프로이트는 무의식에 관한 이론을 들고 인간 본성에 관한 전혀 새로운 스토리를 지어내었다. 그는 성적 충동이 모든 인류사를 관통한다고 믿었다. 1970년대에는 인본주의 심리학이 대두되었다. 인본주의 심리학자들은 인간을 의도성을 가지고 사는 존재로 이해한다. 즉 목적을 갖고 산다는 말이다. 목적은 인생을 보다 더 큰 맥락에서 해석함으로써 그 의미를 부여한다. 저자는 20세기 말을 거쳐 21세기에 접어들면서 이제 공감 의식이 지배하는 '공감의 시대'가 도래한 것으로 본다.

그렇다면 공감의 문명이란 무엇일까. 그보다 먼저 진리가 도대체 무엇인가. 실체적 철학의 틀에서 궁극적 진리를 추구한다는 것은 거대한 체계 속에서 모든 관계가 잘 들어맞는 방법을 통째로 알려고 한다는 말이다. 진리를 추구하는 것은 보다 더 큰 그림에 우리가 속해 있는 방법과 속해야 하는 이유를 찾는 것이다. 신앙을 가진 사람이 신은 모든 것을 다 아신다고 말하면, 그것은 신이 세상에 참여하며 서로 이어진 수많은 관계에 내밀히 관여한다는 의미이다.

존재의 의미를 생각하게 되면 자연스레 인생에 어떤 목적이나 방향이 있는지를 알려고 한다. 스콜라 철학자들에게 있어 궁극적 목적은 신의 은총을 믿고 신의 뜻에 따르는 것이다. 합리주의자라면 물질적으로 풍요로워지고 쾌락을 최대로 늘리는 것이 목적일 것이다. 다윈주의자에게 인생의 목적은 생존하고 번식하는 것이다. 그러나 실체적 경험의 철학자들에게 인생의 의미는 다른 사람과의 관계를 통해 존재의 현실을 깊이 경험하는 것이다. 자유에 대해서도 이성주의자들은 남에게 의존하거나 남의 신세를 지지 않고, 다른 사람의 간섭이나 억압이 없는 자율적인 상태로 정의한다. 공감적 의식에서 자유란 우정과 애정, 소속감이 충만한 삶을 최대화할 수 있는 것을 말한다. 사람들의 꿈은 물질적인 풍요에서 삶의 질을 높이기 위한 것으로 바뀌고 있다. 세계 기후변화와 씨름하고, 다른 생물을 보호하고 안전한 사회를 유지하고 누구나 의료 혜택을 받으며 양질의 교육을 받는 세상을 추구하는 것이다. 개인의 복지를 강조하는 것에서 사회복지를 중시하는 것으로 바뀌고 있다.

  결론적으로 현대의 인간은 적대적 경쟁보다는 인간적 유대감을 추구하며, 협업 네트워크를 기반으로 서로 공감을 확장하는 사회와 경제 시스템을 만들어가는 여정에 있다는 것이다.

현재 우리가 살고 있는 산업문명은 중대한 기로에 서 있다. 석유 및 여타의 화석연료가 서서히 고갈되고 있으며 산업 인프라 역시 노화되고 황폐해지고 있다. 더욱 심각한 것은 화석연료로 인한 기후변화로 생태계의 불안정과 함께 인류의 생존까지 위협받을지 모른다는 우려가 있다. 앞으로는 새로운 에너지원인 자연광, 풍력, 수력 등을 이용하는 새로운 3차 산업혁명을 준비하여야 한다는 것이다.

3차 산업혁명은 새로운 에너지와 커뮤니케이션이 밀접한 관계를 갖는다. 1차 산업혁명 당시 인쇄에 도입한 증기력 기술은 인쇄물이라는 매개체를 통해 1차 산업혁명을 관리하는 주요 커뮤니케이션이 되었다. 인쇄물이 빠르게 퍼지면서 역사상 처음으로 대중의 읽기 및 쓰기 능력이 향상되었고 이는 글을 아는 노동인구를 탄생시켜 석탄 동력의 증기기관 철도 및 공장 경제의 복잡한 운영을 체계화시켰다.

20세기 첫 10년 동안 전기 커뮤니케이션은 석유를 동력으로 하는 내연기관과 조우해 2차 산업혁명을 일으켰다. 공장의 전기화는 대량생산 제품의 시대를 열었는데, 그중 가장 획기적인 제품이 자동차였다. 수백만 명이 말과 마차를 자동차로 바꾸기 시작했고 급증하는 연료 수요를 충족하기 위해 석유업계가 유전 탐사에 나서 미국은 세계 최대의 원유 생산국이 되었다. 또한 고속도로가 미국 전역에 깔렸고 수천 미터의 전화선이 설치되고 라디오와 텔레비전이 등장하여 사회생활을 재구성했다.

오늘날은 인터넷 커뮤니케이션 기술과 재생 가능한 에너지 결합이 3차 산업혁명을 일으키는 시점이다. 앞으로 수억 명의 사람이 자신의 가정과 직장, 공장에서 직접 녹색 에너지를 생산하여 지능적인 분산형 전력 네트워크인 인터그리드로 서로 공유하는 시대가 오고 있는 것이다. 3차 산업혁명은 다음과 같은 5가지 핵심 요소를 통해 이루어진다.

① 재생 가능 에너지로 전환한다.

② 모든 대륙의 건물을 현장에서 재생 가능 에너지를 생산할 수 있는 미니 발전소로 변형한다.

③ 모든 건물과 인프라 전체에 수소 저장 기술 및 여타의 저장 기술을 보급하여 불규칙적으로 생산되는 에너지를 보존한다.

④ 인터넷 기술을 활용하여 모든 대륙의 동력 그리드를 인터넷과 동일한 원리로 작동되는 에너지 공유 인터그리드로 전환한다.

⑤ 교통수단을 전원 연결 및 연료전지 차량으로 교체하고 대륙별 양방향 스마트 동력 그리드 상에서 전기를 사고팔 수 있게 한다.

3차 산업혁명의 근간인 에너지 민주화는 분산 자본주의 시대를 불러올 것이다. 석탄을 동력으로 하는 증기기관이 주도한 1차 산업혁명의 핵심은 철도산업이다. 철도 산업은 많은 자본을 조달하기 위해 유가증권을 발행하여 대규모 자본집적을 하였다. 이 과정에서 월스트리트는 현대 자본주의의 진원지가 되었다. 거대한 철도 회사의 운영은 막스 베버가 주장한 합리적 관료제에 의해 하향식 권한의 흐름을 갖는 피라미드 형태의 조직으로 이루어졌다. 문서화된 명령을 지휘 계통으로 하달함과 동시에 광범위한 지역의 보고서를 문서로 받는 커뮤니케이션이 이루어졌다. 대학은 생산성이 높은 노동자를 배출하는 임무를 맡았다.

3차 산업혁명은 네트워크를 중심으로 이루어진다. 많은 사람들이 네트워크로 음악, 영상, 의학, 여행 정보 등을 공유한다. 네트워크가 발달하면서 누구나 제조업자가 될 수 있다.

이런 첨삭식 제조 즉 분산과 협업 비즈니스 모델이 널리 퍼지면 수십만의 소규모 제조업자들이 거대 제조 회사와 경쟁해서 이길 수 있게 된다. 분산 자본주의 시대가 열리는 것이다.

드림 소사이어티: 롤프 옌센

덴마크의 코펜하겐 미래학연구소장을 역임한 롤프 옌센은 앞으로의 사회는 감성적이고 이야기가 흐르는 시장이 인기가 있을 것이라고 주장했다. 그리고 그처럼 감동과 감성이 흐르는 사회를 드림 소사이어티라고 부른다.

예전에는 닭장 속에서 키운 닭의 달걀을 샀지만, 점점 자연 속에서 자란 닭의 달걀을 더 선호하는 변화를 맞고 있다. 규격화된 최소의 비용으로 대량생산된 달걀은 더 이상 시장에 나오지 않게 될 것이다. 이성이 아니라 감성과 스토리가 있는 상품이나 서비스가 시장을 점령할 것이라는 것이다.

드림 소사이어티에서는 감성이 풍부하거나 스토리텔링을 하는 회사가 성공한다. 나이키는 운동화 제조업체가 아니라 운동화에 젊음, 성공과 명성, 승리에 대한 스토리텔링을 곁들여 세계시장을 석권하는 글로벌 기업이다. 나이키를 신으면 당신도 '이유 있는 반항아'가 된다는 식이다.

빈과 이스탄불 사이를 운행하는 '오리엔트 특급'은 한 장소에서 다른 장소로 이동하려고 타는 기차가 아니다. 이 기차는 옛날의 매력, 샴페인과 캐비어, 낭만이 담겨있는 기차다. 기업은 스토리텔링, 환경 보전과 녹색 사회 및 기업을 둘러싼 사회 공헌 등에 민감한 기업으로 유지될 것이다.

드림 소사이어티에서 시장은 어떤 모습일까? 드림 소사이어티 기업으로 성공하는 영역의 대표적인 예로는 모험 시장을 들 수 있다. 즉 에베레스트 정복 관광 같은 것이다. 지금까지 에베레스트는 천 명 정도의 산악인만이 정상을 밟을 수 있었고 상당수가 정상에 도전하다가 목숨을 잃은 산이기 때문에, 모험 정신을 일으키면서도 위험을 줄일 수 있는 방도를 찾으면 시장이 크게 늘어날 수 있다는 것이다. 다른 모험 시장으로 스포츠와 관련된 산업, 특히 스타 선수들의 성공담과 경쟁담, 역경을 극복한 이야기들의 시장을 생각할 수도 있다. 스타 선수들 몇몇은 초특가 상표가 될 것이며, 개별적인 특허권을 갖게 될 것이다. 영화계 스타 역시 모험 시장에 속한다. 죽은 지 40년이 지났지만 험프리 보가트는 그 신화적 이미지로 영화계와 출판계에서 신화를 만들어내고 있다.

드림 시장의 다른 하나는 사람 사이의 연대감을 높이는 시장이다. 사람들은 친밀감, 사회적 관계의 강화와 소속감을 느끼려고 술집에 간다. 아일랜드의 대형 주류업체인 기네스는 전 세계에 맥주를 팔고 있다. 그러나 이 주류업체는 맥주뿐만 아니라 연대감과 유쾌함도 함께 팔고 있다. 기네스는 전 세계에 '아일랜드 풍'을 판매하고 있는 것이다. '제임스 조이스', '더블린 사람들' 또는 '오 레일리' 같은 술집들은 아일랜드 풍의 실내장식은 물론 아일랜드 풍의 바텐더와 연주자들까지 갖추어 아일랜드의 스토리를 팔고 있다. 술집이라는 환경은 이처럼 연대감과 친밀감을 파는 장소로 각광을 받으며 발전해갈 것이다.

　미국에서만 총 3천억 달러 이상의 가치가 있는 외식업과 카페업도 연대감, 친밀함의 시장에 속한다. 미국의 커피 시장은 60억 달러의 가치를 갖고 있으며 이 액수는 테마파크 시장의 절반에 해당된다. 커피는 사람들이 관계를 맺고 신뢰감을 형성하는 의식의 한 부분으로서 연대감, 친밀함의 환경을 조성해 준다.

　자신의 정체성을 파는 것도 시장이 될 수 있다. 루이비통은 '나는 활기찬 사람, 전 세계의 멋진 호텔에서 묵으며 품위를 유지하는 사람'이라는 이미지를 판다. 자동차 역시 자신이 누구인가에 대한 이야기를 판다. '시보레 몬테카를로'의 광고를 보자. '내게는 혼자만의 장소가 필요합니다. 다른 사람들이 나를 찾을 수 없는 그런 장소 말입니다. 나는 쉬고 싶습니다. 나는 일이 끝났다고 외치고 싶습니다. 나는 누르기만 하면 세상이 조용해지는 그런 단추가 필요합니다.' 바쁜 일상에서 벗어나 자기 자신에게 돌아가는 이미지를 파는 것이다.

드림 소사이어티에서 노동은 힘든 재미, 즉 동기부여, 창조력, 그리고 몰입 같은 내용을 지닐 것이다. 기업은 과거처럼 가족의 생계 수단만을 제공하는 곳이 아니게 된다. 기업은 수렵채취사회의 기본 단위인 부족 같은 모양으로 변화될 것이다. 사람들은 함께 사냥하고 미리 정해진 규칙에 따라 먹이를 분배하듯 성과를 나누게 된다.

  21세기의 이러한 일의 개념은 스포츠 분야에서 발견되고 있다. 프로 선수들은 자기 분야에서 운동함으로써 돈을 벌고 있다. 이것은 힘든 재미이다. 운동선수들은 개인적으로 운동하는 것을 즐기고 있으며, 운동 자체가 도전이 된다. 성공적인 운동 코치 역시 일을 사랑하기 때문에 기업 컨설턴트처럼 밤샘 작업을 하는 것이다.

  드림 소사이어티의 기업은 진행되면서 그 내용이 펼쳐지는 연극 같은 성격을 지닐 것이다. 종업원들은 고객과 함께 연극이 진행될 방향을 설정한다. 사회적, 인간적 요소가 기업의 중요한 요소가 된다. 이런 기업에서 개인은 스스로를 브랜드화해야 승리하게 된다. 자기 자신의 특이점에 대한 인지도를 높여 시장에서 파는 것이다. 동료들과 연결되고 결속하고 행복과 즐거움을 회사에 퍼뜨릴 수 있는 재미의 능력을 높이는 것 역시 중요하게 된다.

3
관계망 속에서 삶의 의미를 찾다

물질과 마음, 무엇이 더 중요할까
사람은 왜 일해야 하는가
사람은 함께 살게끔 생긴 존재다
착한 마음으로 세상을 보자
경쟁 사회에는 질서가 필요하다
경쟁 속에서 행복의 길을 찾는다

풀꽃

자세히 보아야
예쁘다

오래 보아야
사랑스럽다

너도 그렇다

(나태주)

3 관계망 속에서 삶의 의미를 찾다

●1970년 미국에서 발간된 리처드 바크의 소설 《갈매기의 꿈》은 당시 세계적인 베스트셀러가 되었다. 주인공은 조나단 리빙스턴이라는 갈매기인데 다른 갈매기들이 하루 종일 먹이를 찾기 위해 하늘을 나는 것과 달리 하늘을 난다는 사실의 의미와 멋지게 잘 나는 것 자체를 고민하며 꾸준히 자신을 닦아간다. 동료 갈매기들이 조나단의 이런 행태에 비웃음과 경멸의 시선을 보내지만 이에 굴복하지 않고 결국 자신이 마음먹은 대로 무한한 자유를 누릴 수 있는 아득한 먼 공간으로 날아올라 빛을 발견한다는 내용이다.

이 소설은 삶이 단순한 육체의 욕구 충족만이 아니라 자유나 의미 같은 정신적인 가치를 추구함으로써 진정한 기쁨이나 보람을 누릴 수 있다는 것을 일깨우고 있다. 사람이 사람답게 산다는 것은 빵만으로는 안 되며 사랑이나 삶의 의미 깨닫기와 행복감 같은 마음의 자리가 함께해야 한다는 것이다.

물질과 마음, 무엇이 더 중요할까

사람은 육체와 정신을 함께 갖춘 존재이므로 생존을 위한 음식이나 다른 물질들이 필요함은 어느 누구도 부인하지 못할 삶의 기본 토대임이 틀림없다. 경영은 우리 삶에 필요한 이러한 물질과 관련된 구체적인 방식을 다루는 분야다. 그러나 육체적인 욕구의 충족만으로는 우리 삶의 의미와 가치를 찾기에는 부족하다. 사회심리학자들은 사람에게는 자신의 삶을 인정하고 사랑을 베풀고 자아를 실현하는 등의 정신적인 욕구가 있으며 이런 정신적인 욕구가 충족되지 않을 경우 무기력이나 신경증 등의 증세를 보임을 알려준다.

우리는 주위에서 부잣집 아들로 태어나 남부러울 것 없는 환경에 처한 사람이 자신의 삶에서 무엇인가를 이루려는 의욕이 없이 술이나 도박 등으로 삶을 내팽개치는 안타까운 모습을 종종 보거나 듣는다. 그들의 모습을 통해 물질적인 면에서는 모든 것이 풍족하게 갖추어져 있지만 마음속에 삶의 의미나 가치를 찾지 못할 경우 인간다운 삶을 살지 못한다는 사실을 잘 알 수 있다. 《논어》〈학이편〉에는 마음의 바탕이 바로 서야 한다는 것을 다음과 같이 말하고 있다.

> 군자는 기본이 되는 일에 힘쓰고 기본이 바로 서야 도가 생겨난다.[23]

소유냐 존재냐: 에리히 프롬
뛰어난 정신분석학자이며 사회학자인 에리히 프롬은 《소유냐 존재냐》란 책에서 우리 삶의 두 가지 실존 양식인 소유의 삶과 존재의 삶에 대해 잘 분석하고 있다. 먼저 소유의 삶을 보자.

기술과 생산력의 비약적인 발전에 따라 인간은 자연을 지배하고 물질적 풍요에 따른 최대 다수의 최대 행복과 무제한적인 개인의 자유를 누릴 것이라는 환상을 품었다. 그러나 이러한 생각은 한갓 꿈일 뿐이었음을 알게 되었다. 욕망의 충족이 결코 행복을 가져오지 않았음은 물론 우리가 자기 삶의 주인이라는 꿈은 관료주의 체제의 부속품이라는 절망으로 바뀌었다.

소유한다는 것이 삶의 정상적인 행위로 여겨진다. 살기 위해서 우리는 당연히 사물을 소유하며, 무언가를 즐기기 위해서도 그것을 소유해야 한다. 아무것도 소유하지 못한 사람은 아무것도 아닌 존재로 여겨지는 실정이다. 여기서 말하는 소유의 삶은 생존의 기본적 여건을 넘어서서 소유 자체를 삶의 목적으로 하는 그런 양식을 의미한다.

  소유적 인간은 자기가 가진 것에 의존한다. 존재적 인간은 자기가 살아있다는 사실에 자신을 맡긴다. 지식에 있어서도 소유 양식의 목표가 보다 많이 아는 것이라면 존재 양식의 목표는 보다 깊이 아는 것이다. 소유의 추구는 맹자가 이미 갈파한 것처럼 계급간의 끝없는 전쟁으로 이어지기 마련이다. 계급을 타파함으로써 계급투쟁에 종식을 고하겠다는 공산주의자들의 주장은 엄연한 허구다. 공산주의 체제 역시 근본적으로 삶의 목표를 무제한의 소비에 두고 있기 때문이다. 소유욕과 평화는 서로 배척 관계에 있다.

  소유하고 있다는 느낌에서 가장 중요한 대상은 나의 자아이다. 자신의 육체, 이름, 사회적 지위, 소유물, 타인에게 과시하고 싶은 자신의 이미지 등이다. 문제는 우리가 우리의 자아를 각기 소유물로 느낀다는 점, 그리고 그 사물이 우리 자신을 확인하는 경험적 토대가 되고 있다는 점이다. 소유 형태의 예로 자동차 소유를 보면 자동차는 내가 애착을 느끼는 구체적 대상이라기보다 나의 신분과 나의 자아의 상징이요, 나의 힘의 연장이다. 내가 새 차를 자주 바꾸면 이는 꽃을 꺾는 행위와 같은 지배의 느낌을 주며, 익숙해진 것에서 벗어나 새로운 자극을 만족시키는 효과를 준다. 우리는 자동차뿐 아니라 나 아닌 타인을 소유물로 간주하고 심지어는 감정이나 건강, 질병, 습관까지도 소유물로 체험한다.

　소유적 실존 양식은 사유재산에서 파생되어 나온다. 중요한 것은 오로지 나의 것으로 하는 것과 그렇게 취득한 것을 보유하는 무제한의 권리다. 나의 재산을 지키고 그것을 생산적으로 활용하는 것만을 바라는 태도는 모든 인간과 사물을 죽은 것으로, 나의 힘에 종속된 대상으로 변질시킨다. 소유적 존재 양식의 인간은 남들과 비교하여 자신이 우월하다는 점과 힘을 지니고 있다는 의식, 그리고 정복하고 약탈하고 죽일 수 있는 자신의 능력에서 행복을 발견한다.
　이에 비해 존재적 실존 양식의 전제조건은 독립과 자유 그리고 비판적 이성을 지니는 것이다. 그 가장 본질적 특성은 능동성인데 이는 인간의 힘을 생산적으로 사용한다는 의미에서 내면적 활동 상태를 뜻한다. 즉 인간에게 천부적으로 갖추어진 풍요로운 인간적 재능의 표출이다. 자기를 새롭게 하는 것, 자기를 성장시키고 사랑하는 것, 고립된 자아의 감옥을 초극하며, 관심을 가지고 귀 기울이며 베푸는 것을 의미한다. 이런 체험은 언어로 담을 수 없다. 체험이란 일단 사상과 언어로 옮겨지는 순간 증발해버리고 만다.
　존재적 실존 양식의 상징을 보자. 푸른색 유리가 푸르게 보이는 이유는 그것이 푸른색을 제외한 다른 색깔을 모두 흡수하고 통과시키지 않기 때문이라는 예가 있다. 유리가 푸른 것은 푸른색을 품고 있지 않은데 기인한다는 것이다. 우리가 존재하기 위해서는 자기중심주의와 아집을 버려야 하며, 마음을 가난하게 하고 텅 비워야 한다.

　스피노자는 인간의 본성이 인간의 특징을 이룬다고 확신했다. 한 인간의 덕성이나 악덕, 성공이나 실패, 행복이나 고통, 능동성이나 수용성은 인간이라는 종 특유의 본성이 그에게 얼마나 잘 실현되느냐에 달려있다고 믿었다.

우리가 인간 본성의 전형에 접근할수록 그만큼 우리의 자유와 행복도 커진다고 보았다. 스피노자는 정신적 건강은 올바른 삶의 발현이며 정신적 질병은 인간의 본성이 요구하는 바에 부응하지 못하는 삶의 징후로 보았다.

마르크스는 자유롭고 의식적인 활동은 인간 종의 특성이며, 노동은 인간의 활동을 대표하며, 인간의 활동은 곧 삶이라고 보았다. 반면 자본은 축적된 것, 지나간 것, 궁극적으로 죽은 것이었다. 마르크스가 중요하게 여긴 점은 삶이 죽은 것을 지배하는가 아니면 죽은 것이 삶을 지배하는가 하는 문제였다. 그에게 있어 사회주의는 삶이 죽음을 이기는 사회였다.

우리 인간은 존재하고자 하는 뿌리 깊게 타고난 욕구를 지니고 있다. 자신의 능력을 표출하려는 욕구, 활동하고자 하는 욕구, 타인과 관계를 맺으려는 욕구, 이기심의 감옥에서 빠져나가려는 욕구 등등. 베풀고 나누고자 하는 욕구와 남을 위한 희생정신은 아직도 간호사, 의사, 수도사, 수녀 같은 특정한 사회적 직업 종사자들에게서 발견할 수 있다. 타인과의 일체감을 체험하고자 하는 인간의 욕망은 인간이라는 종 특유의 실존 조건에 뿌리를 두고 있으며, 인간의 행동을 낳는 가장 강력한 원동력의 하나다. 우리라는 연대감의 욕구는 어머니, 우상, 종족, 나라, 계층, 종교, 동창 관계, 직업상 단체 등과의 공생적 유대 등으로 나타난다. 이 욕구는 또한 적응력의 원동력이기도 하다. 국외자가 된다는 것에 대한 불안은 죽음에 대한 불안보다 더 큰 불안이기 때문이다.

무의식 속의 종교심: 빅터 프랭클

상당수의 인간은 자신의 의미와 가치를 종교에서 찾고 있다. 기독교나 불교와 같은 세계적인 종교에서 삶의 가치를 발견하고 위안을 얻는 길을 걷는 것이다. 《죽음의 수용소에서》란 책으로 유명한 빅터 프랭클 교수는 《무의식의 신》이란 저서에서 우리 마음속 깊은 곳에 종교심이 있다는 것을 자세히 밝힌다.

아인슈타인은 종교인이란 인생의 의미가 무엇인가에 대한 답변을 발견한 사람이라고 주장하였다. 믿음과 신앙이란 궁극적 의미에 대한 '신뢰'라는 것이다.

빅터 프랭클의 실존분석은 삶의 의미는 무엇인가로부터 시작한다. 인간은 삶이 던지는 질문에 대답해야 하며 책임을 지고 행동으로 응답해야 한다는 것이다. 행동으로 삶에 응답한다는 것은 '지금 여기서' 응답한다는 의미다. 실존 분석에서 의식으로 나오는 것은 충동이나 본능, 또는 원초아$_{id}$ 충동이나 자아$_{ego}$ 충동이 아니라, 내 자신$_{self}$이다.

실존 분석에서 다루는 무의식의 개념을 보자. 무의식에는 본능적 무의식뿐 아니라, 영적인 무의식도 있다. 프로이트는 원초아$_{id}$라고 불리는 본능적 무의식만을 보았다. 그러나 영적인 것 역시 무의식적이다. 실존은 본질적으로 무의식적이다. 왜냐하면 실존의 근본은 완전히 겉으로 드러나는 법이 없고 드러날 수도 없으며, 그 자체를 완전히 파악할 수도 없기 때문이다.

인간이 된다는 것은 충동적 존재가 되는 것이 아니라 '되어야 할 존재가 되기로 결정하는' 것이다. 인간이 된다는 것은 책임 있는 존재, 자신의 실존에 대해 책임을 지는 존재가 된다는 것이다. 인간의 영은 그 근원부터 무의식적 영이다, 영은 자신이 어디에서 기인하는지, 곧 자신의 심층을 의식하지 못할 뿐 아니라 자신의 높이도 알지 못한다. 어떤 것을 의식화하느냐 아니면 무의식 상태로 내버려 두느냐를 결정하는 일은 무의식 자체가 한다. 거리의 소음에도 아랑곳하지 않고 깊은 잠에 빠져있는 어머니가 아기의 숨소리가 불규칙적일 때는 곧 바로 잠에서 깨어나게 하는 것이 무의식이다.

양심은 영적 무의식에 대한 개념을 잘 설명해 주는 좋은 모델이다. 양심은 결단하는 존재로서의 인간 안에 숨어 있는 불변의 현상이다. 양심은 비이성적이며 비논리적 또는 전(前) 논리적이다. 존재론적으로 볼 때 전과학적 이해에 앞서 전 논리적 이해가 선재(先在)하듯이 의미에 대해서도 전윤리적 이해가 있으니 이것이 바로 양심이다. 양심은 근본적으로 직관적이다. 아직 존재하지 않지만 실재화시켜야 할 것을 예상하기 위하여 양심은 직관에 의존할 수밖에 없다. 사랑도 직관적인 것으로 비이성적이다. 사랑이 예상하는 것은 윤리적 필연성이 아니라 인격적 가능성이다.

사랑과 윤리적 양심뿐 아니라 예술적 양심도 감성적이고 직관적이며, 비이성적인 영적 무의식의 심층에 깊이 뿌리를 내리고 있다. 예술가는 자기 예술품을 창조할 때 영적 무의식으로부터 나오는 원천과 자료에 의존한다. 영적 자아가 자체의 무의식적 심층에 몰입해 있을 때 양심과 사랑과 예술성이 일어난다.

이처럼 인간은 무의식적 차원에서 언제나 초월과 지향적 관계 속에 뿌리를 내리고 살아왔다. 이러한 무의식적 관계가 지향하는 대상을 '신'으로 본다면 그 신은 '무의식의 신'이라고 불러야 옳을 것이다. 무의식의 신은 신 자신이 무의식적 존재라는 뜻이 아니고 신이 인간의 무의식 속에서 자신을 드러내며 인간과 신의 관계가 무의식 속에서 이루어질 수 있다는 뜻이다.

사람은 왜 일해야 하는가

사람은 일을 통해 살아가기 위해 필요한 돈을 벌 뿐 아니라 삶의 의미나 보람을 갖는다. 특히 자신이 하고 있는 일이 재미있거나 그 일을 통해 무엇인가를 성취해가는 경우, 예를 들어 그림을 그리거나 피아노를 치거나 자신만의 독특한 사업을 펼쳐가는 일을 할 때 뿌듯함과 만족감을 느낀다.

애플을 일으킨 스티브 잡스가 어떤 생각과 방식으로 일을 했는지를 살펴보면 일이 무엇을 의미하는지를 어느 정도 알 수 있으리라 본다. 월터 아이작스가 쓴 《스티브 잡스》라는 책 내용을 중심으로 스티브 잡스의 경우에 일이란 어떤 것이었는지 알아보자.

스티브 잡스의 일

스티브 잡스의 간략한 일대기는 다음과 같다. 1976년 그의 나이 21세에 스티브 워즈니악과 함께 애플 회사를 세운다. 그러나 후일 애플에서 쫓겨난 후 넥스트 컴퓨터를 세운다. 이때 영화회사 '픽사'를 만들어 '토이 스토리'로 성공을 거둔 후 다시 애플에 돌아온다. 애플에 복귀 후 음악 다운로드 프로그램인 '아이튠즈'와 '아이팟'으로 성공을 거둔 후 '아이폰', '아이패드' 등의 대성공 스토리를 쓴 후 2011년 56세에 암으로 세상을 뜬다.

스티브 잡스는 어렸을 때부터 '멋진 디자인과 심플한 기능을 저렴한 가격과 결합하는 일'을 좋아해서 일생동안 이를 추구한다. 또한 스티브 잡스는 천성적으로나 환경적으로나 권위를 받아들이지 못한다. 학교에서 그는 강압적으로 누르려는 것과 모든 호기심을 없애버리려는 느낌을 받아 공부에 흥미를 잃고 온갖 짓궂은 장난을 치며 지루함을 달랬다.

잡스는 중학교 때부터 일하는 것을 좋아했다. 신문 배달도 했으며 전자기기 상점에서 재고품을 정리하는 직원으로 일하기도 했다. 잡스는 컴퓨터에 대한 관심이 깊었고 음악에 대한 열정도 많았다. 특히, 밥 딜런의 위업에 관심이 많았다.

잡스는 괴팍했다. 평생에 걸쳐 과일과 야채만 먹는 식생활을 실천했으며, LSD를 복용하여 환각에 빠지기도 했다. 또한 인도의 선불교에 심취하여 인도 여행도 다녀왔다. 그는 불교에서 강조하는 직관적 통찰에 깊은 영향을 받는다. 직관적 이해와 자각이 추상적 사고와 지적 논리 분석보다 더 중요하다는 것을 깨닫는다. 잡스는 히피의 반문화 생활 방식과 컴퓨터에 대한 열정, 명상과 영적 깨달음, 첨단 기술의 혼합을 구현하려는 자세를 일생 유지한 인물이다.

그의 특징을 보자. 첫째, 그는 인문학과 과학기술의 교차점에 서 있었다. 그는 음악, 그림, 영상을 사랑했다. 그러면서 컴퓨터도 사랑했다. 디지털 허브의 본질은 창조적 예술작품에 대한 감상을 훌륭한 엔지니어링과 결합하는 데 있다. 둘째, 완벽주의자인 잡스는 하드웨어부터 소프트웨어, 콘텐츠, 마케팅에 이르기까지 제품의 모든 측면을 통합해야 한다고 생각했다. 애플의 경우, 동일 계열의 컴퓨터로 모바일 기기에 담긴 콘텐츠를 막힘없이 매끄럽게 제어하도록 만들 수 있다는 의미였다. 셋째, 그에게는 단순미를 추구하는 본능이 있었다. 넷째, 그는 큰 리스크를 감수하고 새로운 비전에 모든 것을 걸 의지가 충만했다.

애플의 마케팅 철학은 다음과 같았다. 첫째, '공감'이다. 고객들의 감정을 이해하고 고객과 연결되는 것이 중요하다는 것이다. 둘째, '집중'이다. 목표로 하는 일을 훌륭하게 완수하기 위해서는 중요하지 않은 것들에서 눈을 돌리는 것이다. 마지막은 '인상'이다. 사람들이 기업이나 제품이 전달하는 신호와 분위기를 토대로 그 기업이나 제품에 대해 특정한 의견을 갖는다는 것이다. 자신의 제품을 창의적이고 전문가다운 방식으로 소개하면 그것이 최상의 품질을 갖고 있다는 인상을 심어주는 것이다.

애플은 애플II 제품 소개 탬플릿 제작 작업을 하면서 회사 로고를 바꾼다. 이때 그 유명한 '베어 먹은 사과 그림'을 택하고 레오나르도 다빈치가 말한 것으로 알려진 문구, '단순함이란 궁극의 정교함이다'라는 문구를 찍어 넣는다. 이 말은 이후 잡스가 지향하는 디자인 철학의 핵심 뼈대가 된다.

잡스와 애플 직원은 제록스의 팰러앨토 연구센터를 방문하여 컴퓨터의 작동을 문자 중심에서 마우스와 화면의 아이콘으로 대표되는 그래픽 유저 인터페이스로 바꾸는 방식을 배운다. 이때 연구센터의 연구원인 앨런 케이로부터 다음의 격언을 듣는다. '미래를 예측하는 최고의 방법은 스스로 미래를 창조하는 것이다'라는 것과 '소프트웨어를 중요하게 여기는 사람은 스스로 자신의 하드웨어를 만들어야 한다'는 것이다. 이 말을 가슴에 품은 잡스는 하드웨어와 소프트웨어, 그리고 콘텐츠까지 통합된 제품을 고집한다.

애플이 제록스 팰러앨토 연구센터에서 개발한 그래픽 인터페이스 기술을 가져다 쓴 것은 도둑질로 간주되곤 한다. 잡스는 이를 자랑스럽게 인정했다. 피카소는 '좋은 예술가는 모방하고 위대한 예술가는 훔친다'라고 말했는데 애플이 훌륭한 아이디어를 훔친 것을 부끄러워할 필요가 없다는 것이다.

잡스는 자신이 일하는 동기가 '돈'이 아니라고 했다. 그는 자아 욕구와 개인적 동기들로 인해 사람들의 감탄을 자아낼 만한 유산을 창출함으로써 만족을 얻으려고 했다. 혁신과 변혁을 선도하는 위대한 제품을 만드는 것, 그리고 영구히 지속될 수 있는 회사를 구축하는 것이라는 두 가지 유산을 창출하는 동기다.

스티브 잡스와 관련된 두 개의 명문장이 있다. '늘 추구하고 우직하게 나아가라 Stay Hungry, Stay Foolish'와 '다른 것을 생각하라 Think Different'이다. 첫 번째 문장은 브랜드라는 사람이 만든 교육 자료 카탈로그의 뒤표지에 쓰여 있는 것이다. 이른 아침의 시골길 사진, 모험심 가득한 사람이 히치하이킹을 하고 있을 법한 그린 길 사진에 쓴 문구다. 브랜드의 카탈로그는 스스로 학습하고 자신만의 영감의 원천을 발견하고 관심 있는 주변 사람들과 모임을 공유하는 능력을 키우고 돕는 도구들을 소개하고 있다. 잡스는 이 카탈로그의 열렬한 팬이었으며, 이 카탈로그에 담긴 정신에 부합하는 문화적 융합을 잘 구현한 인물이라고 말한다.

두 번째 문장은 애플의 광고를 담당한 클라우와 그의 회사에서 생각해낸 것이다. 이 문장을 접한 잡스는 가슴이 벅차올라 눈물이 났다고 한다. "이따금 영혼과 사랑의 순수함을 마주하는 순간이 있는데 그럴 때면 저는 늘 눈물이 납니다." '다른 것을 생각하라'는 아이디어를 만났을 때가 바로 그런 때였다고 한다. 언제까지고 잊지 못할 순수함을 느낀 것이다.

경영의 관점에서 일을 본다

대부분의 우리는 스티브 잡스와 같이 뛰어난 자질을 갖추어 자신의 일을 찾는 것보다는 기업에 취직하여 자신의 생계를 꾸리고 있다. 지식근로자로서 자신이 몸담은 조직의 목적을 위해 일을 하는 것이다. 사람은 일을 통해 성장한다. 교육 훈련도 일과 연관될 때 의미를 지닌다. 일을 통해 성장하기 위해서는 좋은 고용 기회, 일에 대한 적절한 권한과 책임, 그리고 생애를 통해 자신의 경력을 개발할 수 있는 여건 등이 필요하다. 이러한 여건이 갖추어지면 사람은 일을 통해 행복을 느끼고 일의 보람을 찾는다.

그러나 취직하기가 힘든 상황에서 안정적인 직장을 통해 자신의 능력을 쏟아부을 수 있는 직장인이 자신의 일에 기쁨과 감사를 느끼는 대신 상당수가 일에 대한 열정을 잃고 수동적인 자세에서 월급을 받는 수단으로 마지못해 일하는 것을 볼 수 있다.

인간은 일을 하려는 내적 추진력을 갖고 태어났기 때문에 자신이 맡고 있는 일에 보람을 느끼고 성실하게 일하는 것이 바른 길인데도 불구하고 일을 기피하고 향락으로 빠지는 이유로는 몇 가지를 들 수 있다. 우선 자신이 맡고 있는 일에서 의미를 찾을 수 없으면 일에서 보람을 느낄 수 없고 일하기 싫어지는 것이다. 2차 세계대전 중 유대인 수용소에서 유대인들이 일하던 공장이 연합국에 의해 파괴되었다. 간수들이 유대인들에게 공장에 쌓인 잿더미를 수레에 담아 다른 쪽에 쌓도록 하였다. 다음날에는 어제 옮겨놓았던 산더미 같은 잿더미를 다시 수레에 실어 본래 있던 장소로 옮기도록 지시했다. 이런 의미 없는 일을 여러 주 강요당한 후 몇몇 유대인들은 전류가 흐르는 담을 향해 달려가 죽었다. 또한 계속된 무의미한 노동에 정신이상이 생기고 총살당하는 죄수가 늘었다. 의미 있는 일을 박탈당했을 때 존재의 이유를 상실하고 인간 자체가 무너진다는 것을 보여준 예다.

이와 대비되는 예를 보자. 미국의 어느 노인 요양원에서 생긴 일이다. 나이는 들었지만 돈이 많은 부유한 노인들이 있는 요양원은 불평과 불만이 끊이지 않았다. 나이가 든 노인들이 할 일이 없으므로 주위에 보이는 모든 것에 사사건건 불평불만을 토로한 것이다. 음식이 짜다 싱겁다 왈가왈부하는 데서부터 시작해서 청소가 잘 안 되었다던가 등등. 새로 부임한 요양원장이 어느 날 제안을 했다. 몇 사람씩 팀을 만들어 꽃밭에 꽃을 심고 물을 주어 잘 기르는 팀에게 상을 주는 식으로 일을 맡겼다. 처음에는 자기들이 왜 일을 해야 하느냐고 불평을 앞세우던 노인들이 다른 팀에게 지지 않기 위해 열심히 꽃밭을 가꾸다 보니 저절로 운동도 되고 꽃이 커가는 것에서 일의 보람을 느끼기 시작하여 웃음이 떠오르고 불평이 없어지기 시작했다는 것이다. 아주 작은 보람 있는 일을 통해 삶의 기쁨을 체험한 것이다.

   이처럼 일에 재미를 느끼고 보람을 찾도록 하는 것이 경영의 관점에서 매우 중요하다. 근로자들이 일하기 싫어하는 이유로는 일이 의미가 없는 경우 외에도 경영진을 믿지 않거나 존경하지 않을 경우, 임금이나 승진제도가 공정하지 않을 경우, 그 직장에서 앞으로의 전망이 밝지 않은 경우 등이 있다. 경영자는 근로자가 자신의 목표를 달성하고 일의 생산성을 올릴 수 있는 다양한 방식을 도입해야 한다, 일이 재미있도록 업무 환경을 만들거나 도전적인 일에 참여하여 성취감을 갖도록 하거나 창의적인 일의 성취에 따른 보상이나 표창 등을 통해 물질뿐 아니라 정신적인 만족감을 줄 수 있는 다양한 방식을 사용할 수 있는 것이다.

일의 생산성을 높이기 위해 일의 분석을 통해 일의 수행에 필요한 세부 작업이나 수순, 도구 또는 업무상 생기는 문제점을 어떻게 해결하는가 등에 대해 고려해야 한다. 일을 너무 작은 단위로 나누고 단순 작업으로 하면 사람이 기계와 같은 일을 하는 느낌이 들어 쉽게 지루해하고 생산성이 떨어지기 때문에 팀 단위로 일을 완성하게 하는 식으로 일의 성취감을 높이는 방안 역시 고려해야 한다.

특히 개인이나 팀별로 일에 대한 권한과 함께 책임을 부여하여 일에 대한 성과를 분명히 하는 것이 중요하다. 이런 면에서 일본의 교세라 그룹을 일으킨 이나모리 가즈오 회장의 부문별 채산 제도는 참고할 만한 좋은 방식이다. 부문별 채산 제도는 각 부서를 수익이나 비수익 부문에 상관없이 벌어들이는 수익과 이에 따른 비용을 계산할 수 있는 시스템을 만들어 수익과 비용의 목표를 세우고 실제의 수익과 비용과 비교하여 관리하는 제도다. 비수익 부문이라도 다른 부서에 일을 해주면 이를 판매하는 방식으로 수익으로 계산하고 서비스를 받는 부서는 비용으로 계산하는 방식이다. 부서의 장은 자신이 맡고 있는 부서의 수익과 비용에 대한 성과 책임을 지기 때문에 수치로 나타나는 결과에 민감하게 되며 보다 효율적인 일의 수행 방식을 활용하는 식이다.

근로자의 생산성을 높이기 위해서는 교육 훈련도 중요한 분야다. 근로자가 더 높은 지식이나 기술을 습득할 수 있도록 교육과 훈련의 기회를 마련하는 것은 조직이 성장해가는 데 반드시 필요한 일이다. 미국의 GE가 사내에 다양한 교육 프로그램을 두고 단계별로 교육 훈련을 실시하여 우수한 근로자를 양성하는 것 역시 참고할 만한 예다.

사람은 함께 살게끔 생긴 존재다

사람은 결코 혼자서 살 수 있는 존재가 아니다. 인간은 함께 모여 공동체의 삶을 이루고 살도록 되어 있는 존재임을 우리 모두는 알고 있다. 이처럼 집단을 이루고 사는 인간은 자신이 속해 있는 주위에 무언가 덕을 베풀고 보다 나은 사회가 되도록 가다듬어야 한다. 《논어》〈이인편〉에서는 "덕은 외롭지 않다. 반드시 이웃이 있게 마련이다"[24]라고 하여 이웃과 함께하는 바른 마음의 자리를 이야기하고 있다.

인간이 함께 모여 공동체의 삶을 유지하면서 서로가 서로에게 영향을 주고받는 군중의 행동 문화에 대해 마크 얼스가 쓴 《허드》라는 책을 중심으로 알아보자.

　영국의 여러 마을에는 교통사고나 흉악한 범죄의 희생자를 추모하기 위해 길가에 꽃을 장식해 마련한 일종의 추모비, '셀로타프cellotaph'가 곳곳에 있는데 들불처럼 번지는 셀로타프의 이유를 알아본 결과 평범한 사람들이 주도한 행동을 다른 사람들이 따라 한 것임을 알아낸다. 사람들의 어떤 행동이 다른 이의 행동에 영향을 주고 그것이 다시 행동에 영향을 주는 식으로 대중 행동이 이루어진다는 것이다.

　우리가 다른 사람의 행동에 영향을 받아 우리 행동 양식이 바뀌는 이유는 우리 인간의 마음이 무리를 지어 움직이는 허드 속성을 지니고 있기 때문이라고 한다. 신경과학이나 진화심리학 같은 현대 과학은 인간이 상호 의존적인 군집 동물의 속성을 지니고 있음을 밝히고 있다.

아프리카인들은 인간이 집단적 속성을 지니고 있음을 오래전부터 알고 있었다. 남아프리카공화국은 '우분투'라 불리는 공평함과 나눔의 철학 덕분에 비교적 큰 고통 없이 10년에 걸쳐 소수 백인 지배 체제에서 다수결 체제로 전환할 수 있었다. '진실과화해위원회'는 이런 철학의 산물이다.

정신분석이나 심리치료학의 대가들은 인간의 상호작용에 관한 통찰을 제공한다. 스위스의 아동심리학자 앨리스 밀러 등은 어릴 때 겪었던 타인들과의 상호작용이 개별 환자의 기능장애에 중요한 역할을 한다는 사실을 밝히고 있다. 또한 우리 뇌가 사람들과의 상호작용에 따라 변화하며, 뇌 기능이 사회적 맥락에서 성공적으로 살아가도록 설계되었다는 생각도 신빙성을 얻고 있다. 우리는 함께 하도록 프로그래밍 되어 있으며 함께 하기 위해서라면 어떤 노력도 기꺼이 감수한다는 것이다. 인터넷이라는 아이디어도 관계지향적인 우리의 속성에서 나온 것이다. 패션이나 머리 모양을 통해 개성을 표현할 때조차 이 같은 진실을 따르고 있다.

인간이 이와 같은 집단적인 행동을 보이는 사회성은 삶에 유리한 점이 있기 때문인데 예를 들어 사회적 동물은 침입자를 경계하는 책임을 서로 나누어 가질 수 있다. 집단으로서 안전을 확보하는 것이다. 그리고 집단 내에서 개인으로 행동할 때보다 더 큰 행동력과 영향력을 발휘할 수 있다. 예를 들어 집단으로 있을 때 개개인보다 무언가를 더 잘 기억한다. 시너지 효과가 있는 것이다.

인간이 모방 반응과 공감 능력을 갖게 된 것은 태어날 때 미숙하게 태어난 반면, 복잡한 환경에서 살아가기 위해 알아야 할 것이 너무 많기 때문이라고 한다. 여러 가지를 일단 재빨리 모방해서 배우고 나중에 필요에 따라 수정하는 것이 신속하고 효율적인 해법이라고 한다. 인간에게 공감하는 상호작용 능력이 결핍되었을 때 나타나는 예가 자폐증이다. 자폐증이 있는 사람은 자기만의 세계 속에 갇혀 있다. 그는 타인과 성공적으로 교류할 수 없기 때문에 세상일에 참여하기가 힘든 것이다. 그들은 다른 사람들의 마음을 읽는 능력이 없다.

인간은 집단을 이루며 서로 모방하고 공감하며 살아가는 것임을 잘 알아보았다. 이때 사람들은 자신이 속해 있는 집단에 대한 애정이나 충성심이 지나쳐 자신과 다른 집단이나 다른 생각을 갖는 사람들을 따돌리고 억압하는 수가 많다. 같은 고향 사람이나 같은 학교를 나온 사람들끼리만 어떤 특혜를 주고 다른 집단에 대해 배척하는 것은 옳은 일이 아니다. 공자도 이런 경향에 대해 우려하여 군자는 여러 사람과 화합하며 조화로움을 추구하고 패거리 문화를 배척하지만 소인은 반대로 패거리 문화에 집착하여 조화로운 세상을 일구지 못한다는 뜻의 "군자화이부동 소인동이불화(君子和而不同 小人同而不和)"라고 했다. 우리가 관계망 속에서 조화롭게 살기 위해 마음 바탕에 반드시 지녀야 할 지혜라고 본다.

착한 마음으로 세상을 보자

사람의 타고난 성품이 근본적으로 착한 것인지 아니면 악한지에 대해서는 오랜 옛날부터 많은 철학자들이 고민하고 논쟁을 이어왔다. 유학에서는 맹자가 인간의 본성은 선하다는 성선설을 주장하였다. 갓난아이가 우물가로 기어가면 갓난아이나 그 부모와 아무 이해관계가 없는 사람도 아이의 생명에 위험이 있을까 안타까운 마음이 드는 것이 바로 인간이 선한 본성을 지녔다는 증거라고 설명한다. 이에 비해 순자는 인간이 태어나면서부터 삶에 대한 여러 욕구가 있는데 이 욕구를 채우기 위해 남과 다투므로 본질적으로

악하며 이 악한 성품을 교육에 의해 바꾸고 법과 같은 제도에 의해 억제해야 한다는 성악설을 주장하였다.

선(善), 즉 착하다는 것은 어떤 것일까. 공자는 그 당시 하늘과 땅 및 인간 세상의 변화를 설명하고 예측하기 위한 책인 《주역》〈계사전〉에서 밤과 낮의 변화나 여름과 겨울과 같은 계절의 변화를 음과 양의 순환 작용이라 본 후 이 순환 작용을 생명을 부여하고 만물을 살리는 도(道)라 했다. 이 같은 하늘의 순환 작용을 이어받아 생명이 낳고 성숙해가는 과정이 선(善)이며 이 성장이 결실을 이루어 생명체 속에 들어앉은 생명의 기운을 성(性)이라 하였다.[25]

예를 들어 씨앗에서 싹이 터서 성장하는 과정을 선이라 한다면, 다 자란 뒤 결실을 하고 그 씨앗에 다시 하늘의 도가 내재하게 된 상태를 성(性)이라 할 수 있는 것이다.[26] 《주역》에서 말하는 선이란 결국 생명을 살리는 활동을 폭 넓게 이야기한다고 할 수 있다. 이 같은 선(善)에 대한 생각을 현대의 심리학 교수인 대커 켈트너는 《선의 탄생》이란 저서에서 신경과학의 연구 결과와 함께 다양한 모습으로 알려준다.

선한 성품에 대한 현대의 연구

최근의 한 연구에서는 자신이 다른 사람에게 친절한 행동, 예를 들어 헌혈, 아이스크림 사주기, 불우 이웃 돕기 같은 행동을 일주일에 다섯 번 이상 할 때 개인의 행복이 지속적으로 커지는 사실을 발견했다. 누군가에게 20달러를 기부하면 자기 자신을 위해 20달러를 썼을 때보다 훨씬 더 행복해진다는 것이다. 또한 최신의 신경과학은 우리 몸이 인을 행하도록 되어 있다고 밝혔다. 다른 사람에게 베풀고 협력하면 도파민(행복감을 느끼는 물질)이 밀집해 있는 뇌의 보상중추가 활성화되어 행복감을 느낀다는 것이다. 개인에게 효력이 있는 것은 결혼 생활에도 효력이 있다. 배우자의 선을 최고 수준으로 끌어올리고 악을 최저 수준으로 끌어내리면 여러 가지 긍정적 보상이 따른다는 것이다.

개인의 입장에서 볼 때 감정은 비이성적인 것처럼 생각된다. 우리가 자제력과 평정심, 자기 이익을 추구하는 합리성을 유지하려고 최선을 다해도 어느 날 갑자기 감정 때문에 모든 노력이 수포로 돌아갈 때도 있다. 그러나 감정이 있기에 우리는 다른 사람의 행복이나 존경, 옳고 정당한 관계 유지를 위해 값비싼 헌신을 한다. 감정이 없다면 아마 우리는 아무 관계도 맺지 못하는 외로운 세상을 살았을 것이다.

19세기 미국의 심리학자인 제임스는 신체의 변화에 따라 오는 느낌이 감정이 된다고 주장했다. 즉 몸의 떨림, 몸이 따뜻해지거나 차가워지는 느낌 등의 생리적 감각을 없애버리면 인간은 감정이 없는 순수하게 지적인 상태에 놓일 것이라고 주장했다. 이 주장과 밀접한 연관이 있는 신체 조직은 자율신경계다. 자율신경계의 기본적인 기능은 끊임없이 변하는 외부 환경에 신체가 적응 반응을 할 수 있게 신체 내부 조건을 유지하는 데 있다. 에너지를 만들고 이를 신체 곳곳에 배분하여, 소화, 성관계, 투쟁, 도주 반응, 단순한 공간 이동 등 우리의 가장 기본적인 신체 활동을 유지할 수 있게 한다.

이런 연구 결과 감정의 한가운데에는 공평성, 권리, 순수, 상호성 등의 가치 판단이 포함되어 있으며, 이는 도덕적이고 윤리적인 삶의 핵심이 되는 개념이라는 것을 알아내었다. 즉 감정은 도덕적 추론의 길잡이며 의미 있는 삶을 이루어 가는 과정에서 이성의 상호 협력자로 일한다는 것이다.

　인류에게는 초기부터 보살피는 행위가 요구되었다. 초기 인류의 조상은 두뇌가 커지고 나무 위 생활에서 벗어나 두 발로 걸어 다니며 잡식동물로 살게 되면서 여자는 직립보행을 하기 위해 작은 골반을 갖게 되었다. 그 결과 초기 인류는 태어날 때 좁은 골반 사이를 빠져나오기 위해 완전히 자라지 못한 상태로 태어났다. 큰 두뇌를 갖고 세상에 나오지만 생존에 필요한 신체 조건과 기술은 거의 갖추기 못한 것이다. 그래서 오랜 기간 어머니와 아버지, 친척들의 보살핌 속에서 자라나야만 했다. 이런 보살핌은 인간의 생활 방식이 되었으며 동정심과 자식사랑 같은 감정의 형태로 오래 전부터 신경계 속에 내장되어 있게 된 것이다.

또한 초기 인간은 생존과 번식이라는 기본 과제를 수행하기 위해 서로 얼굴을 맞대고 조화롭게 협력하는 상호작용을 익혔다. 주된 식량인 고기를 얻기 위해 서로 협력해서 사냥을 했으며, 탁월한 의사소통 능력이 발달했다. 처음엔 얼굴 표정이 다양하게 발달했으며, 두발로 직립보행을 하면서 성대가 길어지고 혀가 뒤쪽 후두 부근에서 움직일 수 있는 공간을 확보하여 다양한 소리를 내면서 음성과 언어 소통이 발달했다.

인간사회의 위계 구조를 연구한 결과 높은 지위에 오르는 사람은 자기 이익을 위해 일하면서 집단 내의 다른 구성원의 이익을 증진시키는 사회지능을 갖춘 사람임이 밝혀졌다. 권력은 사회관계에 헌신하는 사람에게 주어졌다. 사회적 에너지가 가득하고 사람들을 결집하여 장난삼아 어울리지 않는 행동을 하면서 재미있는 농담을 하거나, 괴로운 처지에 놓인 사람을 위로하는 이가 맨 윗자리에 오른다는 것이다.

인간의 협력적 유대 관계는 신체를 통해 관찰할 수 있는 행동으로 나타나며 보통 사람의 눈으로 감지되는 표시다. 다른 사람의 친절한 행동에 대한 이야기를 들을 때 우리 마음속에 가슴이 벅차오르고 더러는 눈물을 흘리기도 한다. 이처럼 의미 있는 삶을 일깨우는 감정들은 강한 전염성을 지녀 널리 전파되고 우리 신경계 속에 저장되며, 마침내 의식으로 정착하여 하나의 문화적 관행으로 자리 잡는다. 즉 인간의 선이 감정에 뿌리를 두고 있으며 이런 사회적 본능이 매우 강하다는 것이다.

이러한 선한 본능이 나타나는 감정의 형태로는 웃음, 신체접촉, 보살핌 등이 있다. 웃음은 감사의 표시이자 함께 처해 있는 상황에 대한 이해의 공유, 그리고 서로에게 즐거움을 불러일으킨다. 신체접촉은 개인 간에 신뢰와 선한 의지를 촉진한다. 초기 인류의 진화 과정에서 체온 조절 때문에 털이 사라진 후 피부의 접촉이 인간 삶의 활력을 유지하는 데 필수적으로 된 것이다.

  보살핌은 인간의 공감 능력에서 비롯된다. 다른 사람의 이익을 자신의 이익과 비슷한 것으로 받아들이는 공감 능력으로 인해 보살핌의 범위가 넓어진 것이다. 공감은 인의(仁義)의 중심이다. 이타적인 보살핌과 감정의 발현은 우리 본성에서 우러나오는 것이다.

최근 들어 보살핌의 감정이 우리 신경계 속에 구조적으로 내재되어 있다는 연구 결과들이 나오고 있다. 보살핌, 연민의 감정은 미주신경과 관련되어 있다. 미주신경은 우리 가슴속에 있으며 이 신경이 활성화될 때 온몸에 따뜻한 기운이 퍼지듯 흐르고 목이 메는 느낌이 든다. 미주신경은 척추 위쪽에서 시작하여 얼굴 근육조직, 심장, 폐, 신장, 간, 소화기관을 연결하면서 온몸을 돌아다닌다. 미주신경은 보살핌에 관련된 근육 집단, 즉 얼굴 근육 조직과 발성기관을 자극한다. 사람들은 다른 사람이 공경에 처했던 경험을 들을 때 늘 한숨을 쉰다. 한숨은 먼 옛날부터 내려오는 날숨으로 한숨을 쉬는 사람의 투쟁이나 도주 생리 현상을 가라앉히고, 말하는 사람의 마음속에 위안과 신뢰를 불러일으킨다. 이 한숨 역시 미주신경이 활동한 것이다.

우리가 화가 나거나 두려울 때 심장이 마구 뛰게 되는데, 미주신경은 심장박동 수를 떨어뜨리며 다른 사람과 부드러운 신체 접촉을 할 수 있도록 한다. 또한 미주신경은 신뢰와 사랑을 느끼게 되는데 관여가 된 옥시토신 수용체와 연결되어 있다. 미주신경이 작용하여 친화적인 발성과 평온한 심장 혈관 생리를 자극하면 옥시토신 분비가 촉진되고 따뜻함, 신뢰, 헌신의 신호가 두뇌와 몸 전체, 그리고 궁극적으로 다른 사람에게 전해진다. 우리 인간은 태어나는 순간부터 피해 상황에 반응하도록 되어 있다. 태어난 지 하루 된 아기는 자신의 고통이 아닌데도 다른 아이가 고통으로 울면 이에 반응하여 덩달아 울음을 터뜨린다. 두 살짜리 아이는 다른 사람이 우는 모습을 볼 때 자기 장난감을 주거나 걱정하는 마음이 담긴 뚜렷한 몸짓을 하면서 순수한 형태의 위안 행동을 보인다.

베풀면서 사는 삶

착한 마음을 품고 남에게 베푸는 삶을 살면 이 험난한 생존경쟁의 무대에서 낙오하지는 않을까 하는 마음을 갖기가 쉽다. 과연 남에게 베푸는 사람이 손해만 보는 것인지에 대해 미국 와튼스쿨의 심리학 교수인 애덤 그랜트는 《기브 앤 테이크》란 책에서 반드시 그런 것만은 아니고 오히려 성공적일 수 있다는 것을 보여준다.

상식적으로 보아 남을 위해 자신의 시간과 노력, 금전 등을 베풀면 손해를 보는 것 같지만, 나뿐 아니라 남을 위해 베푸는 사람들을 잘 관찰해 보면 그들이 성공 사다리의 꼭대기에 오르고 있음을 알게 된다. 예를 들어 투자자문가인 피터 오데는 어느 날 고객으로부터 7만 달러 상당의 돈을 연금에 투자하고 싶다는 전화를 받았다. 사실 그 고객은 다른 직원이 맡아야 했지만 타산적인 그 직원은 고객이 고철상에서 일하는 노동자라는 걸 알고 고객의 요구를 거절했다. 그 고객의 1천 배 이상의 큰손 고객을 전담하고 있던 피터 역시 그 고객에게 시간을 들일 만한 가치는 없었으나 베풂의 삶을 사는 피터는 그 고객을 만났다. 만나본 결과 그 고객은 고철상 노동자가 아니라 수익성 좋은 금속업체 소유주로서 그 고객이 지불한 수수료는 100배로 늘었다. 조그만 친절을 베푸는 행동 양식으로 좋은 기회를 포착한 것이다.

이처럼 '베풂인'들을 성공적인 삶으로 이끄는 요인은 여러 가지가 있다. 그 중 중요한 하나가 '인맥의 형성'이다. 타산적인 사람들은 대부분 공정성, 평등 그리고 주는 만큼 받는 것을 중요한 가치로 여긴다. 만일 자신만의 이익을 추구하는 '약탈인'이 자신의 이익만을 위해 불공정한 행동을 하면 사람들이 그에 대해 험담을 하여 인맥에 부정적인 영향을 끼친다. 험담은 광범위하고 효과적이며 비용도 적게 드는 응징 방법이다. 이에 반하여 베풂인은 좋은 평판이 쌓여 좋은 인맥을 쌓게 되어 그가 어려운 처지이거나 도움을 필요로 할 때 인맥을 통해서 도움을 받을 수 있다.

전직 미국 상원의원인 존 앤드류 홈스는 "우주 만물이 자기 이외의 다른 무언가에 의지한다는 사실을 잊지 말아야 한다"는 말을 했다. 창의적이고 성공적인 프로젝트는 팀원간에 서로 양보하고 남을 돕는 마음과 의지하는 자세에서 이루어진다는 사실이 중요하다. 팀의 업적을 개인 혼자 가로채는 경우 단기적으로 그가 영광을 누리는 것 같아도 결국은 동료들로부터 배척을 당하고 어려운 처지에 빠지는 수가 많다.

베풂인이 늘 성공하는 것은 아니다. 약탈인이나 이해타산이 빠른 사람이 베풂인의 너그러운 태도를 이용하기만 할 때 제대로 대처하지 않으면 나락으로 떨어질 수 있다. 남을 도우면서도 자신의 삶 역시 성공적이기 위해서는 자신의 이익이 일방적으로 희생당하지 않도록 주의를 하고 조치를 취해야 한다. 남을 도우면서 자신의 에너지가 고갈되지 않기 위해서는 자신이 하는 일의 결과가 어떻게 되는지 아는 피드백이 중요하다. 자신이 한 일로 인하여 상대방의 삶이 더욱 좋아진 것을 확인하면 일에 열정이 생기고 에너지가 충전되지만 그렇지 못하면 에너지가 고갈된다.

베풂인을 괴롭히는 중요한 함정이 있다. 사람을 너무 신뢰하여 사기에 걸리거나 지나치게 소심하여 자기주장을 내세우지 않는 것이다. 사기와 착취를 피하려면 약탈인과 사기꾼을 베풂인과 구별하는 것이 중요한다. 베풂인은 누가 자신을 조종할 가능성이 큰지 알아야 자기 방어에 성공할 수 있다. 일반적으로 상냥하면 베풂인으로, 무뚝뚝하면 약탈인으로 보는 경향이 있지만, 겉모습이나 행동과 마음속은 다른 경우가 많다. 상냥한 태도 속에 사기를 치는 마음이 숨겨져 있는 수가 많으므로 겉모습에 현혹되지 않도록 주의해야 한다.

  베풂인이 자기 이익을 앞세우지 않아 주장을 강하게 못하고 불리한 입장에 빠지는 경우, 자신이 책임을 지는 가족이나 동료의 입장으로 바꾸어 놓고 처리하면 의외로 합리적인 방안에 이를 수 있다. 고객이 범위 밖의 일을 요구할 때는 다른 사람의 이익을 대변하며 거절하는 태도와 책임을 지는 자세를 취하면 불리한 협상에서 합리적인 결과를 만들 수 있다.

경쟁 사회에는 질서가 필요하다

우리는 앞에서 사람의 본성이 원래 선한 것인지 아니면 악한 것인지에 대한 생각이 서로 다르다는 것과 함께 선한 마음으로 세상을 보고 살아가는 자세를 알아보았다. 여기서는 사람들이 남과 다투는 속성이 있으며 이를 그대로 두면 질서가 없어지기 때문에 성품에 대한 교육을 하고 예법과 같은 제도를 통해 질서를 찾아야 한다는 입장을 살펴보기로 한다.

서양에서는 영국의 철학자 토마스 홉스가 질서를 찾는 길에 관해 매우 뚜렷한 생각을 밝혔다. 그는 인간이 원래 이기적이기 때문에 모든 사람이 자신의 이익만을 추구하게 되면 '만인의 만인에 대한 투쟁'으로 생존의 보장이 어렵게 된다고 보았다. 이를 해결하기 위해 자신의 권리를 양보하여 국가라는 조직에 질서를 유지하는 권한을 부여하여 질서 있는 세상을 만들 수 있다는 사회계약론을 주장했다.

중국에서는 전국시대의 사상가인 순자가 그 당시 잦은 전쟁으로 도탄에 빠진 백성의 참상을 보고 이를 바로잡기 위해서는 예법에 의한 질서가 중요하다는 생각을 펼쳤다. 순자의 사상을 살펴보자.

순자의 예치 사상

순자는 "사람의 본성은 악한 것이며, 그것이 선하다는 것은 거짓이다(人之性惡, 其善者僞)"라고 하였다. 사람은 나면서부터 욕망이 있는데 이런 욕망을 그대로 두면 사람과 사람 간에는 반드시 투쟁이 발생하여 사회의 혼란이 조성될 것이며, 따라서 예의(禮義)로써 인간의 욕망을 절제해야 사회의 혼란을 피할 수 있다고 보았다.

순자의 예는 외부의 예법에 의해 인간이 자신을 제약하며 교정하는 것을 근본으로 삼았다. 사람이 배우고 노력하여 선하게 되도록 하여야 한다는 것이다. 순자는 예를 법(法)과 결합함으로써 예에 도덕적인 내용 외에도 법적인 내용을 가지게 하였다. 맹자의 인정(仁政) 학설에 반해서, 순자는 제후들이 서로 전쟁을 벌이는 상황에서 인정(仁政)만으로는 부족하기 때문에 반드시 경전(耕戰) 정책을 동시에 실행하여 국력을 강화해야 된다고 생각하였다. 순자의 이러한 사상은 유가의 예치(禮治) 사상에서 법가의 법치(法治) 사상으로 향하는 과도기적 입장에 있다.

《순자》〈성악편〉에 있는 말이다.

> 사람은 나면서부터 귀와 눈의 욕망이 있어 아름다운 소리와 빛깔을 좋아하기 때문에 이것을 따르면 지나친 혼란이 생기고 예의와 아름다운 형식이 없어진다.[27]

한비의 법치 사상

중국 전국시대 말기의 사상가인 한비는 국가의 흥망이 국력의 강약에 비례함으로 국가의 힘을 기르는 것과 함께 법에 의한 통치를 주장하는 내용의 《한비자》를 저술하였다. 진시황이 이를 읽고 그를 영입하여 중국 통일의 대업을 완성시킴으로써 법가사상이 크게 일어나게 되었다.

한비는 천하를 통일한 국가는 법이 지배하여야 한다고 하여 법을 위반한 자에게는 형벌을 가할 것을 주장하였다. 또한 법을 지배자를 포함하여 백성들이 국가를 위해 최선을 다하도록 하는 수단으로 여겼다. 따라서 법은 명확히 공포되고 모든 사건에 적용되도록 세밀해야 하며 집행도 신속해야 한다고 주장하였다.

경쟁 속에서 행복의 길을 찾는다

질서를 유지하는 사상과는 다르지만 인간 사회의 치열한 경쟁이라는 면을 인정하고 경쟁 상황에서 어떻게 행복을 찾을 수 있는지를 토드 부크홀츠는 그의 책 《러쉬》에서 자세히 밝힌다. 그는 인간의 역사는 투쟁과 경쟁의 역사이므로 이를 회피하여 자연으로 돌아간다는 낙원의 환상은 한갓 꿈일 뿐이기 때문에 경쟁을 즐기고 경쟁에서 승리하는 삶을 살아야 한다고 주장한다. 그의 주장을 보자.

인간의 역사는 투쟁의 역사다. 우리 삶에서 성공과 행복을 성취할 수 있는 최고의 기회는 우리 인간의 본성을 무시하지 않고 감정이나 두려움과 이성을 조화시키는 행동을 할 때 이루어진다. 아스텍인들은 제물을 바치기 위해 젊은 사람의 가슴에서 뛰고 있는 심장을 도려내는 것을 당연히 생각할 만큼 야만적이었다. 인간의 고귀함은 자연에서 유래한 것이 아니라 인간이 가진 본능적 충동을 다스릴 줄 알고 사람들이 더 나은 행동을 하도록 옆에서 이끌며, 그런 행동을 하는 사람들의 선한 마음을 헤아릴 줄 아는 문명으로부터 오는 것이다.

우리가 동료보다 더 많이 벌기를 원한다는 것이 우리가 욕심이 많거나 남들의 부러움을 받고 싶어서가 아니다. 그것은 우리가 제 앞가림을 잘하고 있다는 것을 보여주는 표시일 뿐이다. 우리가 일을 해서 벌어들이는 재화는 원초적 감정을 불러일으킨다. 우리의 심장을 뛰게 하고 우리가 제대로 된 삶을 살고 있다는 행복한 감정을 일으키는 것이다. 자기 자신에 대한 존중을 느끼는 것이다.

경쟁은 한 개인이 다른 사람보다 앞서가려는 미시적 경쟁과 우리 삶의 근간을 이루는 경제체제와 같은 거시적 경쟁으로 나눌 수 있다. 사적 소유와 사적 이윤을 바탕으로 하는 자유기업 체제는 거시적 경쟁을 부추긴다. 우리가 사는 사회에서 거시적 경쟁을 유발하지 않는 체제는 없다.

아널 패츠는 1940년대 후반 한 시립병원의 안과 레지던트였다. 그 무렵 그 병원을 포함해서 미국 전역에서 조산아를 중심으로 실명 환자가 전염병처럼 급격히 늘어 실명된 숫자가 약 1만 건에 달했다. 패츠는 인큐베이터에서 산소가 과다 발생하여 아기의 눈이 정상 발육을 못하는 것이 아닐까 생각하여 미국 국립보건원에 연구 보조금을 신청하였는데 그곳 전문가들은 황당하다고 여겨 일언지하에 거부했다. 패츠는 이에 굴복하지 않고 자신의 형에게 돈을 빌려 직접 실험에 들어갔다. 그리고 1952년 놀라운 결과를 발표했다. 산소량을 낮춘 인큐베이터 조산아 가운데 실명을 한 아이는 하나도 없는 반면 기존의 인큐베이터 조산아는 과거처럼 25퍼센트가 실명했다. 그는 의료기관과 정부 관료와 맞서 경쟁을 하여 많은 아기를 실명에서 구해낸 것이다.

우리 인간은 뇌 덕분에 미래를 상상할 수 있다. 우리가 미래의 모습을 마음속에 그리며 희망을 갖고 그것을 성취하기 위해 노력할 때 행복감이 솟는다. 현재의 경쟁 체제에서는 사람들이 노력을 하고 능력을 발휘하여 정신적 만족뿐 아니라 물질적 대가를 얻을 수 있다는 희망을 품을 수 있다. 과거의 노예 신분이나 신분의 제약으로 천민으로 살아야 했던 선조들에겐 경쟁의 기회조차 없어서 '주님만이 아시리' 하고 하늘에만 '희망'을 두었던 것을 생각할 필요가 있다.

계속 넘어지면서도 아장아장 걷기를 되풀이하는 아이는 자신을 다시 창조하는 중이다. 기어 다니는 존재에서 걸어 다니는 존재로 환골탈태하는 것이다. 아이의 미소는 무엇인가를 창조해냈다는 데서 오는 기쁨과 행복의 표시다. 자신이 주도권을 잡고 통제를 할 수 있다는 만족감이다. 부유한 사람과 자기 사업을 하는 사람들이 더 오랫동안 일을 하는 이유는 그들이 더 많은 시간을 일하는 데 필요한 자기통제 능력과 권력을 갖고 있기 때문이다. 또한 성공에 수반되는 심리적 성취감도 관련되어 있다.

　코스트코와 우체국을 비교해보자. 우체국에서 일하는 직원은 고객에게 열정을 갖고 응대할 의지가 없다. 그러나 코스트코의 직원은 열정을 갖고 일하며 보수도 많이 받는다. 경쟁 시스템 하에서 직원과 고객 사이에 도파민을 서로 유발하여 좋은 관계를 유지하기 때문이다.

공동체주의와 사회주의는 우리의 경쟁심을 억누르고 평화를 이루어야 한다고 주장한다. 그러나 이는 인간의 타고난 신경학적 구조에 역행하는 것이다. 인간의 도파민 유출을 억제하여 맥없는 사람으로 이끌며, 무언가를 이루려는 동기를 잃게 만드는 것이다. 방대한 자원이 발견되면 사람들이 가진 경쟁 의지가 꺾이고 부를 창출하기 위한 마음이 온데간데없어진다. 정부가 나서서 사람들의 필요를 채워주고, 굳이 일을 할 필요가 없게 만들며, 앞으로 나아가려는 의지를 소모시키는 경우 국민의 정신 건강을 해친다.

    회사가 사업에서 경쟁을 할 때 소비자가 혜택을 받는다. 경영이란 조직 내에 경쟁이라는 윤활유를 집어넣는 것이다. 회사 안에서 부서간 경쟁은 반드시 필요하다. 경영자는 직원들이 동기부여를 원하지 않더라도 동기부여를 해야 한다는 의무감을 가져야 한다. 무노동을 요구하는 노조에 굴복하는 것은 파산과 좌절에 이르는 지름길이다.

4

경영의
어제와 오늘을
스케치해
본다

보이는 경영으로 위기를 돌파한다
경영의 진정한 의미는 무엇인가
인문으로 경영한다
육일약국에서 배운다
매니지먼트는 이렇게 변화해 왔다

풀

풀이 눕는다
비를 몰아오는 동풍에 나부껴
풀은 눕고
드디어 울었다
날이 흐려서 더 울다가
다시 누웠다

풀이 눕는다
바람보다도 더 빨리 눕는다
바람보다도 더 빨리 울고
바람보다 먼저 일어난다

날이 흐리고 풀이 눕는다
발목까지
발밑까지 눕는다
바람보다 늦게 누워도
바람보다 먼저 일어나고
바람보다 늦게 울어도
바람보다 먼저 웃는다
날이 흐리고 풀뿌리가 눕는다

(김수영)

4 경영의 어제와 오늘을 스케치해 본다

●경영이란 사람들이 모여 만든 조직에서 그 조직의 목적을 잘 달성하도록 하는 활동이라고 할 수 있다. 경영은 기업뿐 아니라 학교, 병원, 교회 등 사회의 모든 조직에서 필요한 기능이다. 조직에서 경영의 기능을 담당하는 사람을 매니저라고 한다.

매니지먼트와 매니저가 어떤 역할을 하는지를 잘 알게 해주는 일본 소설이 있다. 이와사키 나쓰미가 쓴 《만약 고교야구 여자 매니저가 피터 드러커를 읽는다면》이라는 소설을 통해 매니지먼트가 어떤 역할을 하는지 살펴본다.

미국 메이저리그에서 매니저는 감독을 가리키지만 일본 고교야구 매니저는 스코어를 기록하거나 뒷정리 같은 보조를 하는 학생을 말한다. 주인공 미나미는 가장 친한 친구인 유키가 병원에 입원해서 야구부 매니저 일을 못하게 되자 친구에게 기쁨을 주기 위해 야구부 매니저로 들어간다. 생각을 깊이 하기보다 행동이 앞서는 미나미는 매니저를 맡을 때 구체적인 방법을 알지도 못하면서 야구부를 고시엔 구장에 데리고 가겠다는 마음을 먹는다.

고시엔 대회 출전이라는 목표를 세웠지만 야구부의 분위기는 이런 목표와는 너무 동떨어져 있었다. 부원들이 연습에 나오든 나오지 않든 아무런 규율이 없는 그야말로 오합지졸인 야구부 분위기였다. 미나미가 처음 연습에 참가한 날 23명의 부원 중 5명만이 출석할 정도였다. 미나미는 자신이 해야 할 일의 성격을 알기 위해 '매니저'와 '매니지먼트'의 뜻을 사전을 통해 알아본다. 그 결과 매니저란 관리나 경영하는 사람 즉 매니지먼트를 하는 사람이라고 이해했다. 이런 일반적인 뜻보다 무언가 더 도움을 얻기 위해 매니저나 매니지먼트에 관한 책을 책방에서 찾아본 결과 피터 드러커가 쓴 《매니지먼트》라는 책을 손에 넣는다.

먼저 미나미는 고교 야구부가 존재하는 이유를 '고객에게 감동을 주는 조직'이기 때문이라고 정의한다. 미나미가 세운 '고시엔 대회에 나가는' 목표는 야구부의 존재 이유와 잘 맞아떨어진다. 이 목표를 달성하기 위해서는 마케팅과 이노베이션이 필수적임을 배운다. 마케팅은 고객의 욕구나 가치로부터 출발한다는 것을 배워 야구부원이 야구를 통해 무엇을 원하는지를 알아본다. 부원들의 생각을 알아보는 과정을 통해 원래 훌륭했던 야구부 감독이 왜 현재와 같이 무기력하게 되었는지에 대한 원인과 에이스 투수인 게이치로가 연습에 시큰둥한 이유, 즉 감독이 투수의 마음을 헤아리지 못했던 과거의 사건 때문임을 알아낸다. 우여곡절 끝에 감독과 게이치로가 화해하고 야구부가 새로운 모습으로 변신한다.

이후 《매니지먼트》를 통해 알게 된 원리에 따라 연습 방법을 획기적으로 바꾼다. 즉 연습이 재미있고 각자의 장점을 살릴 수 있도록 하는 등 보람을 느끼는 훈련이 되도록 한다. 이때 사용된 원칙이 경쟁의 원리, 우승이나 결과에 따르는 기쁨, 그리고 선수들이 갖는 책임감 등이다.

여러 가지 훈련과 이노베이션 등으로 결국 지역 예선 우승과 함께 고시엔 대회 출전권을 얻는다는 행복한 결말이다. 텔레비전 여성 리포터가 고시엔 대회에서 어떤 야구를 하고 싶으냐고 묻는다. 그 대답이다. "어떤 야구를 보고 싶으신데요?" 당황한 리포터에게 말을 잇는다. "우리는 여러분이 어떤 야구를 보고 싶은 건지 알고 싶어요. 왜냐하면 여러분이 보고 싶어 하는 야구를 하고 싶기 때문이죠. 우리는 고객으로부터 출발하고 싶습니다. 고객이 가치를 인정하고, 필요로 하며, 추구하는 것으로부터 야구를 시작하고 싶은 겁니다."

보이는 경영으로 위기를 돌파한다

우리가 잘 알고 있는 미국의 IBM이 1990년대에 큰 어려움에서 몰락하느냐 재기를 하느냐는 갈림길에 있을 때 극적으로 회생시킨 거스너 전 회장 이야기를 살펴보자. 거스너 회장은 IBM에 오기 전에 마케팅을 전문으로 하는 사람이었고 컴퓨터와 관련한 전문 지식은 별로 없었다. 당연히 회사 내부나 외부에서 과연 잘할 수 있을까 하는 우려가 많은 가운데 IBM이라는 거대 회사의 운명을 책임지게 되었다.

거스너 회장은 당시 몰락해가던 IBM의 실상을 정확히 파악하는 것으로부터 일을 시작한다. 그 당시 IBM에는 재능이 있는 사람들이 넘쳐났지만 회사가 나갈 방향과 전략이 명확하지 않아 영업 실적이 나빠지고 직원들은 갈팡질팡하는 상태였다. 거스너 회장이 무언가 방향을 제시하고 한곳으로 힘을 모아야 하는 시간이었다. 그가 취임하자마자 부딪힌 맨 처음 과제는 회사를 여러 개의 독립된 작은 회사로 나눌 것인지 아니면 통합된 회사 체제를 그대로 유지할 것인지를 결정하는 것이었다. 그 당시 대부분은 회사를 분할해야 한다는 목소리가 높았다. 그러나 거스너 회장은 회사를 분할하지 않고 통합된 형태로 운영하며 경영의 기본을 시장 상황에 따르는 것으로 하였다.

다음으로 회사의 가장 중심적인 비즈니스인 메인프레임 위주에서 고객 회사의 정보처리 서비스를 통합적으로 제공하는 솔루션 비즈니스로 사업 전략을 바꾸었다. 이러한 방향 전환은 IBM이 더 이상 하드웨어를 판매하는 회사가 아니라, 정보기술을 이용한 통합 솔루션 서비스 회사로 탈바꿈하게한 획기적인 것이었다. 혁신 전략에 의해서 메인프레임 가격은 7년 뒤 96퍼센트까지 하락하였고 소프트웨어 가격 역시 6년 동안 매년 20퍼센트씩 내리게 되었다. 그 대신 거래 기업에 대한 통합 솔루션을 통해서 수익을 올리게 되었다. 또한 거스너 회장은 관료적인 문화를 자유롭고 창의적인 문화로 바꾸고 커뮤니케이션이 잘되도록 체계를 잡는 일 등 많은 혁신을 한 결과 IBM은 다시 한 번 크게 발전할 수 있었다.

경영의 진정한 의미는 무엇인가

미국에서 경영학이란 학문을 대학에 처음 도입한 경영학의 대가 피터 드러커 교수는 경영을 다음 두 가지 문구로 재미있게 정리하였다.

> 일을 바르게 하는 것 Doing things right
> 바른 일을 하는 것 Doing right things

'일을 바르게 한다는 것' 은 조직의 목적이 되는 사업을 효율적으로 달성한다는 것을 말한다. 일을 바르게 한다는 의미를 비영리 조직의 하나인 어느 교회의 사례를 통해 살펴보기로 한다. 이 교회는 서울 강남에 있는 기독교 계통의 여자 중고등학교에 강당을 건축해서 학교에 헌납한 후 강당을 예배당으로 빌려 쓰고 있다. 교회는 세운 지 이제 20년이 넘었으며 처음 교회를 세운 목사는 임기를 채운 후 다른 곳으로 갔다. 그 목사가 처음에 교회를 세울 때, 기존 교회들이 안고 있는 문제점이 없는 진실하고 참된 교회를 해보자는 제안에 따라 교회가 과연 어떤 가치를 추구할 것인지에 대해 고민을 한 후 시작하였다.

교회는 종교적인 믿음을 가진 사람들이 모인 조직이다. 그렇기 때문에 보통 우리가 살아가는 세속적인 가치나 질서와는 다른 가치 체계를 지녀야 하는 것임에도 불구하고 상당수의 교회들은 세속적인 욕심을 그대로 안고 있는 수가 많은 것이 현실이다. 이 교회는 세속적인 욕심 중 가장 큰 욕심인 돈에 대한 욕심을 억제하지 못하고 돈을 밝히는 교회나, 자리에 대한 욕심 때문에 담임목사가 은퇴 후에도 자기 아들이나 딸에게 담임목사 자리를 넘겨주는 교회의 폐단이 없도록 하였다. 그 대신 세상살이에 절망을 느낀 사람들을 위해 믿음 안에서 희망과 기쁨과 자유를 누리는 영적 서비스를 제공한다는 목적을 충실히 담당하기로 하였다.

 교회를 세운 목사는 목사가 되기 전에 사업가로서 경영을 해본 경험이 있었다. 어떤 구호나 명분만 갖고서는 목적을 이룰 수 없다는 것을 잘 알고 있기 때문에 교회가 지켜야 할 기본적인 규칙 몇 가지를 만들었다.

첫째, 헌금 내는 봉투에 자신의 이름을 쓰지 못하게 해서 누가 얼마의 헌금을 내는지 모르게 했다. 세속적으로 부자가 교회에 와서도 거드름을 피우는 걸 방지하기 위해서이다. 둘째 목사의 임기와 장로의 임기를 10년으로 하여 목사는 임기가 끝나면 교회를 물러나야 하고 장로는 그냥 평신도로 돌아가서 교회를 섬기도록 하였다. 지위의 세습을 방지하기 위한 것이다. 셋째, 헌금의 반 이상은 우리 사회가 필요로 하는 곳에 도움을 주도록 하였다. 넷째, 교회 건물이나 부동산을 소유하지 않도록 하였다. 교회가 부동산 투기를 해서는 안 된다는 철학이 있어서이다. 그래서 남의 건물에 세 들어 살다가 이젠 학교 강당을 세워주고 빌려서 쓰고 있는 것이다.

이렇게 세속적인 가치를 뛰어넘어 교회가 원래 갖추어야 할 믿음의 힘을 키우면서 사람들의 영혼을 어루만지고 희망을 주는 교회 원래의 목적대로 경영을 잘하고 있는 이 교회의 예는 일을 바르게 한다는 것이 어떤 것인지를 잘 보여주고 있다.

조직의 목적을 달성하기 위한 일을 효율적으로 해내기 위해서는 매니지먼트 활동이 이루어지는 프로세스를 알아서 이에 따라 매니지먼트를 체계적으로 하는 것이 중요하다. 매니지먼트의 프로세스를 매니지먼트 사이클이라고 하는데 이는 기획planning, 조직organizing, 지휘leading, 통제controlling의 4단계로 구분한다. 이를 간략히 기획plan, 시행do, 피드백see이라고 하여 앞 글자만 모아 PDS라고도 한다.

기획은 조직이 달성하고자 하는 목표를 설정하고 목표를 달성하기 위한 구체적인 절차나 필요한 자원, 예상되는 문제점 등을 분석하는 활동이다. 기획 단계 다음엔 어떤 부서나 사람이 일을 맡을지를 결정하여 일과 자금 등을 배분하는 조직 활동이 뒤따른다. 조직 활동은 조직의 구조를 정하고 책임자와 이에 따른 권한 등을 명확히 하는 것이 포함된다.

이제 실제 일을 수행하는 과정으로 지휘 단계가 있다. 책임자를 중심으로 각자 맡은 일을 가장 효율적으로 수행하며 예상치 못한 난관이 올 경우 이를 해결하고 필요한 도움을 받는 등의 활동이 포함된다. 마지막으로 일을 끝낸 후 처음의 계획에 비해 결과가 어떻게 나왔는지를 살피는 통제 활동이 있다. 피드백이라고도 하는데 피드백은 일이 진행 중인 상태에서도 당초 계획과 그 시점까지 진행된 상태를 비교하여 앞으로 남은 과업과 일정을 조정하는 방향으로 이루어진다.

매니지먼트의 두 번째 개념인 '바른 일을 하는 것'은 조직이 환경 변화에 발맞추어 소비자가 원하는 제품이나 서비스를 제공하도록 조직을 이끌어가는 것을 말한다. 시간이 흐름에 따라 소비자가 생각하는 것이나 좋아하는 것이 바뀌는데도 이를 무시하고 과거의 사업 모델을 그대로 유지하는 것은 매니지먼트의 바른 방향이 아닌 것이다. 예를 들어 휴대폰의 경우 단순한 이동전화나 문자서비스에서 시작하여 스마트폰으로 발전하였고 이제는 사물 인터넷이나 몸에 착용되는 기기로 발전해가는 추세인데도 이런 추세를 따라가지 못할 경우 그 조직은 살아남을 수가 없는 법이다. 특히 기업의 CEO는 앞으로의 세계가 어떻게 변할지에 대한 지혜를 구하고 이에 따라 기업이 나아갈 방향을 정하는 리더의 역할을 잘해내야 한다.

매니지먼트와 관련하여 드러커 교수가 강조한 사업과 성과에 대해 알아보자.

사업

기업의 목적과 사명을 정의할 때, 출발점은 단 하나뿐이다. 바로 고객이다. 사업은 고객에 의해 정의된다. 사업은 회사명이나 정관 등에 의해서가 아니라, 그 회사의 상품이나 서비스를 구입하여 만족을 얻고자 하는 고객의 욕구에 의해 정의된다. 고객을 만족시키는 일이야말로 기업의 사명이고 목적이다. 따라서 '우리의 사업은 무엇인가'라는 물음은 기업 외부, 즉 고객과 시장의 관점에서 보아야 바로 답을 찾을 수 있다.

1930년대의 대공황 때, 수리공에서 시작해 캐딜락 사업부의 경영 책임자가 된 독일 태생 니콜라스 트레이슈타크는 "우리의 경쟁 상대는 바로 다이아몬드나 밍크코트다. 우리 고객이 구입하는 것은 운송 수단이 아니라 사회적 지위다"라고 말했다. 이 말이 파산 직전까지 내몰렸던 캐딜락을 구했다. 끔찍한 대공황 시절이었는데도 겨우 2, 3년 사이에 캐딜락은 성장 사업으로 변신했다. 기업의 목적은 고객 창조이며 기업은 두 가지의 기본적 기능을 지닌다. 마케팅과 이노베이션이다. 마케팅과 이노베이션만이 성과를 가져다준다.

성과

조직은 조직 내부의 사람들에게 자신이 쏟아붓는 노력보다는 자신이 이룩한 성과에 관심을 갖도록 해야 한다. 성과야말로 모든 활동의 목적이다. 조직원들이 성과보다 노력이 중요하다는 착각을 하게 해서는 안 된다. 일을 하기 위해서가 아니라 성과를 위해 일해야 하며, 과거가 아니라 미래를 위해 일할 능력과 의욕을 갖도록 해야 한다.

성과는 백발백중이 아니다. 백발백중 성과를 올리는 일은 불가능하다. 성과란 장기적으로 보아야 한다. 그렇기 때문에 결코 실수나 실패를 모르는 사람을 믿어서는 안 된다. 그런 사람들은 무난한 일, 별 볼일 없는 일만 해온 사람들이다. 성과란 야구의 타율 같은 것이다. 약점이 없을 수 없다. 약점만 지적당하면 사람들은 의욕도 잃고 사기도 떨어진다. 뛰어난 사람일수록 많은 실수를 저지른다. 뛰어난 사람일수록 새로운 일을 시도하려고 든다.

성과를 올리기 위한 목표 관리의 가장 큰 이점은 자기가 일하는 방식 자체를 매니지먼트 할 수 있게 된다는 데 있다. 자기 관리는 강력한 동기부여를 할 수 있도록 해준다. 적당히 넘어가는 게 아니라 최선을 다하고자 하는 동기를 불러일으킨다. 따라서 목표 관리는 매니지먼트 전반의 방향을 설정하고 활동을 통일하는 데 있어서 필요 없을지 몰라도 자기 관리를 가능하게 하기 위해서는 필요하다.

끝으로 성과와 관련하여 《논어》〈자로편〉의 지혜를 살펴보자. 무슨 일이든지 계단을 밟고 올라가듯 차근차근 해내야 한다는 말씀이다.

> 급히 서두르지 말고 작은 이익을 꾀하지 말라. 급히 서두르면 목표에 도달하지 못하고 작은 이익을 꾀하면 큰일을 못 이룬다.[28]

인문으로 경영한다

기업은 시장 경쟁에서 살아남기 위해 보다 좋은 제품과 서비스를 제공해야 한다. 기업이 자신의 목적을 달성하기 위해 필요한 기능을 매니지먼트가 담당하고 있다. 같은 조직이라 할지라도 매니지먼트를 누가 맡느냐에 따라 성과가 큰 차이를 보이게 된다.

기업이 경쟁에서 우위를 점하기 위해 취하는 방법의 하나가 같은 제품이나 서비스를 다른 기업보다 낮은 가격으로 제공할 수 있도록 하는 전략이다. 품질은 좋으면서 다른 기업보다 낮은 가격으로 제품과 서비스를 제공하기 위해서는 원재료를 보다 낮은 가격으로 구입한다든가, 기계 등을 잘 활용하여 효율적으로 생산을 한다든가, 제품에 들어가는 부품을 단순화 또는 표준화하는 방식 등을 활용하는 기법을 쓰는데 이를 원가우위전략이라고 한다.

지금까지는 원가우위전략이 효과가 있었지만 21세기의 오늘날은 고객들의 감성을 만족시키고 애플의 아이폰처럼 기존의 것을 뛰어넘는 혁신적인 제품이나 서비스를 제공하는 기업이 크게 각광을 받고 있다. 예를 들어 스타벅스는 커피만 파는 것이 아니라 아늑한 문화공간의 이미지를 심어주는 서비스를 세계 각국에 퍼트리고 있다. 낮은 가격으로 제품이나 서비스를 제공하는 것만으로는 경쟁력에서 뒤쳐질 위험이 커지므로 혁신적인 기능이나 서비스를 제공해야 시장에서 살아남을 수 있음을 보여준다.

기업이 과거와는 다른 사고방식이나 창의적인 아이디어를 내놓기 위해서는 기업의 문화가 과거와는 다른 모습이어야 한다. 즉 현대 경영이 추구하는 기업문화는 인간을 중심으로 놓는 인문적 경영이어야만 한다는 것이다. 인문적 경영을 할 때 구성원들이 탁 트인 마음으로 자신의 일을 즐기고 동료와 잘 지내면서 보다 창의적이고 재미있는 아이디어나 기술을 개발해내는 것을 구글이나 사우스웨스트항공 같은 기업에서 볼 수 있다.

인문적 경영이란 인간이 그리는 무늬를 존중하는 문화를 경영의 뿌리로 삼는 것을 말한다. 애플의 스티브 잡스가 남이 생각 못하는 혁신적인 제품이나 서비스를 내놓을 수 있었던 밑바탕에 인문적인 성찰이 있었다는 것은 앞에서 이미 살펴보았다. 인간의 삶을 보다 살기 좋도록 하기 위해 쌓아온 철학, 문학, 역사와 같은 인문의 문화가 경영의 바탕에 자리 잡을 때 현재 기업들이 부딪히고 있는 문제를 창의적으로 해결할 수 있는 힘을 갖기 때문이다.

인문적 경영의 한 예로 직원들이 자신의 열정을 바쳐 일하도록 이끄는 자기주도적 동기부여proactive motivation에 대해 알아보자. 과거의 경영에서는 일을 잘하면 상을 주고 잘못을 하면 벌을 주는 '채찍과 당근'이라는 외부적 동기를 활용하였다. 이 방식은 산업혁명 이후 대량생산 체제에서 노동자들이 정확하고 빠르게 자신이 맡은 일을 수행하도록 하기 위한 경영 방식으로 효율적이었다. 그러나 20세기에 들어서며 정보통신기술 등 정교한 과학기술이 개발되어 노동자들의 노동력 자체가 상대적으로 덜 중요하게 되고 오히려 사람들의 창의력이나 다른 사람과 함께 일을 수행하는 태도 등이 더 중요하게 된 환경에서는 효율적이지 못하게 되었다. 업무 환경의 변화에 따라 직원들이 자신의 업무에 흥미를 느끼고 빠져드는 '몰입의 경영'이라든가 자신이 스스로 무언가를 이루려는 자발성을 일으키는 문화가 더 중요하게 된 것이다. 직원들이 자신의 일에서 삶의 의미를 찾아 탁월한 성과와 성공적인 삶을 이룰 수 있는 자기주도적인 동기부여가 경영의 큰 과제로 여겨지게 되었다. 인문적 경영이 절실히 요청되는 시대라는 것을 알려주는 예다.

육일약국에서 배운다

약대를 졸업하고 자신의 약국을 경영한 경험을 김성호는 《육일약국 갑시다》란 재미있는 책으로 펴냈다. 그는 약대에 다녔지만 경영자가 되겠다는 마음을 갖고 대학 4학년 때 '경영학원론' 책을 열 번 정도 읽으며 경영의 기초 개념을 먼저 익혔다. 그는 자신의 약국이 외진 곳에 있어서 사람들에게 약국이 안 알려져 있는 것을 극복하기 위해 택시를 이용한 광고 기법을 활용한다. 지은이와 가족, 지은이를 아는 사람들이 택시 기사에게 "육일약국 갑시다"라는 말을 하여 택시 기사들이 이 말을 반복해서 오랫동안 들음으로써 1년 반 정도 지나서 자연스럽게 육일약국이라는 이름이 유명세를 타게 하였다.

또한 약국이 밤에는 컴컴해서 안 보이는 것을 바로잡기 위해 일부러 25개의 형광등을 설치했더니 대낮같이 환해져서 행인들 시선이 저절로 약국을 향하게 한 일, 처음 시작할 때 돈이 부족해서 약을 다 채우지 못하자 빈 약통을 채워서 약국을 안정적인 모습으로 만든 일, 그리고 1986년에는 마산 롯데호텔을 방문하여 자동문이 설치된 것을 보고 그 당시로서는 마산에서 두 번째로 자동문을 설치함으로써 마산의 명물이 된 일, 그래서 아이들의 재미있는 놀이 기구로 만든 일 등 훌륭한 마케팅 기법을 선보였다.

그는 당시에 약사와 손님 사이는 높은 테이블이 있어 서있는 상태에서 대화를 하던 것을 낮은 책상으로 교체하여 누구나 편히 앉을 수 있도록 바꾸었다. 약사를 어려워하는 손님의 마음을 열기 위해서였다. 이렇게 손님이 앉게 되자 사업 효과가 매우 커졌다.

　한약을 조제하기 위해 공부하는 기간에는 약국에 한약 냄새를 내도록 약재를 달여 손님들에게도 대접함으로써 향기 마케팅과 함께 손님들의 기대감을 주기 위한 프리마케팅 pre-marketing도 했다.

　1년 정도 지나서 약국을 확장하려고 할 때 시내로 들어가지 않고 마산역 앞으로 이전하게 되는데 이는 미국 월마트가 마이카 시대를 맞아 도시 외곽에서 성공한 기사를 보고 이 아이디어를 적용한 것이다. 그 당시 한적한 기차역을 공용주차장으로 활용할 수 있을 것으로 본 것이다. 시장조사 결과 승산이 있다고 결정하였으며 인테리어 공사 전부터 간판을 미리 달고 조명을 밝게 설치하는 등 미리 준비한 덕분에 큰 성공을 거두었다.

육일약국은 경영을 할 때 소홀히 하면 치명적이 되는 자금 문제와 손해를 보지 않게 되는 시점인 손익분기점에 대해서도 값진 경험을 들려준다. 자금이 부족하면 초조해져서 자신감을 잃고 판단력이 흐려지기 때문에 자금을 예상치의 3배 정도 마련해야 한다는 것이다. 매출 역시 예상했던 기간의 3배 이상의 시간이 소요된다는 것을 생각하면서 절대 초조해하지 말고 밀고 나가야 한다는 것이다.

물론 실패 사례도 있다. 원가계산을 잘못했기 때문이라고 한다. 꽃가루 영양제를 만들어 소비자 반응도 좋고 주문과 매출이 잘 되었지만 팔면 팔수록 마이너스가 되었다. 원가계산을 잘못한 탓이다. 6개월 후 잘못을 깨닫고 과감히 사업을 접게 된다. 이를 통해 가망이 없는 사업은 미련을 갖지 말고 접고, 실패를 받아들이는 용기가 필요한 것을 깨달았다고 한다.

매니지먼트는 이렇게 변화해 왔다

매니지먼트의 첫 출발, 테일러의 과학적 관리법

매니지먼트 자체는 아주 먼 옛날부터 인간이 일을 효율적으로 해내기 위해 발전시켜 왔지만, 하나의 학문으로 정립한 것은 20세기에 들어선 뒤부터이다.

경영 현상을 연구하고 경영에 관한 법칙이나 이론을 세우는 경영학은, 미국의 테일러가 노동자들의 업무를 더 효율적으로 높이기 위해 노동 작업에 대한 동작과 시간을 연구하여 과학적 관리법을 1911년에 소개한 데서 시작되었다. 테일러는 노동자가 수행하는 일을 세부적으로 나누어 표준화된 작업 절차를 만들고, 작업 도구와 장비를 제공하고 노동자를 교육하고 훈련시키며, 노동자들이 일을 열심히 하여 목표를 초과 달성할 경우 인센티브를 주는 것과 같은 과학적인 관리 방법을 쓰면 일을 훨씬 더 잘하게 된다고 주장하였다.

테일러는 이 이론을 철도 노동자에게 적용하였다. 그랬더니 하루 평균 12.5톤을 싣던 것이 무려 47톤 정도로 향상되었다. 즉 과학적으로 일을 관리하면 전체적으로 일의 효율성이 높아져서 비용은 낮아지지만 종업원은 높은 임금을 받게 되어 서로 좋아진다는 것이다.

우리도 어떤 일을 할 때 무작정 하기보다는 어떤 방법이나 일의 순서, 일을 어떻게 맡겨서 하는가를 생각해보고 하면 훨씬 더 재미있고 일도 잘 되는 것을 경험한다. 테일러의 이론은 다른 학자들의 연구로 발전하였다. 특히 포드자동차는 컨베이어 벨트를 사용하여 노동자들이 세분화된 작업을 컨베이어 벨트가 지나가는 동안 수행함으로써 자동차 만드는 일을 훨씬 더 빠르게 효율적으로 할 수 있도록 하는 포디즘을 발전시켰다.

조직행동 연구

경영은 결국 사람이 하는 것이기 때문에 한 조직 내에서 사람들이 어떻게 행동하며, 어떤 요인이 사람의 행동에 영향을 주는가를 연구하게 되었는데 이를 조직행동 연구organizational behavior라고 한다. 조직행동의 최초 연구는 메이요 팀에 의해 실시된 호손 실험이다. 이 연구는 집단이 개인의 행동에 영향을 미치며, 인간의 감정, 태도, 작업자간의 관계 등이 업무를 잘해내는데 중요하다는 것을 밝혔다. 이 연구는 이후 작업장에서 좋은 인간관계를 형성하면 생산성이 올라간다는 인간관계 운동으로 발전하였다.

근로자의 근로 의욕과 관련한 연구가 있는데 이 중에서 인간의 욕구에 대한 연구로 에이브러햄 머슬로의 욕구단계론이 주목을 받는다. 머슬로에 따르면 인간의 욕구에는 생리적 욕구, 안전 욕구, 소속 욕구, 자아실현 욕구가 있다. 경영자는 이러한 욕구를 충족시키도록 경영을 하여야 한다는 것이다. 이 이론은 인간이 일을 하는 동기를 탐구하는 동기 이론으로 발전하였다.

인간의 본성을 선하게 보는가 아니면 악하다고 보는가 하는 견해를 경영 현장에서 적용한 것으로는 X이론과 Y이론이 있다.

X이론은 성악설처럼 인간은 일하기를 싫어하고 책임감이 없고 수동적이며 금전의 보상이나 통제가 가해지면 일을 한다는 이론이다. 우리가 하고

싶지 않은 일을 강제적으로 할 때를 생각하면 X이론을 짐작할 수 있다. 예를 들어 군대에서 하기 싫은 일을 억지로 하는 병사의 자세는 X이론이 가리키는 것과 비슷할 것이다.

 Y이론은 이와 반대로 사람은 자발적으로 일하려고 하며 스스로 책임을 지고 창조적이며 목표를 정해서 일한다는 것이다. 주인 의식을 갖고 일하는 직원은 창의적이며 스스로 무언가를 해내려고 업무 시간이 지나갔어도 계속 연구하는 모습을 보인다. 이런 직원의 모습이 Y이론이 보여주는 내용이다.

X이론과 Y이론은 어느 하나만이 옳다고 할 수 있는 것이 아니라 각 직원의 삶에 대한 태도와 일하는 직장의 문화, 경영자의 자세 등에 의해서 달라진다. 즉 어떤 직장이나 시대에는 X이론에서 얘기하는 당근과 채찍이 훌륭한 동기부여가 될 수 있는가 하면 다른 직장이나 다른 시기에는 Y이론이 말하는 자발적인 참여와 창의성을 높이도록 하는 관리 방식이 훨씬 더 효율적일 수 있는 것이다. 현대와 같이 직원들의 수준이 높고 지식과 창조 경영이 기업의 성패를 가르는 경우에는 Y이론에 따르는 관리 방식이 더 효율적인 경우가 많다.

현대 경영학의 아버지 피터 드러커
현대적인 의미의 경영학은 2005년에 작고한 미국의 피터 드러커 교수로부터 시작되었다고 할 수 있다. 그는 1954년에 발간된 《경영의 실제 The Practice of Management》를 통해서 경영활동을 종합적으로 펼쳐보였으며 이 책에서 설명하고 있는 많은 경영 기법이나 이론들이 오늘날까지도 중요한 경영의 초석으로서 활용되고 있다.

 드러커 교수는 1950년 뉴욕 대학교 경영대학원 최초의 경영학 교수로 부임하면서 경영학이라는 학문을 대학에 도입한 최초의 교수였다. 《경영의 실제》가 발간되기 전 《경제인의 종말》, 《산업인간의 미래》라는 책을 발간하여 학회의 주목을 받았으며, 이후 GM을 위시한 많은 회사의 컨설팅을 하며 현장의 실무 분석과 함께 경영의 사상과 이론을 발전시켰다.

드러커 교수는 경영학뿐 아니라 경제학, 사회학, 철학, 역사, 인문학 등 폭넓은 학문적 배경과 기업의 실제 경영 현장을 통한 깊은 통찰력을 바탕으로 경영뿐 아니라 다가오는 사회의 그림을 선지자처럼 앞서서 보여주는 역할을 하였다. 《단절의 시대》(1969), 《새로운 현실》(1989), 《넥스트 소사이어티》(2002)와 같은 저서를 통해서 우리 사회가 어느 모습으로 어떻게 변화되고 있는지를 잘 그리고 있다 특히 소련이 붕괴하기 전 아무도 소련 붕괴를 예상하지 않았을 때에 《새로운 현실》이라는 책에서 소련이 필연적으로 붕괴된다는 것을 예측해서 그 이유를 설명하고 있는 것은 선각자의 지혜로운 모습을 보게 한다. 또한 이 책에서 이미 우리가 살고 있는 시대가 '지식사회'이며 이러한 사회에서 기업, 경영자, 근로자가 어떤 자세로 살아야 하는지를 친절하게 알려주고 있다.

경영학의 밑바탕을 그리고 있는 《경영의 실제》에 대해 간략히 살펴보자. 이 책은 먼저 경영자의 본질에 대해 이야기한다. 경영자는 현대사회에 있어 조직의 필수적 기관이며, 독특한 기관으로서 20세기 이후 등장하였는데, 경영자는 근원적으로 자원을 생산적으로 변화시키는 역할을 맡고 있다. 경영자가 맡는 기능은 크게 경제적 성과를 창출하는 사업 관리, 조직 구조를 만드는 일 그리고 인적 관리와 작업 관리를 하는 것으로 정의한다.

사업 관리managing a business는 기업의 목적이 무엇인지에서부터 논의한다.

기업의 목적은 일반적으로 이익 추구로 여겨지고 있지만 이는 맞지 않으며, 기업의 목적은 '고객을 창조하는 것'으로 정의한다. 사업이 무엇인지를 결정하는 것은 고객이다. 왜냐하면 특정 제품과 서비스에 대해 대가를 치루는 고객이 있을 때 단순한 자원을 재화로 전환시키는 사업이 생기게 되기 때문이다. 고객 또는 시장을 창조하기 위해서는 마케팅과 혁신이 필요하다. 마케팅은 고객이 무엇을 좋아하는지, 즉 고객이 원하는 가치를 발견하는 활동이며, 혁신은 고객들이 깨닫지 못하는 욕구를 찾아내어 새로운 가치를 만드는 활동이다. 고객을 창조하기 위해서는 '고객이 현재 구입하거나 앞으로 구입하려고 하는 것은 무엇인가'를 깊이 생각해야 한다.

경영자 관리managing managers는 기업의 구성원들이 공동의 목표를 설정하고 이를 달성하도록 관리하는 목표에 의한 관리를 논의한다. 경영자(관리자)들이 성과를 올리기 위해서는 성과 목표를 정해야 하는데 성과 목표를 설정해야 할 분야는 8가지다. 시장점유율, 혁신, 생산성, 물적 자원 및 화폐 자원, 수익성, 경영자의 성과와 경영자의 육성, 근로자의 성과나 태도, 사회적 책임이다. 목표 설정과 관련하여 중요한 것은 조직의 구성원이 목표 설정에 참여하고 이해하도록 하여야 한다는 것이다.

근로자 관리와 작업 관리managing worker and work는 고용이란 한 명의 인간을 통째로 채용하는 것이기 때문에 인간이 작업을 수행하면서 목표 달성 능력을 개선할 수 있도록 하여야 함을 논의한다. 인적자원 관리를 할 때 기업이 근로자에게 요구할 것은 무엇이며, 근로자가 기업에게 요구해야 하는 것이 무엇인지에 질문하여야 한다. 또한, 경제적 차원으로서 기업이 근로자에게 지급하는 임금은 기업의 비용이지만 근로자 입장에서는 소득이고 생계 수단이기 때문에 이에 대해 여러 가지 방안을 검토하여야 한다. 승진이나 자리 이동과 같은 인사관리는 원칙 중심으로 직무 내용을 철저히 고려해서 공정하게 하여야 한다는 것을 강조한다.

2 논어가 흐르는 경영

논어 안연편을 보면 군자의 덕이라는 바람이 불면 백성이 풀과 같이 자연스럽게 눕는다는 식으로 군자에 의한 다스림을 표현하고 있다. 군자의 덕풍 같은 경영으로 고객이나 직원을 대할 때 조직의 목표를 훌륭하게 달성할 수 있을 것이다. 이곳에서는 유학사상이 흐르는 경영이 어떤 모습으로 다가오는지를 이모저모 알아본다. 자세한 내용은 다음과 같다.

5 가치를 나누고 새 가치를 창조한다
6 신뢰로 소통한다
7 경영으로 생명을 살린다
8 의로운 경영이 미래다
9 예와 덕의 경영이 기업을 살린다
10 지식 경영과 창조 경영으로 내일을 연다
11 사회와 함께할 때 논어경영은 완성된다

중국 복건성 무이산(武夷山)에 있는 아홉 굽이 계곡인 무이구곡(武夷九曲).
송나라 때의 대 유학자 주희가 첫째 굽이부터 아홉째 굽이까지 뗏목을 타면서
읊은 〈무이구곡도가〉가 유명하며 조선 선비들이 꿈에라도 가보기를 염원해
숱한 상상의 그림까지 그렸을 만큼 아름답고 맑은 기운이 넘치는 곳이다.

5
가치를 나누고 새 가치를 창조한다

마케팅으로 가치를 나눈다
디자인이 경영이다
이노베이션으로 가치를 창조한다
블루오션 전략으로 승부한다

낙화

꽃이 지기로서니
바람을 탓하랴

주렴 밖에 성긴 별이
하나 둘 스러지고

귀촉도 울음 뒤에
머언 산이 다가서다.

촛불을 꺼야 하리
꽃이 지는데

꽃 지는 그림자
뜰에 어리어

하이얀 미닫이가
우련 붉어라.

묻혀서 사는 이의
고운 마음을

아는 이 있을까
저어하노니

꽃이 지는 아침은
울고 싶어라.

(조지훈)

5
가치를 나누고 새 가치를 창조한다

● 영리 조직이나 비영리 조직에 관계없이 조직의 목적은 고객에게 가치를 창조하여 나누는 것이라고 할 수 있다. 고객에게 외면을 당하면 그 조직은 존재의 의미가 없어지기 때문이다. 아무도 찾지 않는 제품이나 서비스를 제공하는 기업은 결국 망해버릴 수밖에 없는 것이다. 《논어》〈옹야편〉에는 "사람은 본래 곧은 것이다. 곧음 없이 살아가는 것은 요행으로 모면하는 삶일 뿐이다"[29]라는 말이 있다. 바른 가치만이 오래도록 살아남을 수 있다는 점을 일깨우는 말이다.

조직이 바른 가치를 창조하고 나누기 위해서 필요한 것이 마케팅과 이노베이션이다. 마케팅은 고객이 어떤 가치를 추구하는지를 살펴서 분석하는 활동이다. 이노베이션은 고객이 요구하는 가치를 제공하기 위해 획기적인 제품이나 서비스를 생산하거나 제품이나 서비스의 생산방식 등을 새롭게 바꾸는 활동을 의미한다.

마케팅으로 가치를 나눈다

셰익스피어의 희곡 《햄릿》에는 유명한 대사가 몇 가지 있다. 그중 한 가지는 "약한 자여, 그대 이름은 여자"라는 말처럼 요즘 세태와는 전혀 반대되는 말도 있지만, 아직도 그 의미가 생생히 살아있는 "사느냐, 죽느냐, 그것이 문제로다"와 같은 말도 있다. 기업에 적용시키면 '파느냐, 못 파느냐, 그것이 문제로다' 라고 할 수 있겠다. 아무리 제품이나 서비스의 품질과 성능이 좋더라도 소비자가 외면하면 기업 자체가 살아남을 수 없으니, 자기 회사 제품이나 서비스를 소비자가 좋아하도록 하는 마케팅은 기업 생존의 열쇠라고 해도 과언이 아닐 것이다. 기업이 쏟아부은 모든 정성과 노력의 결과물을 시장에서 고객이 좋아하느냐 그렇지 않느냐로 판가름이 나기 때문에 고객의 입맛에 맞추고 고객의 사랑을 얻기 위한 마케팅 전쟁은 총칼을 든 과거의 전쟁보다 훨씬 더 치열한 것이다. 과연 어떻게 마케팅을 해야 살아남을 것인가.

마케팅의 대가 코틀러 교수는 마케팅을 소비자에게 가치를 만들어주는 기업 예술이라고 하며, 고객을 중심으로 특화된 서비스를 제공하는 것이 마케팅의 핵심이라고 강조한다. 마케팅이란 원래 '우리 사업은 무엇인가, 고객은 누구인가, 고객이 추구하는 가치와 우리의 미래는 어떠해야 하는가'에서 출발해야 한다고 조언한다.

고객에게 우리 회사만의 독특한 가치나 서비스를 제공하기 위해서는 자신의 기업이 몸담고 있는 시장을 분석해야 한다. 이는 고객을 하나로 보지 않고 예를 들면 나이에 따라 분류한다든지, 지역이나 국가에 따라 세분화하는 것을 말하며, 이를 시장세분화 market segmentation라고 한다. 나이에 따라 분류하는 경우 어린아이 시장인 키즈마켓 kids market, 노인을 위주로 하는 실버마켓silver market 식으로 각각의 시장에 맞는 마케팅을 펼칠 수 있는 것이다. 코틀러 교수는 소비자들의 다양한 욕구에 따라 시장이 점점 더 세분화되기 때문에 브랜드 역시 하나의 통합 이미지를 구축하는 '대중 브랜드'에서 벗어나, 특화된 소비자를 겨냥하는 '틈새 브랜드' 전략으로 나가야 한다고 소개한다.

시장을 세분화한 다음에는 자기 회사의 제품이나 서비스가 어느 시장에 강점이 있는지를 파악하여야 한다. 강점이 있는 시장에 힘을 쏟도록 목표 시장을 선택targeting하는 것이다. 자기 회사 제품이 모든 시장에서 다 사랑을 받으면 좋겠지만, 모든 고객을 만족시킨다는 것은 힘이 매우 많이 들고 효과는 적은 법이다. 특정 시장을 선택해서 그 시장에 집중하는 선택과 집중이 효과적인 것이다. 예를 들면 자기 회사 제품을 높은 가격의 고급 브랜드, 즉 명품으로 만들어 세계적인 명품 시장을 대상으로 한다던가, 아니면 인도와 같이 소득수준은 낮지만 인구가 많은 시장을 선택해서 낮은 가격으로 큰 시장을 얻을 것인지를 결정하는 것이다.

　자기 회사가 선택해서 집중할 시장을 선택한 다음에는 그 시장에서 다른 경쟁 회사에 비해서 어떻게 고객에게 더 높은 가치나 서비스를 제공할 것인지를 고민해야 한다. 가격을 낮추고 품질을 높이는 것은 대부분 기업들이 취하고 있는 방식이기 때문에 무언가 다른 회사가 제공하지 못하는 자기 회사만의 독특한 이미지나 브랜드, 스토리 등을 소비자에게 인식시키는 마케팅 활동이 필요하다. 이런 노력의 일환으로 스포츠 마케팅, 문화 마케팅, 스페이스 마케팅 같은 다양한 마케팅 기법이 활용되고 있다.

마케팅에 있어서 고객을 맞이하는 직원의 마음과 자세 역시 중요하다. 한 번 매장을 찾은 고객이 계속해서 자기 회사 매장을 찾도록 하거나 자기 회사 제품이나 서비스를 계속 애호하도록 하는 것을 고객관계관리CRM : Customer Relationship Management라고 한다. 고객관계관리에서 아주 중요한 것이 매장을 찾는 손님을 맞이하는 직원의 태도와 마음씨일 것이다. 고객을 소중히 여겨 고객의 이름을 외우고 고객이 좋아하는 것이나 관심 있는 것들을 머리로 기억하거나 기록으로 남겨서 고객이 항상 감동 받는 마음으로 무언가를 채워갈 수 있도록 하는 직원의 모습은 아름답다.

일본의 다케모도 고노스케가 쓴 《마지막 손님》이란 작품에 나오는 이야기를 보자. 19살의 게이코는 직원 열다섯 명 정도의 조그만 과자점에서 일하는 종업원이다. 그녀는 어느 손님으로부터 시집 한 권을 받았다. 그 책 중에서 '조그만 가게임을 부끄러워 말고 그 조그만 가게에 사람 마음의 아름다움을 가득 채우자'라는 시 구절이 그녀의 마음에 다가와 장사의 세계가 매우 멋있는 세계라는 것을 깨닫도록 했다. 그러나 실제 그녀의 삶은 그 시처럼 멋지지 못한 것을 생각하고 그 이유를 살핀 결과 사고파는 데만 정신이 팔려 진심에서 우러나는 마음으로 사람을 대하지 않은 탓이 아닐까 하고 생각한다.

  어느 추운 겨울에 과자점 문을 닫고 있는데 시료도라는 손님이 암으로 고생하신 어머님이 드시고 싶은 과자를 사러 온다. 할머니가 이 세상 마지막 손님으로 온 것이다. 나중에 그 할머니가 돌아가시자 장례식을 치르는 꽤 먼 곳까지 과자를 들고 가서 시료도에게 전해준다. 장례식에 참석하려고 참배객들의 뒤에 서서 게이코가 우산도 쓰지 않고 눈을 맞으며 무심하게 기도를 하고 있는 모습을 시료도가 본다. 시료도는 그녀 마음의 아름다움에 감동되고 기쁜 감정의 충격으로 한 방울 눈물을 흘린다. 그리고 '상인의 모습에서 앞치마를 두른 부처님의 모습을 본다'라는 말을 떠올린다. 게이코의 모습이 천사처럼 빛나 보인 것이다.[30]

스포츠 마케팅

1980년대 중반 미 프로농구NBA의 황제로 사랑을 받고 있던 마이클 조던이 몇 번의 드리블을 한 다음 덩크슛을 멋있게 하고 공중에 잠시 떠있으면서 자막으로 나이키 상표와 함께 'air'라는 문구가 나오는 광고가 있었다. 마이클 조던이 그 당시 처음 사용하기 시작한 농구화 '에어조던'을 선전하는 광고였다. 이 광고는 마이클 조던이 신고 있는 농구화를 당신이 신게 되면 조던처럼 저렇게 멋있을 것이라는 꿈을 청소년에게 심어주기에 부족함이 없을 만큼 환상적이었다. 당시는 흰색 농구화만을 신고 경기를 하는 것으로 되어 있었는데 광고에 나온 에어조던 농구화는 붉은색과 검은색이 들어간 파격적인 디자인이었다. 에어조던 운동화를 마이클 조던이 신고 경기를 하게 되자 동료 선수들과 팬들은 경악하였다. NBA 사무국은 다른 색깔 농구화를 신을 수 없다는 규정을 들어 경기마다 5천 달러의 벌금을 부과했다. 그러나 이렇게 벌금을 물게 된 것이 오히려 에어조던을 알리는 광고 효과를 올려 농구 팬뿐 아니라 청소년들 사이에 없어서는 안 될 필수품으로 인식되어 폭발적인 판매를 기록하게 되었다.

에어조던 농구화는 공기를 이용한 쿠션 시스템을 운동화에 적용한 것으로 원래 에어쿠션 시스템 자체는 미 항공우주국NASA에서 일하던 프랭크 루디라는 과학자가 발명하였다. 그는 자신이 개발한 에어백이 지면에 발이 닿을 때 충격을 완화해줄 수 있다고 생각하여 당시 스포츠화 업계 1위인 아디다스에게 제의했으나 거절당했다. 이 기회를 나이키의 젊은 CEO 필 나이트가 낚아채어 에어조던이 탄생한 것이다. 나이키는 이를 계기로 스포츠의 패션 시대를 연 회사로 이름을 얻으며, 이후 스포츠 브랜드 1위의 명성을 유지하게 되었다.

나이키와 같이 특정 스포츠 스타를 광고 모델로 활용하던지, 올림픽이나 월드컵 같은 세계적인 스포츠 행사에 후원을 하는 방식으로 스포츠에 자기 회사의 제품이나 서비스를 연계하여 홍보하는 스포츠 마케팅은 마케팅의 핵심으로 떠올랐다. 삼성전자의 휴대폰이 세계적인 브랜드로 떠오른 것도 올림픽 후원을 통한 스포츠 마케팅의 힘이 컸다. 이처럼 스포츠 마케팅이 인기가 높은 까닭에 세계적인 스포츠 행사의 후원 자격을 얻기 위한 후원금이 천문학적 금액으로 치솟고 있는 실정이다.

　스포츠 마케팅이 소비자들에게 인기가 있는 것은 스포츠를 통해 소비자의 감성과 연결되는 효과 때문이라고 한다. 자신이 후원하는 팀이나 국가를 열렬히 응원하는 과정에서 그 팀이나 국가대표 선수들이 입고 있는 유니폼이나 운동화 등이 심리적으로 강한 인상을 남기게 되고 그 기업에 대한 호의로 제품이나 서비스의 구매가 올라가는 것이다. 예를 들어 비자카드는 올림픽 스폰서십을 통해 프리미엄 카드 시장에서 그 당시 1위를 지켜온 아메리칸 익스프레스를 제치는 계기로 활용했다. 비자카드는 올림픽 파트너가 된 후 3년 동안 전 세계 매출이 당초 예상치 12%를 훨씬 초과한 18%로 성장하였고, 비자를 '가장 좋은 카드'라고 인식하는 소비자와 '국제 여행에 사용하겠다'는 소비자가 50% 증가할 만큼 시장점유율이 올라가는 쾌거를 이루었다.

2008년 2월 3일 미국에서 벌어진 제42회 프로 미식축구의 챔피언 결정전인 슈퍼볼의 TV중계는 전 세계 232개 국가에서 1억 명이 넘게 시청하는 대단한 스포츠 행사였다. 이 슈퍼볼에 현대자동차가 미국 시장을 겨냥한 럭셔리 세단인 '제네시스'의 광고를 선보였다. 이날 TV 광고를 실시한 자동차 회사는 토요타, GM, 폭스바겐, 현대차의 4개 회사로 현대자동차가 세계적인 자동차 회사와 어깨를 나란히 하고 있다는 점을 슈퍼볼 광고를 통해서도 각인시킨 셈이다. 슈퍼볼 광고를 잡기 위한 광고전도 불꽃을 튀겼는데, 슈퍼볼

시청자 중 10%가 광고를 보기 위해 슈퍼볼을 본다는 조사가 있을 만큼 광고효과가 뛰어난 것이다. 현대자동차의 스포츠 마케팅이 얼마나 효과가 있을지 기대되었던 것이다.

스포츠 마케팅과 관련하여 스포츠 구단 자체의 스포츠를 이용한 경영 역시 눈여겨볼 점이 있다. 맨체스터 유나이티드(맨유)는 우리나라의 박지성 선수가 활약하였던 세계 최고의 명문 축구 구단이다. 2003년 맨유는 구단의 축구 스타 데이비드 베컴을 스페인의 마드리드 구단으로 팔아넘겨 이적료 650억 원을 챙긴 것이 화제가 되었다. 맨유는 스포츠 구단이면서 10년 동안 한 해도 거르지 않고 흑자를 내는 경영으로 유명하다. 미국 경제 전문지 〈포브스〉가 추산한 맨유의 구단 가치는 세계 최고인 1조 3천억 원 규모이다. 맨유 구단 경영의 핵심은 '최고의 인재를 키워 비싸게 판다'라는 것이다. 예를 들어 악동 웨인 루니를 2004년 554억 원이라는 거액을 주고 데려왔는데 현재는 값을 매길 수 없을 정도로 상한가 행진을 하고 있다. 최근 AFP통신이 10세 이하 영국 어린이를 대상으로 한 설문 조사에서 루니는 예수를 제치고 '세계에서 가장 유명한 사람' 1위에 올랐을 정도이다.

문화 마케팅

많은 기업들이 자기 회사 제품에 스토리를 담거나 영화나 TV 등에 자기 회사 제품이 나오도록 하는 **PPL**Product Placement 기법 등을 이용하는 문화 마케팅 방법을 사용하고 있다. 예를 들어 영화 〈아이앰 샘〉에서는 주인공이 스타벅스의 직원으로 연기하고 있으며, 스타벅스가 이 영화에 대한 지원을 하는 PPL 방식을 쓰고 있다. 화장품 회사인 아모레퍼시픽은 황신혜, 이영애 등이 모두 무명일 때 이들을 새 브랜드의 참신한 이미지로 광고하는 방식을 써서 이 모델들이 최고 스타로 부상하게 되었다. 예를 들어 '마몽드'의 모델

이영애는 아모레퍼시픽 광고 출연 이후 광고 카피였던 '산소 같은 여자'의 이미지로 승승장구하였다.

　이처럼 각 기업들이 이미지나 감성, 스토리, 콘텐츠 등을 자기 회사의 제품이나 서비스에 연결시키는 문화 마케팅은 21세기가 기술과 지식의 시대를 넘어 문화와 예술, 감성이 우선하는 시대로 바뀌었기 때문이다. 일본의 한 농부가 모진 태풍을 맞아 상처가 나고 맛도 없어진 사과를 '거센 태풍에도 떨어지지 않은 행운의 사과'로 광고하면서 수험생 자녀들에게 비싼 값에 팔아 큰 수익을 올렸다는 일화는 스토리라는 문화의 힘을 보여주는 예라고 할 것이다.

문화를 이용하는 마케팅 방법은 매우 다양하다. 고객의 감성을 잡기 위하여 음악, 색깔, 뮤직비디오 등을 이용하는가 하면, 고객에게 특별한 문화강좌를 제공하는 방식, 매장 건물이나 인테리어 디자인을 통한 스페이스 마케팅 등 여러 가지 방식을 활용한다. 뮤직 마케팅의 예를 들면 캐주얼 매장의 경우 10대~20대 초반을 겨냥해 중간 이상 빠른 템포의 가요를 고르며, 마트에서 세일을 할 때는 템포 빠른 댄스곡을 골라야 물건이 잘 팔린다고 한다.

　고객에게 꿈을 파는 '드림 마케팅'으로 유명한 페라리의 방식을 살펴보자. 페라리는 스포츠카의 대명사로 아름다운 미녀처럼 날씬한 디자인으로 유명하여 성공과 섹시함의 상징인 자동차다. 이탈리아가 정한 3가지 국가 브랜드가 축구, 와인, 페라리라는 것을 보아서도 페라리의 위치를 알 수 있다. 이런 페라리는 고객에게 3가지의 즐거움, 또는 꿈을 선사하는데 첫째는 기다림의 즐거움이다. 페라리는 연간 4천 대밖에 안 만드는데 이는 모든 것을 기계 대신 수작업으로 하고 주문생산을 하기 때문이다. 주문을 하고 1년 6개월이 지나야 차를 받을 수 있다니 오래 성숙된 와인을 기다리는 즐거움이라고 한다. 둘째는 고르는 즐거움으로 고객이 거의 모든 것을 여러 가지

옵션 중에서 자신의 취향대로 고르도록 되어 있는 자기만의 자동차를 갖는 즐거움이다. 셋째는 길들이는 즐거움으로 페라리 운전법에 대해 특별 교육을 시켜서 길들이는 개념을 심어주는 것이다. 마치 생텍쥐페리의 《어린왕자》에서 여우가 말하듯 '네가 나를 길들인다면 나는 너에게 세상에 오직 하나밖에 없는 존재가 될 거야'라는 의미를 새기는 것이다.

문화 마케팅이 성공하기 위해서는 자기 회사 제품이나 서비스와 문화가 효과적으로 연결되어야 한다. 고객이 음악이나 스토리 등으로 재미있는 것을 느끼거나 감동을 받으면서 자기 회사 제품의 이미지가 자연스럽게 떠오를 수 있도록 차별적인 접근을 해야 하는 것이다. 동시에 문화 행사 등의 스폰서를 한다든가 PPL 방식을 사용하는 식, 또는 기업 구성원들에게 다양한 문화 프로그램을 제공하여 기업 이미지 자체를 문화 기업으로 인식되도록 하는 노력이 필요하다고 할 것이다.

스페이스 마케팅
길을 가다 독특한 건물이나 아름다운 매장을 보면 자연스럽게 우리의 눈길이 그곳을 향하게 된다. 스페이스 마케팅은 매장 건물이나 매장 내부의 인테리어 디자인을 독특하게 함으로써 제품이나 서비스의 브랜드 가치를 높이려는 마케팅 방식을 말한다. 예를 들어 서울 강남구 청담동에 위치한 루이비통 매장은 루이비통의 가방 이미지를 세련되게 끌어내어 화제가 되고 있다. 세계 각국에 있는 루이비통 매장은 스테인리스와 유리, 라임스톤과 구리를 주재료로 디자인하여 고급 가방을 주요 생산 품목으로 하는 브랜드 이미지를 은유적으로 표현하고 있다.

스페이스 마케팅에서 공간을 어떻게 접근하느냐 하는 것은 마케팅의 접근 방식과 거의 동일하다. 예를 들어 남자와 여자의 디자인에 대한 호감도가 서로 다르다는 것을 염두에 두어야 한다. 남성은 마음 편한 쇼핑을 원하며, 여성은 고급스러운 쇼핑을 원하기 때문에 여성을 위해서는 감성이 넘치고 넓고 화려한 매장을 꾸미는 것을 고려해야 한다. 자기 회사 제품을 구매하는 고객층이 상류층인지 중산층인지도 중요한 요소이다. 연령별로도 어린아이와 청소년, 중장년층이 각각 공간 접근 방식이 다르며, 문화와 관습 역시 공간 구성에서 고려해야 할 사항이다.

재미있는 예로 '판타룬 리테일'이라는 인도 최대의 슈퍼마켓 체인의 매장은 난장판으로 되어 있다. 좁은 통로 사이로 정돈되지 않은 물건이 수북이 쌓여 있다. 진열대에서 넘쳐난 밀과 콩은 발길에 차이고 채소 코너에는 겉이 꺼멓게 썩은 양파가 드문드문 눈에 뜨일 정도다. 우리 눈으로 보면 이런 매장에서 어떻게 쇼핑을 할 수 있을까 하는 마음이 들지만 판타룬 리테일은 이런 독특한 혼돈스러운 매장 운영 방식으로 인도 소매 유통시장을 장악하고 있다. 이 매장은 운전사, 가정부, 요리사 등 인도 인구의 55%에 해당하는 중산층을 겨냥하고 있다. 그들은 소득수준이 높지 않기 때문에 그들이 괜히 기가 죽는 으리으리한 매장보다 재래시장 분위기의 속 편한 가게를 더 선호한다는 사실을 알아내고 매장 분위기를 바꾸어 대박을 터트린 것이다.

1퍼센트와 롱테일 마케팅

마케팅이나 경영에서는 '80/20의 법칙'을 많이 활용하고 있다. 자기 회사 제품의 20퍼센트가 매출의 80퍼센트를 올리고 있으면 80/20의 법칙대로 되고 있는 것이다. 상위 20퍼센트 고객이 전체 매출의 80퍼센트를 구성한다든가 상위 20퍼센트의 직원이 전체 수익의 80퍼센트를 올리는 것을 발견하여 상위 20퍼센트의 핵심 고객이나 핵심 인력에 많은 자원을 투입하고 특별한 대우를 하는 방식이다. 원래 '80/20의 법칙'은 19세기 이탈리아 경제학자 파레토가 영국의 부와 소득의 유형을 연구하여 '전 인구의 20퍼센트가 전체 부의 80퍼센트를 차지하고 있다'는 사실을 발견하면서 알려졌고 파레토의 법칙이라고 부른다.

요즘은 상위 20퍼센트에 더하여 1퍼센트의 초우량 고객MVG : Most Valuable Guests에 집중하는 '1퍼센트 마케팅' 전략을 사용하는 곳도 있다. 롯데백화점이 2007년 롯데 멤버스 카드 회원을 대상으로 매출 비중을 조사했더니 상위 20퍼센트가 전체 매출의 73퍼센트를 차지하고 1퍼센트는 매출의 17퍼센트를 , 특히 서울 소공동 본점은 매출의 23퍼센트나 차지하는 것을 발견했다는 기사가 있었다. 앞으로 초우량 고객의 구매력이 더 커질 것으로 예상되어 그들을 겨냥한 마케팅에 중점을 둔다는 것이다.

이처럼 자기 회사가 목표로 하는 소득 계층에 따라 20퍼센트 또는 1퍼센트 마케팅과 같은 전략을 실시한 것은 예전부터 해오던 것이지만, 인터넷의 발달로 전혀 새로운 마케팅 방식이 등장하고 있는데 그것이 '롱테일 마케팅'이라는 것이다. 매장에서 인기 있는 상품이나 브랜드를 선택해서 진열할 수밖에 없는 이유는 공간이 한정되어 있기 때문이다. 그러나 인터넷상에서는 거의 무한대에 가깝게 제품이나 브랜드 목록을 비용 부담 없이 제공할 수 있다. 이런 인터넷의 특성을 살려서 예전의 '틈새시장'에 해당하는 수많은 제품이나 서비스를 인터넷의 공간에 진열하고 고객들이 자신에 맞는 제품이나 서비스를 구매하도록 하는 마케팅 방식을 롱테일 마케팅이라고 한다. 인터넷에서 팔리는 제품과 서비스의 금액은 인기 품목에 대해 매우 적을지 모르지만 이것들이 모이면 상당한 비즈니스가 된다는 것이다.

소수의 히트 상품을 취급하는 것, 예를 들어 상위 20%의 제품에 집중하는 것을 '짧은 머리short head'라고 하고 하위 80%에 해당하는 다품종을 인터넷을 통해서 판매하는 방식을 '긴 꼬리long tail'라고 한다. 롱테일 마케팅으로 이름이 붙여졌지만 이는 웹 2.0의 경영을 말하는 것이며, 별 인기가 없는 틈새 상품이나 시장이라도 웹을 이용하면 훌륭한 비즈니스가 될 수 있는 것이다.

브랜드 마케팅

똑같은 재료와 품질의 티셔츠인데도 별 이름 없는 티셔츠와 폴로나 빈폴 같은 브랜드가 붙어 있는 티셔츠 사이에는 가격 차이도 많이 날 뿐더러 그것을 입고 있는 사람의 마음도 크게 다른 법이다. 명품을 입고 있다는 자부심이 브랜드 없는 티셔츠의 몇 배 되는 값을 능가하기 때문에 명품을 사는 것이 소비자의 마음이다. 소비자들이 명품이나 브랜드가 높은 상품을 좋아하기 때문에 기업은 디자인도 멋있게 하여 기발한 광고를 동원하는 방식으로 브랜드 가치 높이기에 전력을 투구하고 있다.

삼성이 올림픽 마케팅으로 브랜드 가치를 올린 이야기를 살펴보자. 삼성의 브랜드 가치는 1999년 31억 달러로 100위권에서 머물렀는데 2003년의 브랜드 가치는 108억 달러로 세계 25위를 차지했다. 불과 4년 만에 세계 어느 기업보다 빠르게 브랜드 가치가 향상한 것이다. 삼성제품이 세계시장에 잘 알려진 계기는 이건희 회장이 브랜드를 키워야 세계시장에서 살아남는다는 브랜드 전략을 추진하면서부터이다. IOC위원으로서 올림픽을 무대로 세계의 유명 기업들이 자신들의 브랜드를 높이기 위해 펼치는 피나는 경쟁 전략을 생생하게 체험한 이회장이 C플러스 수준의 삼성 이미지를 A마이너스 수준까지 올리는 방안을 강구하라고 지시했다. 이에 따라 올림픽 스폰서 참여는 삼성 휴대폰 애니콜을 앞세우기로 했다. 이는 '삼성은 중저가 가전 회사'라는 이미지를 벗어나 첨단 무선통신 회사라는 이미지를 새롭게 심어주기 위한 전략이었다.

이런 노력의 결과 1998년 나가노 동계올림픽부터 삼성이 스폰서로 참여하기 시작했다. 후원은 물론, 올림픽 무선 기술을 모두 책임져야 하는 막중한 임무가 주어졌기 때문에 그룹 차원의 마케팅 역량뿐 아니라 R&D 등 기술 드라이브가 애니콜에 집중되었다. 1998년 2.7퍼센트의 점유율로 세계 9위 시장에 머물던 애니콜은 2003년 세계 3위까지 치솟았고 2007년에는 2위 모토로라를 제치고 1위 노키아 다음의 위치까지 올라선 것이다 .애니콜 신화의 8할은 올림픽 마케팅이라는 말이 나올 정도로 올림픽을 이용한 브랜드 전략의 대성공이었던 것이다. 이런 성공에 힘입어 우리가 알고 있는 스마트폰 갤럭시의 행진이 현재까지 이어지고 있다.

2007년 7월 21일 미국 LA 축구장은 관객들로 초만원을 이루었다. 미국에선 원래 미식축구가 인기가 있고 축구는 찬밥 신세였는데 이날만큼은 달랐다. 2만 7천 매의 입장권은 이미 오래전에 동이 났고 좌석은 없고 그 대신 잔디만 있는 피크닉석 2천 매를 추가로 판매했지만 이마저 모두 팔렸다. 캘리포니아 주는 물론 캐나다 토론토에서 이 경기를 관람하러 온 사람들도 있었다. 이유는 미국 LA갤럭시로 옮긴 영국의 축구스타 데이비드 베컴이 이날 처음 미국 무대에 데뷔할 것이라는 기대감 때문이었다. 발목 부상으로 몸이 정상이 아닌 베컴은 경기장 대신 벤치에 앉았지만 전광판이 베컴을 비출 때마다 관중들은 '베컴, 베컴'을 연호하며 열광했다. 후반전 경기 종료 12분 전을 남기고 베컴이 경기에 임하자 관중들은 열광하고 이 경기는 미 전역에 중계되 었다.

이날 경기의 주인공은 베컴이지만, 이 경기에서 속으로 웃는 기업은 삼성전자였다. 이날 경기는 삼성전자가 후원하는 '월드 시리즈 오브 풋볼 2007 대회'였기 때문이다. 경기장은 후원사인 삼성전자 로고 천지였다. 거기에 LA갤럭시의 상대팀은 영국 프리미어리그 첼시로 삼성전자가 후원하는 기업이다. 이 때문에 첼시 선수들의 유니폼엔 '삼성모바일'이라는 영문이 크게 적혀 있었다. 삼성전자가 이날 경기를 후원한 이유는 미국 내 최대 소수민족인 히스패닉계를 겨냥한 마케팅 전략 때문이다. 히스패닉계는 미국 전체 인구의 14%인 4천 9백만 명에 이른다. 이들의 구매력은 한국 국내총생산보다 많은 액수이며, 히스패닉계는 축구를 좋아한다. 이 경기의 후원으로 삼성의 브랜드 인지도가 매우 높아지게 되는 것은 자명한 일이다.

우리가 잘 아는 명품 '루이비통'은 150년 이상 된 회사로서 부동의 1위를 지키고 있다. 이 회사는 자신의 브랜드를 지키기 위해서 팔다 남은 물품에 대해 할인 세일을 하지 않고 전량 폐기 처분하며, 기술자들의 철저한 품질관리를 통해서 명품으로서의 브랜드를 지키는 것으로 유명하다. 또한 어떤 스타일에 대해 한정된 수량만을 만들어 고객들을 애타게 하고 고객이 원하는 개별적인 주문special order대로 제품을 만들어 고객의 개성에 맞는 자신만의 제품이라는 욕망을 충족시키는 방식으로 브랜드 이미지를 지키고 있다.

브랜드를 높이기 위해서는 어떤 길이 있을까. 학자들은 고객과 브랜드 사이에 사랑이나 감정적인 교류 등을 느낄 수 있는 방식을 찾아야 한다고 한다. 무엇보다도 고객이 제품에 대한 신뢰성을 갖도록 노력하여야 한다는 것이다. 기업이 고객에게 제공하기로 한 가치를 제품이나 서비스를 통해 고객의 마음에 새길 수 있도록 믿음을 쌓고 거기에 감성이나 어떤 스토리 등을 엮어 고객의 꿈을 키워가야 한다는 것이다.

　마지막으로 브랜드는 고객이 원하는 것을 채워야 하기 때문에 자신이 갖고 있는 원칙을 포기해야하는 수도 있다. 펩시콜라는 코카콜라와 차별하기 위해 푸른색을 쓰고 있다. 그러나 중국인들이 빨간색을 너무 좋아하기 때문에 올림픽이 열리는 2008년에 한시적으로 코카콜라처럼 빨간색의 펩시 브랜드를 붙여서 팔게 되었는데 큰 인기를 끌고 있다고 한다. 이처럼 브랜드 이미지를 현지화하여 고객의 감성을 끌어내는 것도 깊이 생각해야 할 점이다.

디자인이 경영이다

21세기에 들어서면서 소비자들은 산업화시대의 대량생산된 제품이나 획일화된 서비스에서 탈피하여 자신만의 개성을 담아내거나 재미를 찾을 수 있는 독특한 제품이나 서비스를 좋아하게 되었다. 이러한 소비자들의 요구를 독특한 디자인이 만족시키는 역할을 하기 때문에 디자인이 제품의 기능보다 더 중요하게 여겨지고 있는 것이다. 애플의 아이폰은 디자인을 기능이나 다른 무엇보다 최우선으로 하여 만든 것으로 유명하다. 스티브 잡스의 기능에 영국 출신의 수석 디자이너 조나단 아이브의 예술성을 강조한 유럽식 디자인을 결합하여 심플하면서도 사용하기 쉬운 제품을 만든 것이다. 또한 아이폰을 분해하거나 조립하는 것이 디자인에 맞지 않기 때문에 이를 과감히 버리고 아이폰에 문제가 생기면 새것으로 무상 교체해줄 정도로 디자인에 신경을 쓴 제품이다. 삼성전자도 재스퍼 모리슨이라는 영국 디자이너를 영입하였다. 그는 'super normal' 이라는 디자인 철학을 갖고 있는데 거추장스러운 장식을 없앤 절제의 미학을 강조하며, 사용자가 쉽고 편하게 사용하도록 배려하는 디자인을 하는 것으로 유명하다. 그는 이미 양문형 냉장고를 디자인하여 깔끔한 디자인으로 호평을 받았다.

이탈리아의 산업디자이너 스테파노 조반노니는 디자인이 시대를 담는 그릇이므로 디자이너는 새로운 콘셉트와 아이디어로 늘 무장해야 한다고 강조한다. 특히 시대 상황에 따라 디자인 콘셉트가 바뀌는 것을 고려해야 한다는 것이다. 레인콤은 '엠플레이어'라는 MP3플레이어를 만들었다. 이 제품은 재생 기능 밖에 제공하지 않지만 미키마우스 형태로 두 귀가 있어 여성들에게 큰 인기를 끌고 있는 점도 재미라든가 귀엽다는 느낌이 소비자들의 마음을 잡고 있다는 것을 보여준다고 하겠다.

스칸디나비아 국가로는 디자인이 강한 회사, 예를 들어 뱅앤올룹슨, 이케아, 노키아, 볼보 같은 회사들이 있다. 스칸디나비아의 디자인 회사들은 목재 기술을 이용하여 개미의자를 만드는가 하면 아이들의 성장 호르몬 주사를 장난감처럼 만들고 주삿바늘이 없도록 하여 주삿바늘에 대한 공포심을 없애는 제품과 같이 사람을 중심으로 하는 디자인으로 유명하다. 그들의 디자인은 자연주의나 인간 중심이라는 콘셉트를 담아내고 있는 것이다.

웹 2.0을 이용하여 외부 디자이너를 활용하는 방법을 이용하는 것도 고려할 수 있다. 오디오와 IT 제품의 디자인으로 유명한 뱅앤올룹슨은 외부 디자이너가 자유롭게 생각하고 독립적인 자리에서 디자인을 하도록 하는 것으로 성공했다. 그들이 디자인에 대한 아이디어를 가져오면 내부 기술자들과 협의를 하는 '아이디어 랜드'라는 협력의 장을 만들어 새로운 생각이나 라이프 스타일을 반영하는 제품을 만들어 히트를 시키고 있다.

프랑스의 소프트웨어 업체 다소시스템은 고객이 원하는 제품을 디자인하도록 해서 많은 효과를 보았다고 월스트리트 저널이 소개했다. 이 회사기 내놓은 '3dswym' 소프트웨어는 고객이 제품의 디자인에 직접 참여하여 자신이 필요로 하는 것을 마음껏 꾸미도록 했다. 프로그램 이름도 '당신이 원하는 것을 3차원으로 볼 수 있다3 dimension see what you mean'의 첫 글자로 만들어진 것이다. 고객이 이 소프트웨어에 접속하면 완성되지 않은 신제품의 3차원 이미지가 제공되고 고객은 마음속에 들 때까지 여러 색깔과 크기로 제품을 바꾸도록 한다. 그다음 자신이 디자인한 신제품이 백화점 등 실제 판매되는 장소에 진열된 것을 보여주고 여기서 또 한 번 제품 모양 등을 수정하게 한다. 마지막으로 고객의 사무실과 집에 신제품이 놓여 있는 장소를 보여주고 또 한 번 제품을 다듬도록 하는 방식이다. 이 과정에서 기업은 고객이 어떤 색깔을 좋아하고 어떤 형태를 좋아하는지를 알게 되어 방대한 데이터를 축적할 수 있게 된다. 또한 마케팅 비용도 많이 줄어들며 브랜드에 대한 고객의 충성도가 높아지는 효과도 보게 된다는 것이다.

이노베이션으로 가치를 창조한다

마케팅을 통해 고객이 요구하는 가치를 제공하기 위해서는 이노베이션(혁신)이 필요하다.

알을 깨고 새가 나온다
'알을 깨고 새가 나온다'는 말은 너무도 당연한 사실을 이야기하는 것이다. 우리가 어릴 때 알 속에서 부화된 예쁜 병아리가 껍질을 깨고 세상으로 나와 '삐약삐약' 거리며 종종걸음으로 귀여운 몸짓을 하는 것을 본 기억들이 있을 것이다. 이처럼 자연스런 현상을 헤르만 헷세가 《데미안》이라는 책에서 이야기하는 순간 별 생각 없이 받아들이던 자연현상을 다시 한 번 생각하도록 한다. '알'과 '새'라는 것에 대해서. 즉 알은 예전처럼 그대로 있는 세상을 상징하고, 새는 새로운 세상을 상징하는 방식으로 다시 생각하는 것이다. 새가 태어나기 위한 생명의 기초와 조건은 알 자체가 품고 있지만, 알 속의 생명력이 알이 아니라 새라는 존재로 태어나서 새 세상으로 나오려면 알이라는 기존의 것을 깨야 한다는 것이다.

물이 흐르지 않고 고이게 되면 썩는 법이다. 물이 자연스럽게 흘러서 강을 이루고 바다를 이루는 것처럼 모든 것은 자연스럽게 변화해야만 썩지 않고 생존의 바다로 향하는 것이다. 조금씩 변화하는 것은 개선이라고 하며 알이 새가 되는 것처럼 전혀 새롭게 바뀌는 것을 혁신이라고 한다. 공자는 중용을 지켜 바른 행실을 하는 사람과 함께 하지 못할 경우 차라리 광자(狂者)나 견자(狷者)와 함께 하겠다고 《논어》에서 말했다. 여기서 광자는 뜻이 높아 미친 듯이 몰두하는 사람이고 견자는 절의를 지켜 뜻을 굽히지 않는 사람을 뜻한다. 창조적인 일을 하는 사람은 광자와 마찬가지로 남이 무어라 하던 상관하지 않고 자신이 세운 뜻을 향해 돌진하는 진취적인 기질이 있는 사람이다. 또한 견자처럼 자신의 뜻을 굽히지 않는 의지를 보인다. 군자는 이런 창조적인 사람을 알아보고 그들을 감싸 안아 그 능력이 잘 발휘되도록 하는 포용력을 지녀야 한다는 것을 알 수 있다.

기업 역시 예전의 자리에 안주하지 않고 새와 같이 새로운 생명으로 태어나는 경영혁신을 해야만 발전할 수 있다. 슘페터는 이런 것을 '창조적 파괴'라고 하였다. 기업이 이윤을 남기는 것은 미래 시장을 개척하고 새 제품이나 서비스를 제공하고, 원가를 절감하는 새로운 생산방식을 사용하는 기업가의 혁신 결과인 것이다.

    기업이 창조적 파괴인 혁신을 하지 않으면 안 되는 것은 기업을 둘러싼 어제의 환경, 오늘의 환경, 내일의 환경이 매우 다르다는 사실 때문이다. 이는 우리가 보고 있는 오늘의 모습이 어제에 비해 얼마나 크게 변했는가를 보면 알 수 있다. 예를 들어 몇 년 전에는 세상에 존재하지 않았던 구글이라는 회사가 몇 년 만에 크게 성장하여 마이크로소프트를 추월하고 있는 것이나, 중국의 알리바바가 인터넷 마켓에서 세계적인 두각을 나타내리라고는 과거에 아무도 상상하지 못했던 일이다. 디지털 기술의 발달만이 아니라 소비자들의 생각이나 태도 역시 빠르게 변하는 것을 고려해야 한다. 예를 들어 어제까지 소비자들이 좋아하던 특정 패션이 오늘은 어떤 이유에서인지 아무도 눈여겨보지 않게 되어 천덕꾸러기로 전락하는 사례 등이 너무도 많은 것을 경험하고 있다. 이는 기존 소비자의 생각이 바뀐 것도 있지만 새로운 소비자가 늘어나는 데 그 원인이 있는 수가 많다.

시장에 있어서도 과거 미국, 일본, 유럽 중심으로 생각하던 국제 상거래나 국제 투자시장이 불과 몇 년 사이에 중국을 비롯 하여 인도, 러시아, 브라질 같은 브릭스 중심으로 옮겨졌는가 하면 이제는 베트남, 말레이시아 같은 동남아 국가와 동유럽 등으로 뻗어가는 현실을 보고 있다. 이처럼 급격한 변화에 기업 역시 혁신하지 않으면 살아남을 수가 없다는 것은 누구라도 알 수 있는 일이다.

'솔개의 우화'를 보자. 보통 솔개의 수명은 40년이다. 생후 40년이 지나면 솔개는 죽게 되지만, 바위에 부리를 쪼아 새로운 부리가 돋게 하고 발톱과 깃털도 모두 뽑아 새롭게 하면 30년을 더 살게 된다는 우화이다. 40년이 지난 솔개는 그냥 죽을 것인지 아니면 약 반년에 걸친 매우 고통스러운 혁신의 과정을 수행해서 추가로 30년을 더 살 것인지를 결정해야 한다.

생명공학의 발전과 관련하여 영화 〈바이센터니얼 맨〉의 내용이 떠오른다. 먼 미래에 로봇 산업이 발달하여 인간과 얼굴이나 생김새가 똑같이 생긴 로봇이 가사도 돕고 인간이 하기 싫어하고 귀찮아하는 일을 하는 시대에 로봇 하나가 제작 과정에서 무언가 조금 잘못되어 인간만이 가질 수 있는 감정을 갖는 것으로 이야기가 시작된다. 〈죽은 시인의 사회〉에서 일류 고등학교의 문학과 시를 담당하는 교사 역할로 출연한 로빈 윌리엄스가 약간 맛이 간(?) 로봇의 행동을 천연덕스럽게 잘해낸다. 이 로봇이 인간이 되고 싶어 인간과 똑같은 근육이나 심장 같은 것을 만들어내는, 요샛말로 첨단 바이

오 산업의 거장을 만나 첨단 과학의 힘으로 자신을 우리와 똑같은 진짜 사람으로 바꾸게 된다. 그리고 로봇이라면 죽지 않지만 인간과 똑같이 되었으니 죽음을 맞게 된다. 그리고 법정에서 '인간'으로 인정받는다. 자기가 너무 사랑하는 여인과 인간으로서 같이 살고 싶다는 '인간의 감정' 때문에 결국 로봇이 인간이 되어 인간으로 죽는다는 얘기다.

이 영화 이야기는 여러 가지 생각할 거리가 많지만 혁신과 관련해서 보면 어느 땐가 바이오 산업이 발전하여 로봇조차 인간으로 만들 수도 있는 시대가 올 수도 있을 만큼, 아니면 인간이 수백 년을 살 수 있도록 여러 가지 기능을 자동차 부품 바꾸듯 바꾸면서 살아가는, 지금 우리가 상상도 못할 그런 일이 이루어질 수도 있을 것이라는 메시지도 남기는 것 같다.

기술혁신

인류 전체의 문명 발전에 있어 기술처럼 막대한 영향을 발휘한 것은 없을 것이다. 고대로부터 석기나 청동기 등 도구와 불을 사용하게 되면서 인간이 지구상의 다른 동물들 보다 우위에 서게 된 것으로 보아 이를 알 수 있다.

특히 나라와 나라 또는 민족과 민족 간의 전쟁에 있어 총이나 칼과 같은 무기의 우월성은 전쟁을 승리로 이끄는 강력한 힘이었다. 무기의 우월성이 큰 힘을 발휘한 예로 16세기 중반 스페인의 대장 피사로가 잉카제국을 무너뜨린 전쟁을 들 수 있다. 그때 스페인 군대는 168명의 오합지졸이었지만 8만 명이 넘는 잉카군을 격파하였다. 500배가 넘는 대군을 격파할 수 있었던 요인은 말과 총, 갑옷 등이었다.

기술은 전쟁 무기뿐 아니라 인류의 살림살이의 행태를 결정짓는 중대 요인이었다. 고대 이집트에서 거대한 피라미드를 건설할 수 있었던 것은 지레를 사용하고 인간 노동력을 결집하는 기술이 있었기 때문에 가능했다. 18세기 영국에서 일어난 산업혁명은 증기기관을 사용할 수 있는 에너지 기술이 있었기에 가능했으며, 제2차 세계대전에서 미국이 일본의 항복을 받아낸 것은 원자폭탄이라는 신기술 덕분임을 잘 알고 있다.

20세기와 21세기에 들어서면서 기술의 발전이 과거와는 비교가 되지 않는 속도로 이루어지고 있다. 항공 기술의 발달로 달 착륙을 이루어 내는가 하면 바이오 기술은 인간의 유전자 체계를 밝혀내고 생명 복제 기술을 발전시키면서 암이나 에이즈 같은 불치병을 정복하려는 연구를 계속해가고 있다.

이 같은 많은 기술 중 기업이나 우리 삶의 모습을 크게 바꾼 기술로 디지털 혁명을 들 수 있다. 몇 십 년 전만 해도 꿈도 꾸지 못했던 스마트폰이 우리 일상으로 들어와 전화나 메시지 같은 통신 기능은 물론 손끝 하나로 지구상의 수많은 정보나 지식 등의 데이터에 접속하고 있는 것이다. 이밖에도 인터넷을 통한 상거래나 복잡한 업무 처리, 게임 즐기기 등 예전에는 상상할 수도 없었던 문화를 생성해가고 있다.

최근에는 자동차 산업에서 기존의 휘발유 대신 전기를 이용한 자동차가 각광을 받고 있다. 특히 자동차에 들어가는 정보기술이 경쟁력을 좌우할 것이라는 예상이 나올 만큼 기술혁신이 과연 어떻게 진행되고 기존 산업과 우리 삶이 어떻게 변화해갈 것인지 가늠이 안 되는 실정이다.

기술혁신이 예측할 수 없을 만큼 빠르게 진행되는 시점에서 많은 기업들이 현명하게 대응을 못하여 몰락하는 사례를 목격하고 있다. 필름 시장의 선두주자였던 코닥이 디지털카메라를 최초로 발명하였음에도 불구하고 필름 시장에 대한 미련 때문에 필름 시장은 없어지고 디지털카메라 시장도 빼앗겨 결국 회사 자체가 파산한 경우가 그것이다.

기술혁신과 관련하여 주의할 점은 기업이 추구하는 신기술이 고객의 니즈를 어떻게 만족시킬 것인지를 고려해야 한다는 점이다. 기술 자체의 개발은 기술로서는 탁월하더라도 고객의 입장에서 별로 쓸모가 없을 수도 있기 때문이다. 예전에 소니는 음악 CD를 아주 작게 만드는 미니디스크 기술개발에 온 힘을 쏟아서 새 기술을 개발했지만 한국에서 개발한 MP3 기술이 쓰기에 더 간편하고 활용도가 높아 미니디스크 기술이 쓸모없게 된 일이 있었다.

또한 기술혁신에 있어서는 동종 산업이나 분야뿐 아니라 다른 산업이나 분야의 기술을 자신의 산업에 활용하거나 다른 산업의 기술을 자신의 산업이 쓰는 기술과 융합하여 기술혁신을 일구어 내는 것이 유리할 수도 있음을 고려해야 한다.

제품과 서비스 혁신

제품과 서비스 혁신은 기업의 생존과 직결된다. 신기술을 적용한 제품 혁신이나 서비스 방식의 개선을 이루지 못할 경우 현재 시장 주도적인 제품이나 서비스라 할지라도 순식간에 시장에서 도태되는 무수한 사례를 경험하고 있다. 아날로그 TV시장에서 선명한 색채로 맹주 역할을 하던 소니가 디지털 TV로 전환하는 시기를 놓쳐 삼성이나 LG에 밀려 고전을 면치 못하는 것이 생생한 예다. 핸드폰 시장을 석권하던 핀란드의 노키아가 새로운 스마트폰 시장에 대응을 제대로 못해 삼성과 애플에 밀려 회사 존립 자체가 어려워진 것도 혁신이 얼마나 중요한가를 일깨운다.

일반적으로 제품이나 서비스 혁신은 새로운 기술이나 혁신적인 발명이 있어야 이루어지는 것으로 생각하기 쉽다. 그러나 새로운 기술이나 혁신적인 발명이 없더라도 기존의 제품에 고객이 원하는 기능을 추가하든가 기존의 서비스 형식을 새로운 시장에 맞도록 변화를 가져옴으로써 혁신을 이룰 수 있다. 미국의 사우스웨스트항공이 이룩한 서비스 혁신 사례를 캐빈과 재키 프라이버그가 쓴 《너츠》를 통해 살펴보자.

사우스웨스트는 1971년 보잉 737기 3대로 항공 산업을 시작한다. 다른 항공사와 달리 텍사스의 댈러스, 휴스턴, 샌안토니오의 세 도시를 직선으로 운행하는 방식을 취했다. 이는 당시 세 도시의 경제가 급속히 팽창하고 있었는데도 서로 너무 떨어져 있어 버스나 승용차로 여행하기에 불편한 점을 개선하기 위한 것이었다. 다른 항공사들은 휴스턴의 새로 지은 인터컨티넨탈 공항으로 옮겨 갔지만 사우스웨스트는 옛 하비 공항으로 이동했는데 하비 공항은 도심에서 가깝기 때문에 탑승하기가 편리했다. 하비 공항으로 이동한 결과 거의 하룻밤 사이에 이용 승객 숫자가 두 배로 늘어났다. 사우스웨스트는 처음부터 항공료를 대폭 낮추는 방식을 택했다. 200달러를 내는 손님이 절반쯤 찬 비행기를 운항하기보다는 49달러를 내는 손님이 가득 찬 비행기를 더 좋아하는 마케팅 전략을 쓴 것이다.

사우스웨스트는 성수기 가격과 비성수기 가격을 2등급으로 구분하여 적용하는 요금 체계를 운영하는데 이는 우연히 이루어졌다.

1971년 11월 말 휴스턴에 대기 중이던 737기 한 대가 주말 보수 작업을 위해 댈러스로 가야 하는데 빈 비행기로 가느니 좌석당 10달러를 받으면 비행기 운항의 본전을 건질 수 있다는 생각에서였다. 그 결과 이 비행기를 타겠다는 손님이 불꽃처럼 증가했다. 이 성공에 힘입어 주중 평일 7시까지 출장자 클래스는 당초 20달러보다 높은 26달러, 평일 오후 7시 이후나 토요일, 일요일은 13달러의 요금을 책정한 것이다. 이 제도로 승객의 수요가 폭발했다.

1971년 9월 비행기 4대로 운항하기로 한 계획이 연방법원의 판결로 3대만으로 운행해야 하는 어려움을 맞았다. 이때 사우스웨스트는 비행기가 게이트로 들어와서 손님을 부리고 다시 손님을 받아서 게이트를 빠져나가는 것이 10분 안에 이루어지면 문제가 해결된다고 보고 이를 추진하여 성공시켰다. 저운임, 좋은 서비스, 허브 공항의 독점 이용 등이 합쳐져서 사우스웨스트는 성장하고 자본을 축적하고 건실하게 성장하기 시작했다. 1978년 이후 규제가 완화되어 텍사스 주뿐 아니라 다른 주에도 운행할 수 있게 되었지만 철저히 두 도시 사이를 운행하는 단거리 노선을 무수히 왕복하는 정책을 고수하였다. 또한 시장점유율보다는 각 노선이 수익을 남길 수 있는지를 경영의 지표로 삼았다. 새 도시 취항을 할 때도 대부분 항공사가 취하는 대도시 터미널 집중 방식이 아니라 도심지에 가까운 적체 없는 공항을 선택함으로써 승객들에게 비행기 타는 시간이 짧고 도심 출입에 시간이 들지 않도록 하였다.

사우스웨스트는 항공권을 따로 주지 않고 영수증을 항공권 대신으로 사용하였으며 컴퓨터 발권에 비용이 많이 들기 때문에 회사 내부의 예약 센터에서 전화로 예약을 받고 기내식을 제공하지 않는 방식을 사용한다. 사우스웨스트는 가능한 한 업무를 단순화시키는 정책을 사용하여 승객에게 좌석을 배정하지 않으며, 기내식이 없으므로 무거운 식사와 음료 수송 카트를 없앴다. 미 대륙 동서 횡단 노선의 경우, 식사를 기내가 아니라 게이트 지역에서 제공하여 지상 체류 시간을 지연시키지 않도록 했다. 1995년부터는 항공권 없는 여행을 제공하기 시작했다. 항공권이 없기 때문에 고객은 컴퓨터 예약 시스템을 접촉할 필요가 없으며, 확인 번호만을 받아서 비행 시간에 나타나기만 하면 되도록 하였다.

   사우스웨스트는 1973년 항공사로는 처음으로 직원을 위한 이익 나누기 계획을 도입하여 직원들이 회사 주식을 구입하여 주인의 마음으로 일을 하는 문화를 만들어가기 시작했다. 이 결과 모든 직원이 수익성을 높이고 비용을 줄이기 위해 힘을 쓰게 된다.

   사우스웨스트는 고객이 늘 옳은 것은 아니라는 문화를 유지한다. 직원들이 최고의 서비스를 제공하는데도 불평을 많이 하는 고객에 대해서는 다른 항공편을 이용하도록 회사 회장이 직접 편지를 보내는 식이다.

사우스웨스트는 초창기부터 괴짜 문화를 이루기 시작했다. 회사 이미지를 '사랑의 항공사'라는 섹시하면서도 불온한 이미지를 최대한 살렸다. 광고에서 사랑이라는 말을 자주 사용하고 기내에서는 '사랑의 물'과 '사랑의 땅콩'을 제공하는 방식이었다. 광고 비용이 충분하지 않는 관계로 입소문을 내기 위해 여승무원의 제복도 핫팬츠에 고고 부츠를 착용하는 식으로 확 튀는 것으로 하였다. 직원들에게도 기내에서 자신의 개성을 마음껏 발휘하도록 주문했다.

이런 문화는 회사에서 일하는 종업원이나 고객이 축제나 이벤트에 참여하는 분위기로 이끌어 십 년 이상 고객만족도 1위라는 성과를 올렸다. 또한 직원들이 회사에서 네 일 내 일을 따로 구분하지 않고 모두가 자기 일처럼 신 나는 마음으로 일하는 문화를 만들었다. 이 결과 종업원 이직률이 다른 업체에 비해 현저히 낮을 뿐 아니라 종업원 1인당 고객 서비스율이 다른 항공사의 2배에 달하는 놀라운 업적을 올리고 있다.

또한 불경기를 내다보며 근검절약하는 풍토와 직원들의 고용 안정을 최고의 목표로 삼고 추진해갔다. 직원 채용에 있어서도 유머 감각과 독창성이 있는 직원을 뽑아 기술 훈련을 철저히 해서 회사 업무를 효율적이고 자발적으로 해내도록 하였다.

사우스웨스트는 자유분방하고 활발한 회사 분위기를 유지하면서도 회사가 나가야할 방향과 원칙을 철저히 지켜온 것 역시 성공의 큰 요인으로 꼽는다. 비행기 기종은 737기 한 종류로 하였으며, 점보제트기를 사들인다거나 국제선에 취항하는 짓을 하지 않았다. 철두철미 틈새시장 전략을 고수하면서 수익성을 의식한 박리다매의 저운임 정책을 일관되게 밀고 나갔다. 이처럼 철저한 수익성 위주의 경영은 회사 창립 이래 한 번의 적자 없이 계속 성장하는 위업을 달성하게 한 원동력이 되었다.

사우스웨스트의 사례는 고객의 불편함을 덜어주려는 배려의 마음에서 기존의 기술과 제품을 새롭게 적용하여 새 시장을 개척한 혁신의 모습을 잘 보여준다 하겠다.

프로세스와 비즈니스 모델 혁신
프로세스 혁신은 과거에 해오던 일처리 방식을 새롭게 바꾸어 보다 빠르고 비용이 덜 들도록 하는 혁신을 말한다. 그 예로 미국의 포드 자동차가 일본의 스포츠카 업체인 마즈다 자동차를 인수한 뒤 자동차 부품 구매 업무 처리를 획기적으로 바꾼 프로세스 리엔지니어링을 들 수 있다. 포드 본사는 구매 업무를 위해 500여 명이 과거의 복잡한 업무 처리 과정에 따라 일을 하고 있었다. 그러나 마즈다 자동차의 멕시코 공장에서는 똑같은 업무를 13명이 처리하는 것을 보고 깜짝 놀란 후 마즈다가 하는 방식으로 업무 처리를 재설계하였는데 이런 것을 프로세스 혁신의 한 방법인 비즈니스 프로세스 리엔지니어링이라 한다.

프로세스 혁신의 한 방식으로 린 방식이 있다. 린 방식은 원래 토요타 자동차가 재고를 최소한으로 줄이기 위해 도입한 적시생산방식(JIT: Just-In-Time)에서 출발했다. JIT 시스템은 고객의 자동차 주문을 먼저 받은 후 필요한 부품을 하청업체에 주문해서 자동차를 생산하는 방식이다. 이를 위해 부품의 표준화를 실시하고 생산 공정의 수를 줄이는 등의 공정 혁신을 이루어 아주 낮은 비용으로 자동차를 생산할 수 있게 되었다.
　토요타의 JIT 시스템을 다른 회사들이 모방했지만 대부분 큰 효과를 보지 못했지만 포르셰는 린 방식을 성공적으로 도입했다. 포르셰의 성공 스토리를 살펴본다.
　포르셰 사는 1930년에 오스트리아 출생인 전설적인 기술자 포르셰가 설립한 자동차 회사다. 처음에는 작은 설계 회사로 시작했으며 폭스바겐 비틀을 설계한 것으로 유명하다. 창업자의 아들이 2차 세계대전 후 1948년에 최초로 포르셰 모델 356을 만들면서 직접 자동차 생산에 뛰어든 이후 모델 911을 개발하는 등 성장하기 시작했다.

포르셰는 전형적인 독일 기업의 특징을 가지고 있는데 이는 기술 중심 기업의 전형이라는 점, 제품의 고성능에 대한 집착이 강하다는 점, 그리고 회사 조직이 부서별로 엄격히 계층화되어 있다는 점 등이다. 특히 포르셰는 보통 독일 기업보다 더 강하게 부서별로 나뉘어져 있었는데 이는 설계 컨설턴트 업무를 위해서였다. 그러나 설계 부서가 컨설턴트 업무로 꽤 큰 이익을 가져오기는 했지만, 정작 자체의 자동차 설계 개발에 절대적으로 필요한 타 부서와의 협력 관계를 무시하는 문제점을 안게 되었다.

1987년 이후 독일 마르크화 강세로 판매가 격감하면서 포르셰는 위기에 봉착한다. 포르셰의 기본 문제는 생산원가가 너무 높다는 데 있었다. 토요타가 포르셰와 같은 차를 만들 경우 소요되는 시간, 노력, 재고, 공간은 포르셰 공장의 몇 분의 1이면 된다는 것이 밝혀졌다. 포르셰에서는 올바른 방법을 적용하면 비용과 리드타임을 대폭으로 줄일 수 있다는 것이 명백했다.

1992년 새로 포르셰의 회장이 된 비데킹은 토요타를 벤치마킹하면서 회사 전체를 대담하게 재편하기 시작했다. 관리자 수를 38퍼센트로 줄이고 새로운 생산팀제를 만들었으며 불량검출 보고 시스템을 통하여 품질관리를 철저히 하도록 하였다. 또한 새로운 제안 제도를 실시하여 생산성이나 품질 개선 제안을 제출하면 보상을 받도록 하였다. 마지막으로 포르셰 개선 프로세스라는 눈으로 보는 관리visual control시스템을 도입하였다. 이 시스템은 비용, 품질, 물류 및 모티베이션에 관해 월별 및 연도별 목표 수치를 설정하고 실제 결과와 비교하는 것이다.

특히 일본에서 린 방식 전문가인 일본인이 독일 공장을 방문하여 공장에 산처럼 쌓인 재고를 없애는 작업과 선반 높이를 낮게 하는 등 실제적인 개선 활동을 시작했다. 또한 종업원을 3년 동안 2천 5백 명 삭감하는 구조조정도 실시하였다. 이러한 개선 활동을 통해 포르셰 사원들은 그들이 알던 것보다 더 고차원적인 기술이 있는 것을 알게 되었다. 고차원의 기술이란 문제를 사전에 예상하고 예방 조치를 취하는 것과 동시에 낭비를 제거하기 위해 일의 조직과 가치 흐름을 계속 개선해가는 기술이다.

포르셰는 가치의 80퍼센트를 회사 외부에서 구입하기 때문에 부품 공급자에 대한 교육도 중요했다. 95개나 되는 부품 공급자를 모두 가르칠 수 없기 때문에 거의 팔리지 않는 옵션을 폐지하고 부품을 표준화하여 부품 공급자를 300개 사로 줄였으며 이 중 60개 사를 중요 시스템 공급자로 선정하여 당기기 방식에 대한 연수를 실시하였다.

이러한 노력 결과 물리적 생산 활동이 극적으로 개선되어 생산성은 두 배 증가하고, 불량률은 10분의 1로 줄이고 원재료에서 완성 차까지 리드타임도 6주에서 3일로 줄고 부품 재고는 10분의 1로 줄이는 성과와 함께 풍부한 현금을 확보하여 포르셰는 일류 생산과 일류 기술 컨설팅 회사로 거듭나게 되었다.

비즈니스 모델 혁신은 기업이 돈을 버는 사업 방식 자체를 획기적으로 혁신하는 것을 말한다. 예를 들어 애플의 아이폰이 성공한 요인 중 중요한 것으로 아이폰 이전에 아이팟이라는 비즈니스 모델의 혁신이 있었다. 아이폰은 아이팟의 성공 모델에 통신 기능을 접합하고 개량해온 것이기 때문이다. 아이팟은 MP3 기술을 이용하여 음악을 듣는 기기이지만 아이팟 이전에 이어 한국에서 개발한 성능 좋은 MP3 기기가 한국뿐 아니라 세계시장을 장악하고 있었다. 그 당시 MP3 기기의 성능은 훌륭했지만 MP3 기기에 들어갈 고

품질의 음악을 공급하는 서비스는 없었다. 다른 회사들은 MP3 기기의 성능에만 신경을 쓰고 있을 때 애플은 음원 공급업체인 냅스터를 인수하여 아이튠으로 이름을 바꾼 후 저렴한 가격으로 품질 좋은 수많은 음악을 공급하는 방식의 비즈니스 모델 혁신을 하여 아이팟 열풍을 일으킨 것이다.

비즈니스 모델 혁신의 다른 예로 유통 혁명을 일으킨 월마트와 아마존을 들 수 있다. 월마트는 샘 월튼이 1962년에 매우 작은 소매점으로 설립하였으나 현재는 세계에서 가장 큰 소매 유통업체로서 매주 1억 명 이상의 소비자가 찾는 업체로 성장했다. 월마트가 성장한 혁신 방식은 몇 가지가 있는데 이 중 월마트의 점포를 값이 싼 시 외곽 지역으로 선정한 것이 있다. 그 당시 다른 유통업체는 시 중심 지역에 매장을 선정하는 것을 당연하게 여겼다. 고객들이 쉽게 매장을 방문할 수 있다는 장점을 고려한 것이다. 그러나 월마트는 자동차가 널리 보급된 미국에서 자동차로 시 외곽에 값싸고 품질 좋은 상품을 팔 경우 고객의 접근성에 문제가 없다고 여겼다. 이에 따라 도로가 잘 뚫린 시 외곽 지역으로 매장을 선정했는데 예상대로 고객들이 매장 앞의 넓은 주차장에 주차한 후 넓은 공간에서 값싸고 품질 좋은 쇼핑을 즐기게 되어 성공 가도를 달리게 된다.

성공 요인 중 다른 하나는 매장에 필요한 상품을 전사적으로 구매하는 집중 구매 방식을 취하여 상품 공급자로부터 낮은 가격으로 공급받을 수 있는 주도권을 행사한 것이다. 이 정책으로 다른 업체에 비해 낮은 가격으로 팔 수 있는 가격 경쟁력을 확보할 수 있었다. 전사적으로 일괄 구매할 경우 많은 지역에 있는 매장에 제품을 배분하고 수많은 공급업체와의 거래를 효율적으로 관리하는 문제가 있어 이에 맞는 최신의 정보 시스템과 함께 분배 센터를 구축한 것 역시 경쟁력의 한 요소가 되었다. 상품의 구매 및 분배를 위해 각 지역에 분배 센터를 설치하고 터미널 집중 방식hub and spoke을 도입한 결과 빠른 시간에 상품이 매장에 비치될 수 있도록 하였다.

인터넷 상거래라는 비즈니스 모델을 개척한 아마존은 매장을 방문하여 구입하던 방식을 인터넷을 통해 구입하는 방식을 도입하였다. 사업 초기에는 책 위주로 했지만 지금은 거의 모든 제품이나 서비스로 사업 영역을 확장하여 인터넷 쇼핑의 선두 주자 위치를 고수하고 있다.

비즈니스 모델 혁신과 관련하여 조금 오래되고 잘 안 알려진 경우이지만 미국의 신문 〈유에스에이 투데이USA TODAY〉의 창간 스토리를 살펴본다.

〈유에스에이 투데이〉는 미 서부 평원 지역인 사우스다코타 주의 시골 마을 출생인 앨 뉴하트가 창간했다. 그는 고등학교 때 교내 신문 편집자가 되었고 대학을 졸업한 후 언론사에 취업하면서 언론의 길로 들어선다. 그는 가네트라는 언론사에서 일하는 중 플로리다의 우주선 발사 지역으로 인구가 팽창하는 것을 예상하여 그 지역 지방 신문을 인수한 후 '투데이'라고 이름을 바꾸어 회사 사장으로 일한다. 새 신문 발간 30일 동안 무료로 배달하여 홍보를 한 후 다른 신문의 반값에 파는 방식을 택했다. 회사는 창간 1주년 후 유료 부수 2만 부를 겨냥했는데 10주일 후 3만 3천 부, 22개월 후 4만 부라는 엄청난 성과를 올렸으며, 경쟁 신문들의 구독률은 곤두박질을 쳤다.

앨 뉴하트는 1982년에 이전의 신문과는 전혀 다른 모양의 〈유에스에이 투데이〉를 창간한다. 그 당시 미국에선 미 전역을 상대로 하는 전국지가 없었다. 〈뉴욕 타임즈〉 같은 신문도 뉴욕 중심으로 발간되었고 이외 지역은 큰 도시의 도서관이나 큰 회사에 배달되는 정도였다. 전국적으로 발간되는 신문으로는 〈월스트리트 저널〉이 있었지만 이는 일반 독자를 위한 일간지가 아니었다.

이 당시 전국지가 없었던 이유 중 하나가 미국이 너무 넓어 한 지역에서 발간되는 신문이 다른 지역으로 비행기로 수송을 하더라도 몇 시간이 지나는 문제였다. 〈유에스에이 투데이〉는 이 문제를 그 당시로서는 획기적인 혁신 방식을 이용하여 해결하였다. 기사를 본사에서 작성하여 통신위성으로 올려 보낸 뒤 통신위성에서 중심 지역으로 전송하면 중심 지역hub에서 그 지역의 광고를 넣어 인쇄한 후 각 지역spoke으로 배송하는 시스템을 만든 것이다. 지금은 다른 신문도 이 방식을 이용하지만 그 당시는 어느 누구도 신문을 이런 방식으로 제작하고 배포하는 것을 생각하지 못한 혁신적인 방식이었다.

〈유에스에이 투데이〉는 TV를 보고 자란 젊은 독자층이 신문을 구입할 수 있도록 기사를 간단하게 쓰는 식, 상쾌하고 밝은 기사와 재미있는 신문이 되도록 방향을 잡았다. 신문 자동판매기에 보이는 1면은 TV를 보는 듯한 느낌이 들도록 컬러 인쇄를 하였으며, 14만 대에 달하는 독특한 디자인의 자동판매기를 설치하여 홍보 수단으로 삼았다. 이런 여러 혁신의 결과로 〈유에스에이 투데이〉는 미국에서 발행 부수가 가장 많은 전국 일간지로 성공하게 되었다.

블루오션 전략으로 승부한다

블루오션 전략은 프랑스의 교수로 활동하고 있는 김위찬 교수와 그의 동료가 쓴 책에서 소개된 뒤에 널리 알려진 전략이다. 여기서 블루오션이란 레드오션과 비교하는 말로써 레드오션이 기존의 경쟁이 치열하고 피가 터질 듯 어려운 시장이라면, 블루오션은 경쟁이 없는 새로운 시장으로 우리말로 청정 해역으로 생각할 수 있다.

블루오션 전략은 새로운 시장과 새로운 산업을 개척하여 치열한 경쟁에서 우위를 점하는 기업의 생존 전략을 말한다. 블루오션 전략의 핵심은 '가치 혁신'이다. 가치 혁신은 높은 가치를 창출하면서 비용 절감을 동시에 이루는 것이다. 즉 기존 업계가 제공하지 못하는 가치 요소를 증가하고 창출함으로써 높은 가치를 창출하고, 필요 없는 요소를 줄이거나 제거함으로써 비용을 절감하는 방식이다. 이는 필요 없는 군살을 없애고 예쁜 몸매를 만드는 것과 비슷하다고 할 것이다. 레드오션은 기존 시장을 공략하고 가치와 비용 중 하나로 선택을 하지만, 블루오션은 가치와 비용을 동시에 추구하여 새로운 시장을 만들어내는 것이다.

블루오션 전략의 실행 도구로 전략 캔버스라는 개념을 사용한다. 이는 X축에 기업이 창출하는 여러 가지 가치의 요소를 나열하고 Y축은 자기 기업과 상대방 기업이나 기존 업계의 성적을 그래프로 표시하는 방식이다. 예를 들어 와인의 경우 X축의 가치 요소로는 가격, 와인 전문용어와 특색, 마케팅, 숙성 품질, 산지 명성과 전통적 유산, 와인 맛의 복합성, 와인 종류 등이 있다. 이러한 가치 요소에 대해 프리미엄 와인은 높은 수준을 보이고 있으나 저가 와인은 중급의 수준을 보인다. 블루오션 전략을 채택한 옐로 테일이라는 새로운 와인은 기존의 가치 요소는 비용 절감을 위해 아예 없애거나 최소한도로 낮추었다. 그 대신 기존 와인은 제공하지 않는 대중 친숙성, 선택의 용이성, 재미와 모험이라는 새로운 가치 요소를 창출함으로써 새 산업과 시장을 개척하는 것이 블루오션 전략이다.

블루오션 전략의 예로 〈태양의 서커스〉의 성공담을 들어보자. 전통적인 서커스는 텐트, 광대, 스릴 있는 묘기와 같은 곡예의 세 가지 매력 포인트가 있다. 〈태양의 서커스〉는 서커스의 전통적인 상징인 텐트를 화려한 외관으로 치장하고 안락하게 설계하였다. 곡예와 묘기는 비중을 줄이되 예술적 감각과 지적 호기심을 만족시키도록 공연 작품을 더욱 세련되게 만들었다. 즉 서커스에 연극적인 요소를 도입하여 스토리가 있고 예술적인 음악과 무용 등이 어울리는 새로운 개념의 작품을 만든 것이다. 이러한 아이디어는 브로드웨이 쇼에서 빌려 왔으며, 매번 새 작품에 따르는 주제가를 만들고 시각적 볼거리와 조명, 무대 타이밍 등 쇼 흐름을 이끈 것이다. 이들 공연의 무용은 추상적이며 지적인 것을 나타냈는데 여기에는 연극과 발레에서 빌려온 아이디어가 들어 있다. 당연히 옛날 서커스에 있었던 '동물 쇼' 같은 것은 없애버렸다.

블루오션 전략을 수행하기 위해서는 전략적인 포커스(선택과 집중), 멋진 슬로건, 차별성 등을 구축하고 시장의 경계선을 기존의 시장으로 보지 말고 새롭게 재구축하도록 하는 것이 중요하다. 예를 들어 전용기 공동소유권으로 블루오션을 창출한 넷제츠는 일반 항공기와 법인 전용기 시장의 장점을 통합하여 일반 항공사 티켓으로 전용기 소유 지분 1/16을 갖고 전용기의 편리성을 누리도록 시장을 재구축한 사실을 들고 있다. 즉 전용기 지분을 갖게 됨으로 전체적인 출장 시간을 줄이고 공항의 혼잡함을 피하며, 중소 도시 간의 직항이 가능하도록 하여 즉시 업무를 볼 수 있는 강점을 갖는 새로운 시장을 구축하였다.

조선의 명재상 서애 류성룡을 기리는 병산서원의 만대루(晚對樓).
'만대'라는 말은 중국 시인 두보의 〈백제성주〉에 나오는 "푸른 절벽은 오후에 늦게 대할 만하니"라는
시구에서 나왔다고 한다. 만대루에서 보면 산과 강이 서원을 감싸는 정경이 한 폭의 산수화처럼 다가온다.
특히 달이 비치는 저녁엔 절로 시인이 될 만도 하다.

6
신뢰로
소통한다

회계 부정은 기업을 망하게 한다
의사소통은 사람의 생명이다
의사소통은 조직의 혈관이다
신뢰가 리더의 생명이다
조직 외부와도 원활하게 소통해야 한다
신뢰와 소통의 경영은 이렇게 한다
감성으로 경영한다
조직의 정보와 문화를 통일한다

도봉

산새도 날아와 우짖지 않고
구름도 떠 가곤 오지 않는다

인적 끊긴 곳
홀로 앉은 가을 산의 어스름

호오이 호오이 소리 높여
나는 누구도 없이 불러보나
울림은 헛되이 빈 골 골을 되돌아올 뿐

산 그늘 길게 늘이며
붉은 해는 넘어가고
황혼과 함께 이어 별과 밤은 오리니

삶은 오직 갈수록 쓸쓸하고
사랑은 한갓 괴로울 뿐

그대 위하여 나는 이제도 이
긴 밤과 슬픔을 갖거니와

이 밤을 그대는 나도 모르는
어느 마을에서 쉬느뇨

(박두진)

6
신뢰로 소통한다

●인간이 관계망 속에서 살아가는 데 있어 무엇보다 중요한 것이 신뢰와 소통이라고 할 수 있다. 신뢰가 무너지면 조직이나 사회가 결코 유지될 수 없기 때문이다. 앞에서 살펴본 것처럼 공자가 제자의 질문에 나라를 지탱하는 가장 중요한 요소로 경제와 국방 및 신뢰를 든 후 어쩔 수 없이 하나를 버릴 경우 국방을, 그 다음으로 경제를 들었으나 마지막까지 신뢰는 지켜야 한다는 말씀에서 신뢰의 중요성을 다시 한 번 깨닫는다.

신뢰를 쌓는 모습을 공자는 《논어》〈이인편〉에서 "군자는 말은 어눌하게 하고 행동은 민첩하게 한다"[31]고 말한다. 또한 〈위령공편〉에서는 말하는 상대가 어떠한 사람인지를 살펴서 말을 해야지 말을 나누면 안 되는 사람과 말을 하면 화가 돌아온다는 교훈을 준다.

함께 말할 만한 사람인데도 말하지 않으면 사람을 잃고, 함께 말할 수 없는 사람인데 그와 말하게 되면 말을 잃는다. 지혜로운 사람은 사람을 잃지 않고 또한 말도 잃지 않는다.[32]

회계 부정은 기업을 망하게 한다

증권시장에서 주식이나 채권에 투자를 하거나 은행과 같은 금융기관에서 자금을 빌려주려고 할 때 가장 중요한 정보가 해당 기업이 앞으로 사업을 잘해나가며 돈을 잘 벌어들일 능력이 있는가를 보여주는 회계보고서 accounting reports다. 현대는 회계보고서에 나타난 그 기업의 과거 사업 능력을 믿고 엄청난 규모의 자금 시장이 세계적으로 운영되고 있는 신용사회다. 만일 회계보고서가 사실이 아니고 거짓으로 되어 있다면 이를 믿고 투자를 하거나 돈을 빌려준 금융기관들과 국가 사회에 엄청난 재산상의 피해와 사회적 혼란을 가져온다.

따라서 세계 각국은 회계보고서에 대해 상당히 엄격한 규제를 하고 있다. 회계보고서를 작성하는 기준은 국가를 뛰어넘어 세계가 같은 기준으로 통일해야 한다는 생각에서 세계 각국에서 인정해서 사용하는 기준이 국제회계기준IFRS: International Financial Reporting Standards이다. 회계보고서는 공인회계사CPA: Certified Public Accountant라는 전문가가 회계보고서 상의 정보가 회계기준에 비추어 제대로 되어 있는지를 감사audit하여 의견을 첨부하도록 하고 있다.

이처럼 각 나라가 거짓된 정보를 막기 위해 힘을 쓰지만 회계 정보의 부정은 옛날부터 지금까지 계속되고 있다. 회계 정보 부문에서 가장 앞서가고 있는 미국에서조차 2001년 말에 엔론 사의 회계 부정으로 인한 파산 사건으로 미국뿐 아니라 전 세계가 경악을 하고 증권시장이 요동을 친 일이 있었다.

그 당시 세계 최대의 에너지 그룹인 엔론 사는 〈포천Fortune〉이 선정하는 세계 500대 기업 중 7위를 차지하는 어마어마한 기업이었다. 엔론 사가 거래하던 가스와 전기는 미국 전체 시장의 25퍼센트를 차지하였고 이 회사는 향후 10년간 성장 가능성이 높은 10개 회사 중 하나이면서 가장 혁신적인 회사로 선정될 만큼 초우량 회사로 인정받는 회사였다.

이런 초우량 회사가 어떻게 무너졌는가. 그 이유는 광범위한 회계 부정이었다. 엔론 사는 미국의 규제 완화를 이용하여 에너지를 중개하는 사업을 시작했다. 에너지 중개 사업을 하면서 최첨단 금융기법인 파생 상품을 거래하였다. 파생 상품이란 기초 자산이나 특정 현상을 기초로 하여 증권으로 만들어 사고파는 것이다. 예를 들어 은행이 주택을 담보로 대출을 한 후 앞으로 그 대출금의 이자와 원금이 회수되는 것을 기본으로 하여 이자와 원금 회수 금액을 받을 수 있는 권리를 증권으로 만들어 그 증권을 사고파는 것과 같다. 여기서 조금 더 나가면 앞으로 그 증권 상의 금액을 못 받게 될 위험에 대해 증권 금액을 대신 갚아주는 보험 형식으로 증권을 만들어 2차 파생 상품을 만들어 거래하는 방식이 이어진다. 2008년의 세계 금융위기가 이런 파생 상품의 부도에서 발생한 것이다.

엔론 사는 이 같은 첨단 금융 기법을 활용하여 에너지를 기초로 하는 파생 상품 거래 등으로 회사 규모를 키워갔지만 2000년대 들어 경기가 둔화되어 에너지 가격이 급락하자 막대한 손실을 입게 되었다. 회사는 막대한 손실을 감추기 위해 회계보고서를 부정으로 작성하게 되었고 결국 2001년 말 655억 달러라는 어마어마한 기록을 세우고 파산한 것이다. 이에 따라 엔론 사의 감사를 맡았던 아더앤더슨이라는 세계적인 회계 법인도 같이 파산해버렸다.

이처럼 어처구니없는 회계 부정은 개인으로 보면 거짓 행위, 즉 사기인데 이런 사기는 옛날부터 현재까지 끊임없이 이어지고 있다. 18세기에 영국에서 동인도회사가 사업이 잘되자 상당수의 동인도회사가 설립되었다. 이 중에서 남해회사라는 주식회사가 투기적인 사업을 하다가 큰 손실을 입고 영국 사회를 뒤흔들었다. 이 사건으로 영국은 100년이 지나도록 주식회사 설립 자체를 못하도록 막은 일이 있다. 주식회사란 회사가 많은 사람들로부터 자금을 투자받아 회사의 소유권을 나타내는 주식을 주는 회사를 말하는데 회사 주인들이 많아 직접 회사 경영에 참여할 수 없으므로 경영자가 회계 부정 등을 저지를 위험이 높은 회사다.

우리나라도 1999년 당시 몇 손가락 안에 들어갈 정도로 큰 대우그룹이 사업 실패를 22조 원이라는 엄청난 회계 부정으로 버티다 그룹 자체가 날아간 일도 있다. 지금은 현대자동차그룹에 속한 기아자동차 역시 현대자동차그룹에 인수되기 전인 1997년의 IMF사태 때 3조 원의 회계 부정이 적발되어 결국 회사가 팔리게 되었다.

현 시점에도 우리 주변에 이 같은 회계 부정이나 사기 사건이 끊이지 않고 일어나고 있으니 믿고 사는 세상을 부르짖은 공자의 마음을 조금은 헤아릴 수 있겠다. 공자는 노인들은 편안히 모시고, 벗에게는 믿음을 지키며, 어린 사람들은 사랑으로 잘 품어가는 그런 사람으로 가득한 세상을 만들기 위해 노력하였다. 조금이라도 믿음이 커가는 세상 만들기에 자신부터 힘을 쏟아야 할 것 같다.

의사소통은 사람의 생명이다

믿음은 기본적으로 사람이 하는 말에서 비롯된다. 사람이 한 말을 지키지 않거나 사실과 다른 말을 할 때 믿음이 깨지기 때문이다. 믿을 수 있는 말을 하거나 말과 일치하는 행동을 하는 것은 여러 사람과 더불어 살아가는 관계망에서 기본적인 덕목이며, 이런 의미에서 믿음을 불러오는 소통에 대해 관심을 기울일 필요가 있겠다. 사실과 같은 말을 하지만 상대방의 의사를 잘못 알고 말을 할 경우 본인이 생각했던 것과 전혀 다른 결과를 가져올 수 있다. 어느 노부부의 이야기를 보자.

결혼 50주년을 맞은 아침에 할아버지가 아침 식사를 준비하였다. 아침 식사라야 늘 하던 대로 토스트를 굽고 베이컨과 우유, 커피를 준비하였다. 아침 식단을 받은 할머니가 울먹이면서 결혼 50주년이 되는 오늘 같은 날에도 이런 빵껍데기를 자기에게 주느냐고 남편에게 항의와 원망 섞인 말을 하였다. 할아버지가 깜짝 놀라면서 "왜 그 말을 이제야 하느냐, 나는 어려서부터 어머니가 구워주신 빵껍데기가 가장 바삭하고 맛있기 때문에 늘 그것을 먹고 싶었지만 가장 맛있는 부분을 당신한테 주려고 지금껏 먹지 못했는데"라고 대답하였다는 이야기가 있다. 결혼해서 50주년을 맞을 때까지 살면서도 가장 단순한 어떤 것도 서로 소통하지 못하는 현대인의 모습을 보여주는 예화다. 말을 해야 소통이 된다. 믿음과 소통이 되도록 믿을 수 있는 말을 자주 하도록 하자.

사람은 다른 사람과 소통하면서 살도록 되어 있다. 소통과 관련해서 영화 〈캐스트 어웨이〉가 생각이 난다. 미국의 특급 우편물 배달회사 페덱스에 다니던 주인공 톰 행크스가 비행기 사고로 죽음을 간신히 모면하고 무인도에서 생활하다가 상당한 햇수가 흐른 다음에야 구출되는 현대판 로빈슨 크루소 이야기다. 이 영화 중 무인도에 자기 혼자밖에 없어 말할 상대가 없자 배구공에 사람 얼굴을 그려놓고 주인공이 배구공에게 마치 사람에게 하듯 여러 가지 일과 생각을 말하는 장면이 나온다. 이 장면을 보면서 사람은 자기 이외의 누군가와 생각을 나누고 감정을 나누면서 소통하며 살도록 되어 있다는 평범한 이치를 다시 한 번 깨달은 기억이 난다.

의사소통은 조직의 혈관이다

개인의 삶에서 의사소통을 하며 살아가는 것이 숨을 쉬며 사는 것과 비교될 만큼 조직에서도 의사소통이 잘 되느냐 안 되느냐 하는 것 역시 조직이 숨을 쉬고 살아남느냐 그렇지 않으냐 하는 것만큼 중요하다. 매니지먼트 상층부에서 일방적인 지시만 내리고 현장의 목소리가 위로 전달되지 않는 조직이라면 건강한 조직일 수 없고 결국에는 쇠퇴해서 사라질 운명을 맞게 될 것이다.

우리나라 사람들은 상사에 대해 무언가 좋지 못한 일을 말할 때 직접적으로 말하는 것이 아니라 상사의 기분을 거스르지 않도록 최대한 조심하면서 완곡하게 말하는 문화가 있다. 말콤 글래드웰이 쓴 《아웃라이어》에 보면 1997년 KAL기가 괌에서 추락한 원인의 하나로 부기장이 무언가 잘못되었다는 것을 깨달았지만 이를 직접적으로 표현하지 못한 사실을 들고 있다. 의사소통이 원활하지 못하여 엄청난 재앙을 가져온 사례다.

CEO는 조직의 의사소통이 원활하게 이루어질 수 있도록 관심을 갖고 제도적으로 뒷받침하도록 해야 한다. GE의 잭 웰치 전 회장은 직원에 대한 연수를 실시할 때 직원들이 직속상관에 대해 겪는 고충, 그리고 자신이 도울 수 있는 일, GE에서 일하는 게 좋은 점 3가지, 고치고 싶은 점, 자신이 회사를 위해 공헌할 수 있는 내용과 방안 등을 정리해서 제출하도록 하였다. 이처럼 적극적으로 직원들이 무엇을 생각하는지를 정기적으로 윗선이 알도록 하는 것이 중요하다. 자유롭게 의견을 말하게 하는 방법도 있지만 GE처럼 의견을 내야 하는 범위를 주는 것이 좋다.

조직의 의사소통에서 현장의 목소리가 경영층으로 전달되는 것과 못지않게 조직 간의 의사소통이 중요하다. 조직의 규모가 커지고 각 부서별 업무 성과를 평가하게 되면, 자신이 속한 부서와 다른 부서 간에 업무상 마찰이 일어나고 협조가 잘 안 되는 수가 많다. 보통 이런 현상을 관료주의의 병폐라고 한다.

관료주의는 원래 전문성을 갖춘 직원들이 일을 효율적으로 하기 위해 만든 조직 형태이지만, 요즈음은 자기 부서의 업무에만 중점을 두고 업무 절차에 있어 정해진 규칙을 엄격히 지킨다는 명분 아래 고객이나 다른 부서와의 소통이 잘 안 되는 현상이 벌어지고 있다. 지금은 많이 좋아졌지만 예전에 정부 부처를 방문했을 때 느꼈던 딱딱함과 고압적인 공무원의 자세를 생각하면 관료주의의 문제가 무엇인지 알 수 있었다.

GE의 잭 웰치는 회장으로 취임한 후 '벽 없는 조직'을 만드는 것이 1990년대 회사가 월등하게 발전하는 원동력이라는 굳건한 신념을 갖고 이를 비전으로 만들어 회사의 모든 구성원이 받아들이고 조직 문화를 바꾸는 일을 하였다. 그는 직원들이 연수원에서는 생기 있게 서로 의견도 얘기하고 비전을 이해하지만, 막상 현장으로 돌아가면 과거와 똑같이 생기 없는 방식으로 일을 하게 된 것을 발견하고 회사의 업무 환경 자체를 연수원처럼 활기 있게 바꾸도록 하였다. 그것이 저 유명한 '워크아웃work-out' 프로그램이다.

워크아웃 프로그램은 내부 직원과 관계없는 대학교수를 회의를 주관하는 책임자로 영입한 후 40명에서 100명으로 이루어진 그룹별로 2일에서 3일간 의견을 자유롭게 교환하도록 하였다. 먼저 매니저가 나와 광범위한 의제와 도전 과제를 제시하고 떠나면 직원들은 상사가 없는 상태에서 자신들이 느끼는 문제점의 목록을 만들고 해결 방법을 토론하여 새로운 제안을 준비한다.

  이 프로그램이 워크아웃인 것은 필요 없는 일을 없앤다는 뜻을 갖고 있기 때문이다. 나중에 상사가 합류하면 그는 직원이 제안한 내용 중 최소 75퍼센트 이상에 대해 '예'와 '아니오'라는 의사결정을 내리고 즉시 결정을 못 내리는 문제는 서로 합의하여 결정 기한을 두고 그 제안을 결코 무시할 수 없도록 하였다. 워크아웃 프로그램은 벽을 없애는 데 매우 중요한 일을 하고 회사가 발전하는 수많은 아이디어를 제안해내어 GE가 획기적 발전을 하는 데 공헌을 한다.

  잭 웰치는 워크아웃 이외에도 엔지니어링, 생산, 마케팅 등 기능들간의 자유로운 의사소통이 되도록 제도를 만들고 직원들의 생각을 바꾸도록 하고 개인적인 성취보다는 팀의 성과를 더 중요시 하도록 하여 벽 없는 조직을 만드는 데 성공한다.

  조직의 의사소통에 중요한 것으로 대화를 할 때 잘 듣는 자세인 경청이 있다. 일반적으로 사람들은 자기가 하고 싶은 말을 마구 쏟아내면서도 남이 하는 말에는 별로 귀를 기울이지 않는 경향이 많다. 자기의 말을 많이 하기보다는 남의 말을 귀담아 들으면서 자기가 알지 못한 지혜도 얻고 생각도 정리하는 습관을 기르는 것이 대화를 잘할 수 있도록 하는 밑바탕인 것을 잊지 말아야 한다.

  어느 칼럼에 보니 제대로 듣지 못하는 자는 제대로 말할 수가 없다고 했다. 자신이 준비한 말만 머릿속에 가득 찬 연사는 청중의 요구를 센스 있게 파악해 스피치의 물꼬를 바꿔갈 수 없기 때문이라는 것이다.

  또한 조직에서 여러 사람이 함께 생각을 나누는 회의를 잘 이끄는 것이 중요하다. 회의를 주관하는 사람은 토론이 회의의 주제에서 많이 벗어나지 않도록 하며, 회의의 주제가 너무 많지 않도록 조정하고 한 사람이 너무 같은 말을 길고 오래하지 않도록 적당히 절제시킬 수 있는 능력을 갖추어야 한다. 회의 시간 또한 너무 오래하지 않도록 하여 신선한 마음으로 주제에 대한 정리와 결론을 인식하도록 하는 것이 중요하다.

조직은 인터넷 홈페이지에 있는 게시판이나, Q&A, 또는 이메일 등 다양한 방식을 이용하여 회사의 방침이나 새로운 소식, 경영층의 비전이나 목표, 현장에서 생각한 개선 방안 등을 쌍방향으로 잘 소통되도록 해야 한다. 또한 이러한 의사소통이 제대로 전달되었는지 그리고 어떤 행동이나 결과가 필요한 경우 어떤 방식으로 처리하였는지에 대한 결과를 답변해주는 피드백이 중요하다.

신뢰가 리더의 생명이다

조직의 최고경영자나 임원들이 힘들어 하는 일 중 하나가 부하 직원들이 윗사람의 말을 곧이곧대로 듣지 않고 자기 나름의 생각대로 판단하는 일이다. 삼성은 1993년 '마누라와 자식 빼고 다 바꾸자'는 슬로건 아래 신경영을 선언하고 이를 추진하기로 하였다. 그러나 이건희 회장이 이후 현장의 진행상태를 살펴보니 제대로 되지 않은 것을 발견한 후 주요 계열사 사장 앞에서 탁자를 치면서 회장이 말한 것도 잘 안 되는 현상을 질타한 일이 있었다. 우리나라의 최고 기업인 삼성에서조차 상층부의 뜻이 조직원들에게 제대로 전달이 안 되는 현실을 보여주는 예다.

조직원의 마음을 움직여서 신뢰를 쌓는 것은 매우 어려운 일이다. 조직원들이 조직의 리더를 믿지 못하는 사태는 우리나라만이 아니라 세계 모든 나라의 조직에서 일반적으로 보이는 행태다. 일반적으로 정치가들을 가장 못

믿어 하는 그룹으로 여기는 것 역시 우리나라나 미국이나 거의 차이가 없을 만큼 신뢰가 떨어진 사회에서 우리가 살고 있다.

조직의 신뢰 쌓기가 이렇게 어렵지만 중국 역사에서 신뢰를 쌓은 재미있는 사례가 있다. 전국시대의 진나라에 상앙이란 사람이 왕으로부터 나라를 개혁시키는 프로젝트를 맡는다. 나라의 질서를 다시 세우는 개혁 작업의 최대 문제점은 백성들이 나라의 말을 믿지 못하는 것이었다.

　상앙은 이 문제의 해결을 위해 나무 목패를 도성 한가운데에 있는 남문에 걸어둔 후 이 나무 목패를 북문으로 옮기면 금 열 냥을 준다고 공표했다. 이는 누구라도 할 수 있는 너무 쉬운 일이라 백성들은 전혀 이 말을 믿지 않고 아무도 나무토막을 옮기려 하지 않았다. 이에 상금을 금 50냥으로 올렸다. 그러는 중 한 명이 밑져야 본전이라는 생각으로 나무토막을 옮겼더니 공표한 대로 금을 상금으로 주는 사건이 일어났다. 백성들이 깜짝 놀라 이 사건 이후로는 국가에서 말한 내용을 잘 지키려는 믿음이 생겼다는 옛이야기다. 이 이야기에서 리더는 말을 하면 반드시 이를 지켜야 조직원들이 신뢰감을 갖는다는 것을 알게 된다.

말이 갖는 무게와 말을 믿지 않을 때 생명까지도 잃을 수 있다는 사실을 손자병법으로 유명한 손무가 들려준다. 손무가 오나라 왕 합려를 만나는 자리에서 합려가 손무에게 궁중 미녀들을 군대로 만들어 지휘하는 것을 보이라고 했다. 이에 손무가 궁녀들을 두 편으로 나눈 후 앞쪽, 왼쪽, 오른쪽, 뒤쪽으로 방향을 바꾸는 간단한 명령을 설명하고 명령을 내렸지만 궁녀들이 농담으로 생각하고 말을 듣지 않았다. 이에 손무가 두 편의 대장 궁녀 두 명을 죽인다. 오나라 왕 합려가 깜짝 놀라 죽이지 말라고 말렸지만 임금의 명을 받은 장수는 전쟁터에서는 임금의 명령이라도 듣지 않을 수 있다면서 사형을 집행해버린 것이다. 이후 궁녀들이 손무의 명령을 엄격히 받든 것은 말할 필요가 없다. 말에 신뢰가 쌓인 것이다.

조직의 리더는 진심으로 직원들에 대한 관심과 배려를 보이면서 자신의 언어와 행동에 책임을 져야만 신뢰를 쌓을 수 있음을 멜 깁슨이 주인공으로 나오는 영화 〈위 워 솔저스〉에서 볼 수 있다. 멜 깁슨이 베트남 전쟁에 공수부대로 출전하기 전 병사들 앞에서 한 연설 내용이다. 병사들에게 주위를 돌아보게 하며 잘못하면 목숨을 잃게 되는 전쟁터에서 믿을 수 있는 사람은 전우밖에 없으니 서로를 지키고 믿어야 살아남을 수 있음을 강조한다. 병사들 중 중국인이나 흑인, 인디언, 유대인 등이 있더라도 모두 미국인으로서 피부색이나 다른 어떤 것에 의해서도 차별해서는 안 된다는 것을 강조하여 그 당시 미국에서 심했던 인종차별을 하지 않아야 한다고 말한다.

또한 병사들에게 가정을 지키기 위해 전쟁에 투입된다는 것을 상기시켜 자신의 사명이 무엇인지 깨닫게 하며 모두가 살아 돌아오지는 못한다는 사실에서 전쟁에 임하는 마음을 다잡기도 한다. 그러나 신과 여러 사람 앞에서 맹세하지만 지휘관인 자신은 전쟁터에 가장 앞서서 나아갈 것이며, 물러날 때는 가장 뒤에 올 것이므로 자기 뒤에 아무도 있게 하지 않겠다고 약속하여 병사들의 마음을 얻는다. 모두 함께 집으로 돌아오도록 최선을 다할 것임을 다짐하는 믿음직스러운 모습에서 리더에 대한 충성심이 굳게 자리 잡는 것을 볼 수 있다. 말뿐만 아니라 행동으로 솔선수범하는 진정한 리더일 때 믿음이 마음속에 심어질 수 있음을 보여준 감동 깊은 장면이다.

《논어》〈옹야편〉에 보면 "맹지반이 자랑하지 않으며 퇴각할 때는 가장 위험한 후미를 맡았다. 그러나 성문에 들어올 때는 말에 채찍질을 하면서 자신이 감히 후미를 맡으려 하지 않았는데 말이 나가지 않아 뒤쳐졌다"[33]고 겸손해 하는 장면이 있는데 바로 멜 깁슨의 태도와 비슷한 모습이다.

조직 외부와도 원활하게 소통해야 한다

조직 내부뿐 아니라 조직 밖의 고객이나 사회와의 소통에도 노력해야 한다. 회사 제품이나 서비스에 대해 홍보를 하거나 투자자에게 회사의 발전 계획 등을 설명하는 활동이 외부와의 소통에서 중요하다. 특히 사회 일반이 자기 기업을 어떻게 생각하고 어떤 이미지를 갖느냐 하는 것은 앞으로 기업이 여러 사업을 해나가는 데 직간접으로 많은 영향을 미치기 때문에 기업 자체의 홍보 역시 소통의 관점에서 중요하다.

기업이나 제품을 홍보하는 방식의 하나로 블로그나 트위터 등의 소셜네트워크 서비스를 이용한 추천이나 입소문이 효과적이다. 특히 패션이나 생활용품 등에서 입소문 마케팅은 영향력이 높은 것으로 나타난다. 이런 입소문을 홍보 활동에 잘 이용하는 예로 P&G의 트레머라는 입소문 전담 조직이 있다.

트레머는 청소년을 대상으로 영향력이 높다고 인정한 청소년을 회원으로 선발하여 입소문 마케팅 캠페인에 참여시켜 새로운 제품의 샘플을 미리 받아 사용해 보고 이에 대해 친구들에게 이야기하는 식의 활동을 한다. 트레머를 이용한 입소문 마케팅 기법은 꽤 재미있는 아이디어이며 나름대로의 효과를 올리는 것으로 나타났다.

우리나라에서도 파워블로거들이 전문지식을 이용하여 신제품에 대한 평가나 의견을 자신의 블로그에 실어 관심 있는 사람들에게 많은 영향을 미치고 있다. 이들 중에는 해당 회사로부터 후원을 받아 과장된 내용이 있을 수 있으므로 후원금을 받는 경우는 이를 밝히도록 하는 등 객관성을 확보하는 노력을 하고 있다.

조직 밖과의 소통은 예전부터 지금까지 광고가 가장 중요한 몫을 담당해오고 있다. 요즈음은 다양한 광고매체를 이용하여 단순히 제품이나 서비스를 알리는 것에서 벗어나 한 편의 짧은 영화를 보거나, 어떤 게임에 들어가는 것 같은 방식으로 소비자의 호기심을 일으키는 훌륭한 광고들을 볼 수 있다.

  외부와의 소통은 기업에서 소비자나 일반 대중을 향한 정보의 흐름뿐 아니라 소비자나 일반대중이 기업이나 제품에 대한 요구사항이나 의견, 불만사항을 전달할 수 있는 채널이 필요하다. 인터넷이나 스마트폰이 잘 보급되어 있는 환경에서 홈페이지에 고객의 소리나 Q&A와 같은 소통의 장을 마련하거나 스마트폰 앱에서 바로 고객이나 일반 대중이 자신의 의사를 전달할 수 있도록 시스템을 만들 경우 외부와의 쌍방향으로 의사소통이 크게 넓혀질 것이다. 이러한 의사소통은 기업 입장에서 고객이 무엇을 원하고 있는지를 파악할 수 있게 하며 제품이나 서비스의 문제점이 무엇이고 어떻게 개선해 갈지에 대한 귀중한 정보를 제공하는 것이다.

  소비자나 일반 대중을 위한 소통과는 다른 방향이지만 자기 조직의 정보시스템에 다른 기업이 접속하여 공동으로 매니지먼트 활동을 하는 네트워크 방식이 효과적일 수 있다. 월마트는 자기 회사의 판매 데이터베이스에 P&G가 접속할 수 있도록 하였다. 이에 따라 매장의 P&G 제품 수량이 일정량 이하로 내려가면 월마트가 제품 주문을 하지 않아도 P&G가 자체적으로 납품하고 관리하도록 하는 방식을 사용하여 월마트의 구매 업무량을 줄이고 효율적인 제품을 관리하며 월마트는 자신의 강점인 판매에 힘을 쏟을 수 있게 하였다. 공급업체와의 신뢰와 소통을 높이는 네트워크를 만든 것이다.

신뢰와 소통의 경영은 이렇게 한다

매니지먼트에서 신뢰와 소통을 바탕으로 성공한 경우가 많다. 매니지먼트 활동에서 신뢰와 소통이 없다면 기업이나 조직의 목적을 달성할 수 없기 때문에 특별히 신뢰가 있다거나 소통이 잘되는 기업을 예로 든다는 것이 큰 의미가 없을 수도 있다. 그러나 다른 조직에 비해 무언가 특별한 방식으로 신뢰와 소통 매니지먼트에 성공한 이야기에서 지혜를 얻을 수 있다.

집단토론 방식
토요타 자동차가 집단토론 방식으로 프리우스 차종을 개발한 사례인데 현대경제연구원의 정민 연구원이 일간지에 쓴 내용을 인용한다.

'G21.' 1990년대 초 토요타가 시작한 비밀 프로젝트의 이름이다. G21은 21세기를 대비한 신개념 자동차 개발을 목표로 했다. 단기 목표는 기존 차량에 비해 연비를 두 배 이상 높인 차량을 만드는 것이었다. 그런데 토요타는 G21의 기술 책임자로 자동차 개발·디자인 경험이 전혀 없는 우치야마다 다케시를 앉혔다. 소음·진동 분야에서만 일했던 그를 선택한 도요타 경영진의 생각은 남달랐다. 신개념 차량 개발에는 기존 개발 시스템에 익숙하지 않은 '신개념 인물' 이 더 적합하다는 판단을 한 것이다. 우치야마다의 기용은 성공적이었다. 그는 공동으로 사용하는 큰 방이란 뜻의 '오베야(大部屋)' 시스템을 만들었다. G21에 참여하는 모든 기술자는 한 공간에 모여 실시간 토론으로 일을 진행했다. 우치야마다는 나이와 직급에 상관없이 자유롭게 토론하도록 분위기를 만들었다. 기술 평가에는 모두가 참여해 빠짐없이 의견을 내도록 했다. 오베야는 효과를 냈다. 즉석 토론으로 의사결정이 가능해지자 프로젝트는 더 효율적으로 진행됐다. 점토 모형 제작에서 제품 생산 개시까지 걸린 시간은 약 15개월이었다. 당시 미국 자동차 업체의 신차 개발 기간이 5~6년인 점을 감안하면 놀라운 수준이다. 토요타가 하이브리드 자동차를 경쟁업체보다 2년 빨리 출시할 수 있었던 비결이 바로 익숙한 기존 절차를 과감하게 혁신한 '오베야'에 있었던 셈이다.

투자도 과감했다. 토요타는 이 프로젝트에 10억 달러(약 1조 원)에 이르는 자금을 투자했다. 투자 금액이 너무 많아 손해가 클 것이란 얘기도 나왔다. 그러나 토요타는 단기 수익이 아닌 미래 성장을 보고 자금을 아끼지 않았다. 이렇게 해서 만들어진 차가 바로 친환경차의 '퍼스트 펭귄'으로 불리는 프리우스(Prius)다. 프리우스는 97년 출시 이후 15년 만에 300만 대가 팔리며 토요타의 상징이 됐다. 토요타가 2010년 대규모 리콜 사태를 겪었지만 2년 만에 세계 1위를 탈환할 수 있었던 것은 G21 같은 미래 프로젝트와 오베야 같은 혁신의 전통이 있기 때문이다. 세계적 불황에도 토요타는 2013년 회계연도(2013년 4월~2014년 3월)에 순이익 18조원으로 역대 최고액을 기록했다. 역사가 오래돼 정체하기 쉬운 장수 기업도 도전과 혁신 정신만 살아있으면 창업 기업 못지않게 새로운 시장을 만들 수 있다는 것을 토요타는 보여주고 있다. 퍼스트 펭귄은 한순간의 반짝 아이디어가 아니라 끊임없는 혁신 속에서 생긴다. (〈중앙일보〉 2014. 06. 30.)

아웃소싱

예전에는 특정 제품이나 서비스를 제공하기 위해 필요한 모든 일을 한 조직이나 기업이 전부 맡아서 했지만, 지금은 핵심적인 일만 자기 회사가 맡고 나머지는 다른 업체로부터 부품을 구입하던지 아니면 특정 업무를 통째로 다른 회사에 맡기는 아웃소싱 방식을 많이 쓰고 있다. 미국의 IBM은 은행이나 큰 제조 회사에 필요한 정보 시스템 전체를 통째로 맡아 서비스를 제공하는 영업으로 유명하다. 예를 들어 스위스의 전력 및 자동제어기술 업체인 ABB사의 IT 서비스를 10년간 통째로 맡아 하는 식이다. 이럴 경우 ABB사는 IT에 필요한 대형 컴퓨터와 같은 장비나 네트워크 기술 및 많은 직원이 없어도 되기 때문에 많은 비용을 줄이면서도 더 질 높은 서비스를 받을 수 있는 장점이 있다.

한 기업이나 조직이 핵심 역량만 자기 회사가 맡고 이외의 기능, 예를 들어 회계, IT 서비스, 인력, 신제품 개발, 디자인, 영업 등을 다른 회사에 맡기는 아웃소싱은 세계의 많은 기업이 규모가 커질수록 점점 더 많이 채택하고 있다. 나이키가 제품의 콘셉트를 잡는 일과 디자인, 광고 같은 핵심 업무만 맡고 제품의 생산은 전부 동남아 국가 하청 업체들이 생산하도록 하여 성공하고 있는 것이 전형적인 아웃소싱의 모델이다. 일본 토요타의 경우 협력 업체와 함께 경영을 잘하는 것으로 유명하다. 토요타 자동차가 있는 토요타 시 주변에 수많은 협력 업체들이 모여서 토요타와 부품 개발에 대해 공동으로 품질을 높이기 위해 노력하고 있다. 또한 부품 공급을 제때에 하도록 하여 토요타 자동차가 부품을 거의 보유하지 않음으로써 재고 비용을 절감하는 JIT와 린 생산방식에 성공하여 세계적인 경쟁력을 갖추는 데 협력 업체와의 화합이 일조를 담당한 것이다.

아웃소싱을 성공적으로 하기 위해서는 협력 업체와의 신뢰 관계가 잘 구축되어야 한다. 협력 업체가 납품하는 부품이나 서비스가 높은 품질을 유지하도록 기술, 디자인 등에서 서로 의견을 나누고 기술 지도를 하는 방식으로 한 몸처럼 힘을 합하는 윈윈의 자세가 중요하다.

다국적 화학기업인 바스프BSFF는 자기 회사의 페인트를 공급받고 있는 상대방 회사의 업무 프로세스를 면밀하게 분석하여 연구개발, 구매, 조립, 마케팅, 서비스 부문까지 협력 사업을 확장하였다. 바스프는 단순히 페인트를 제공하던 것에서 벗어나 상대 회사의 연구개발에서 페인트 관련 기술을 개발하는 데 같이 참여하게 되었다. 조립에서는 코팅 작업을 통합하도록 하여 병목 공정을 없앨 수 있게 되었으며, 마케팅에서는 고객이 페인트를 선택하도록 도와줌으로써 고객의 충성도를 높였다. 서비스에서는 긁힌 자국을 제거하는 페인트를 공급함으로써 고객 회사가 추가 수익을 높이도록 하는 등 원원 전략을 쓴 것이다. 이처럼 협력 업체와 같이 일을 잘 하기 위해서는 협력 업체를 장기적인 전략 파트너로 삼고 경영 지식과 전문 기술을 공유하며 협력 업체의 문제점을 같이 해결하는 자세가 중요하다.

아웃소싱으로 크게 성공한 세븐일레븐의 이야기를 살펴보자. 1990년대 들어 세븐일레븐은 중대한 위기에 봉착했다. 석유 회사들이 주유소에 소형 마트를 설치하면서 경쟁이 심화되고 수익성이 떨어지기 시작했다. 세븐일레븐은 더 많은 고객을 끌어들이기 위해 제품과 서비스의 범위를 넓히고 식품류의 신선도를 높이는 데 주력했지만 근본적인 해결책은 못 되었다. 당시 부사장이던 짐 키이스는 일본 지점들이 공급업자들과 밀접한 파트너십 관계를 유지함으로써 경쟁력이 있는 것에 주목하고 일본 모델을 수용한다.

  핵심 역량이 아닌 모든 것을 아웃소싱하기로 한 것이다. 제품 유통과 광고, 물품 조달 등 다양한 분야에서 자사와 외부업체의 능력을 비교 분석하여 외부 업체가 더 효율적이면 그 기업은 아웃소싱 후보가 되었다. 업체 선정에서는 비용 절감과 품질에 중점을 두었다. 또한, 전략적으로 판매하는 제품에서는 단순한 아웃소싱에서 벗어나 긴밀한 협조 체제를 구축하였다. 예를 들어 맥주를 다른 상품과 묶어서 판매했을 때 더 성공적이라는 사실을 밝혀내고 '버드와이저' 맥주로 유명한 안호이저 부시와 제휴를 맺어 서로 정보를 교환하도록 했다. 아웃소싱 결과 직원 수는 1991년 4만 3천 명에서 2003년 3만 1천 명으로 29퍼센트 줄이고 점포 매상은 플러스 성장을 기록하며, 점포 성장률도 업계 평균의 거의 두 배 정도로 성장하게 되었다.

네트워크 활용 매니지먼트

최근에는 정보기술, 특히 인터넷의 발달에 따라 여러 기업들이 다양한 형태로 네트워크를 형성해서 사업을 하는 방식으로 발전하고 있다. 특히 인터넷을 위주로 '참여', '개방', '공유'의 특성을 갖는 네트워크 활용 매니지먼트가 활발하게 발전하고 있다.

도쿄 인근의 산업클러스트에 입주해 있는 토세히 전기는 수년 전 반도체 생산에 필요한 장비와 레이저의 핵심 기술을 개발했지만 이를 생산하기 위한 장비와 주변 기술이 부족했다. 이 문제를 해결해준 것이 네트워크였다. 산업클러스트 본부를 통해 사양길을 걷던 용접, 금형, 기계 조립 등 100여 개 중소기업을 소개받아 이들과 공동 투자로 장비를 마련하고 기술을 교환했다. 수평적 협업 과정을 통해 개발한 반도체용 레이저 용접, 금형 기술은 세계 각국의 3천여 개 기업에 공급되고 있을 정도로 히트를 했다.

이처럼 네트워크 방식을 이용하면 새로운 시너지를 창출하고 지금껏 생각 못했던 비즈니스 모델을 만들 수 있는 것이다.

한 기업이 자신이 갖고 있는 핵심 역량에 집중하고 나머지는 외부의 전문 기능을 갖춘 회사들과 협력하여 특정 프로젝트를 마치 하나의 회사가 하는 방식 역시 많은 중소기업이나 벤처기업이 잘 활용할 수 있는 좋은 비즈니스 모델이다. 소규모 기업의 경우 대기업처럼 많은 사람이나 공장 등을 소유하지 못하는 수가 많다. 그러나 이 모델을 쓰면 외부의 다른 기업들로부터 협력을 받아 자신이 갖고 있는 기술이나 아이디어를 비즈니스로 만들 수 있기 때문이다. 물론 이 모델이 성공하기 위해서는 적절한 파트너를 설정할 수 있는 체계가 있어야 할 것이다. 산업클러스트 본부처럼 협력업체에 대한 정확한 정보를 보유하여 각 기업들을 연결시키는 그런 기능을 갖춘 기업이나 조직이 있어야 한다.

네트워크 활용 매니지먼트 방식은 '위키피디아'의 성공에 힘입어 급속히 발전하고 있다. 위키피디아는 하와이 말로 빠르다는 의미인 '위키'와 백과사전인 '엔사이클로페디아'의 합성어로 네티즌들이 자유롭게 참여하여 만든 인터넷상의 백과사전이다. 위키피디아의 성공에 힘입어 네티즌들이 자유롭게 참여하는 방식의 비즈니스 모델이 크게 발전하게 된 것이다.

감성으로 경영한다

고객과의 소통에 있어 감성을 매니지먼트에 접목하는 일이 점점 더 중요해지고 있다. 예술 특히 영화, 연극, 뮤지컬처럼 관객이 보고 듣는 예술 작품을 통해 사람의 마음에 불을 지펴 감동을 끌어내는 것이 중요하다.

매니지먼트에 있어서도 사람의 마음을 움직여 감동을 일으키도록 하는 상품이나 서비스가 최고의 인기를 끌고 있다. 요즈음의 소비자들은 어떤 제품이나 서비스가 꼭 필요해서라기보다는 좋아하기 때문에 구매한다는 특성을 보이고 있다. 똑같은 제품이라도 고객의 감성에 호소하는 스토리를 결합하면 훨씬 더 잘 팔리는 시대이다. 이 같은 현상은 우리가 필수품처럼 사용하는 휴대폰이 기능뿐 아니라 디자인, 색깔, 감촉 등 고객의 마음에 어떤 기쁨이나 즐거움을 주기 위해 다양한 제품을 만들어 각자의 취향에 맞는 것을 선택하도록 하는 것에서 알 수 있다.

감성 매니지먼트가 중요하게 된 것은 현 시대의 문화가 바뀌었기 때문이다. 20세기는 산업사회로서 노동자의 성실성과 근면성이 성공의 주요한 동인이었지만, 21세기는 지식사회가 되어 창의성, 재미, 행복 같은 것이 성공의 요인이 된 것이다. 가치가 변동되었는데도 이를 알지 못한 사회주의는 인간이 본성적으로 가장 많은 재미를 느끼는 예술이나 감동을 주는 상품을 무시하고 기능 위주의 상품만을 고집하였기 때문에 몰락했다. 그러나 자본주의는 인간 감성에 호소하는 명품들을 개발하여 시장 제도에 의해 발전하고 있다.

감성 및 재미와 관련하여 작은 레코드 가게에서 시작하여 '버진 그룹'을 이룬 리처드 브랜슨이 쓴 《내가 상상하면 현실이 된다》라는 책에서 '일과 인생에 즐겁게 미쳐라' 라는 주제가 흥미를 끈다. 그는 일을 할 때 무엇보다도 즐기려고 노력하며, 일과 재미가 조화를 이루어야 즐길 수 있다고 한다. 재미는 원기를 회복시켜주어 육체적으로 정신적으로 활기와 생기를 불어넣어준다는 것이다. 삶이란 웃고, 서로 사랑하고, 감사하는 방법을 터득하는 것이라는 말도 함께한다.

그가 버진 항공사를 설립하는 과정 역시 매우 독특하다. 그는 뉴욕에서 여자 친구와 행복하게 지냈지만 돈이 별로 없었다. 그는 파티에서 만난 사람으로부터 버진 그룹의 이름이 버진 아일랜드에서 따온 것이냐는 질문을 받았다. 그러나 회사 이름은 버진아일랜드와 상관이 없었고 가본 적도 없는 곳이었다. 그곳이 둘이서 쉴 수 있는 로맨틱한 장소라는 생각이 들었는데 마침 캐리비언에 있는 부동산을 사려고 한다는 것을 입증만 하면 무료로 시찰할 수 있다는 이야기를 듣는다. 그는 버진아일랜드로 날아갔고 왕족 같은 대접을 즐겼다. 그 과정에서 수마일 떨어져 있는 3백만 파운드짜리 작은 섬을 우여곡절 끝에 20만 파운드에 사게 된다.

섬에서 푸에르토리코에 가려고 공항에 갔으나 비행기가 취소되어 사람들이 우왕좌왕하고 있었다. 그가 나서서 2천 달러에 비행기 한 대를 전세 낸 뒤 따져 보니 승객당 39달러였다. 그는 칠판을 빌려 '버진 항공사 푸에르토리코행 편도 비행 39달러'라고 썼다. 앞다투어 표가 다 팔렸다. 그는 이 사건에서 버진 항공사 설립의 아이디어를 얻었다. 책 표지에는 휴가 중에 겪은 일을 통해 큰 사업을 일으킨 장난꾸러기 같은 그의 모습이 눈길을 끈다.

그는 이처럼 괴짜 CEO이지만 미국의 스티브 잡스처럼 영국에서는 창조적 CEO로 유명하다. 브랜슨 회장이 운영하는 버진갤럭틱은 세계 최초의 상용 우주선 '스페이스십 2' 모델을 발표했다. 버진갤럭틱은 초기 요금이 20만 달러 정도이며 물리학자 스티븐 호킹 박사를 비롯해 200여 명이 예약했다고 밝혔는데, 남보다 앞서서 기발한 아이디어를 상품화하는 창업주 리처드 브랜슨다운 모습이 아닐 수 없다.

'샐러리맨의 천국'이라는 일본의 중견 업체 미라이 공업도 감성 경영을 알려준다. 창업주인 야마다 아키오 씨는 '비정규직 금지, 잔업 금지, 보고 등 금지'라는 즐거운 규제를 만들어 놓고도 경상이익이 경쟁 업체의 5배나 되는 우수 기업이다. 본사 현관 왼쪽에 여성 전용 사무실을 20명의 여성이 사용하고 있다. 모두 남녀 공용 사무실을 사용하는 것에 차별화를 위해 거꾸로 했다는 것이다. 외부에서 걸려오는 전화는 무조건 이곳을 통하게 되어 있으며, 30분 간격으로 전화 대기 순번을 정해놓고 차례로 전화를 받게 한다. 남자들이 대부분 고객인데 여성이 전화를 받으면 상당히 우호적이 되며 상품 단가도 여성 전용 사무실에서 스스로 정하도록 한 것이다. 회사 경영은 초절약 짠돌이 노릇을 하여 모은 돈으로 5년마다 전 직원을 외국으로 여행 보낸다. 또한 직원에게 아이디어를 제안하도록 해서 제안의 채택 여부와 상관없이 제안 1건당 무조건 500엔을 준 덕분에 회사 제품의 대부분이 이런 직원의 아이디어에서 나왔다고 한다.

감성 경영에서 유명한 사람의 정신이나 영혼이 담긴 상품을 만들어 그 사람과 자기가 연결되어 있다는 정서적인 연대를 일으키는 '유명인과 접촉하기 Touch of Fame' 브랜드 상품도 독특한 아이디어다. 예를 들어 아인슈타인의 머리빗은 아인슈타인의 아이디어가 머리에서 나왔으니 그가 쓰던 것과 같은 머리빗을 만들어 판다던가, 모차르트 가운이라는 상품은 모차르트가 입었던 가운을 만들어 모차르트의 영혼이 감싸는 기분을 느끼도록 감성을 자극하는 방식이다. 이처럼 점점 더 인간의 감성에 호소하고 역사적으로 유명한 사람과 정서적으로 연결을 해낸다든가, 재미있는 유머나 즐거움을 주는 감성 경영을 잘하는 것이 기업을 잘 발전시키는 데 더욱 중요해질 것으로 보인다.

조직의 정보와 문화를 통일한다

조직 정보의 통일

기업이 중소 규모일 경우는 큰 문제가 없지만 기업 규모가 방대해지면 본부와 지역본부나 지사와의 업무 정보의 소통이 힘들어지는 수가 많다. 삼성처럼 세계 여러 나라에서 영업을 하고 그 규모가 한국 본사 규모의 몇 배인 글로벌 기업의 경우 기업 내의 공식적인 업무 정보에 대한 흐름이 원활하지 않을 수 있다.

1997년 봄에 열리는 최고경영자 회담에서 행할 연설을 준비하면서 그 당시 마이크로소프트의 회장이던 빌 게이츠는 디지털과 인터넷이 기업 활동에 획기적인 변화를 가져오는 것을 느끼고 그 중심 사상을 '디지털 신경망'이라는 주제로 정리하였다. 우리 인간의 두뇌가 신경망을 통해 정보를 처리하는 것처럼 기업 역시 인터넷과 인트라넷을 이용한 디지털 신경망을 통해 사업을 해나갈 수밖에 없다는 생각이다.

이런 생각을 정리해서 펴낸 책이 《빌 게이츠@생각의 속도》다. 이 책에서 빌 게이츠는 그 당시는 스마트폰이라는 개념조차 없었던 1990년대에 인터넷 접속은 물론 텍스트, 숫자, 음성, 사진, 비디오 등 거의 모든 종류의 정보를 담는 휴대용 디지털 기기의 실용화를 예측하고 있다. 빌 게이츠가 바라본 디지털 신경망의 세계는 이전까지의 비즈니스 방식을 벗어나 모든 정보가 디지털 기술에 의해 통합되며 이에 따라 조직의 업무, 사업의 운영, 고객과의 관계 등이 빠른 속도로 변하는 세계다.

비즈니스의 모든 것이 바뀌게 되는 것의 하나로 기업의 모든 문서나 정보가 인터넷이나 인트라넷에서 활용 가능한 양식으로 바뀌는 현상이다. 예전에는 개인의 책상이나 캐비닛에 저장되던 문서나 정보가 조직 구성원이 세계 어느 곳에 있든 관계없이 즉시 접속 가능하게 되는 변화를 예로 든다. 또한 각 부서별로 각자의 목적에 맞게 작성되던 문서를 통일된 양식에 의해 관련 부서가 함께 하나의 문서로 만들어 이용하는 방식을 사용하여 업무 처리의 속도를 높이고 부서간의 복잡한 이해 관련 사항을 해결하는 변화 등을 설명한다. 20여 년 전에 쓴 책이지만 오늘날의 매니지먼트 활동 모습을 제대로 그려내고 있는 점에서 역시 앞서가는 사람은 다르다는 생각을 갖게 한다.

　이 중에서 매우 재미있는 사례가 있는데 마이크로소프트의 국제 비지니스와 관련된 회계 정보의 문제였다. 마이크로소프트의 외국 자회사들은 각 나라별 개별적인 상황에 따라 회사 운영에 대한 자율권을 갖고 있었으며, 이는 고객에도 좋았고 마이크로소프트의 수익성 면에서도 좋았다. 그런데 자회사가 독립성을 갖다 보니 본사로 들어오는 회계보고 역시 제각각 다른 형식을 취한 것이다. 나라마다 사업 협정이 다르고 세법 등이 다르기 때문에 회계보고 역시 각 나라의 특성과 기준에 따라 다르게 된 것이다. 어떤 자회사는 마이크로소프트의 아일랜드 공장에서 만들어진 제품을 자기 회사의 원가로 산정했는가 하면, 다른 자회사는 소비자가격의 일정 비율을 생산원가로 산정하는 식이었다. 그들은 실제 판매액과 이윤도 서로 다른 방식으로 계산했다. 어떤 자회사는 직접 판매액에 대한 수수료를 받았고 다른 자회사는 원가에 가산한 보상을 받는 식으로 달랐기 때문에 대여섯 가지의 서로 다른 회계보고 방식으로 인해 골머리를 앓았다.

이 문제는 모회사와 자회사 사이의 내부 거래에 따른 이윤과 수수료를 고려하지 않는 원가와 통일된 손익계산 방식을 고안하여 해결하였다. 사소한 반대는 무마시키면서 이 새로운 방법을 이메일을 통해 두루 알리고 모두 이 통일된 방식을 따르도록 했다. 이후 자회사의 회계보고를 분석하여 진행 중인 상황을 쉽게 알아볼 수 있고 다른 자회사의 실적과도 같은 기준에 의해 비교할 수 있게 되었다. 이 보고를 온라인상의 데이터에서 바로 할 수 있게 하였는데 이는 특히 환율 변동에 따른 이익 등을 분석하는 데 매우 유용했다. 이 방식은 나중에 판매 자료를 집계할 때도 쉽게 해결하도록 도움을 주었음을 알려준다.

마이크로소프트가 보여주는 것과 같이 동일한 기준에 의해 회계보고나 판매 실적 등을 집계하고 분석할 수 있도록 하는 것은 조직의 중요한 정보를 서로 쉽게 공유하고 비교함으로써 앞으로 더 좋은 방향을 찾는 데 도움을 주는 매우 중요한 소통의 방안이다. 같은 조직 내에서 서로 다른 기준에 의한 보고로 인해 공식적인 채널에서조차 소통이 원활하지 못하다는 것은 매우 불편할 뿐더러 조직이 발전하는 데 큰 걸림돌이 되기 때문이다.

조직 문화의 통일
조직의 소통을 위해서는 회계보고나 판매 실적 정보와 같은 정보 차원의 통일보다 더 중요한 것이 조직 문화의 통일이다. 특히 한 회사가 다른 회사를 흡수하여 하나의 회사로 통합하는 경우 두 회사의 과거 문화가 서로 다르기 때문에 소통은 고사하고 여러 방면에서 마찰이 생기고 업무가 제대로 진행되지 않는 수가 많다. 한 지붕 세 가족처럼 한 조직 내에 서로 다른 관행이나 사고방식 등으로 서로를 믿지 못하고 다툼이 생기는 것이다. 우리나라에서도 이런 대표적인 케이스로 예전에 각각 영업을 하던 국민은행과 주택은행이 통합하여 하나의 국민은행으로 출발했었는데 그 당시 과거 두 은행 직원들 사이에 상당한 갈등이 있었던 적이 있었다.

전혀 다른 문화를 갖는 과거의 조직을 새로운 조직에서 같은 문화로 바꾸는 일은 매우 어려운 일이지만 이를 잘해낸 사례가 국제경영개발대학원에서 펴낸 《전략을 넘어 문화로》라는 책에 소개되어 있다.

스칸디나비아의 금융 서비스 기업인 폴라 은행은 1996년 노르웨이의 소매 은행인 필케스 은행과 공공 금융의 선두 주자인 스웨덴의 란디스 은행 간의 합병으로 성장했다. 또한 필케스 은행은 가장 오래된 자산 관리를 전문으로 하는 덴마크 국제은행의 지배주주였다. 이에 따라 3개의 서로 다른 국가에 위치하며 3개의 서로 다른 금융 서비스를 하는 3개의 서로 다른 은행들이 하나가 된 것이다. 합병 이후 수년 동안 이 3개의 서로 다른 은행들은 상당히 독립적으로 운영되었다.

2005년 폴라 은행의 CEO가 된 카타리나 한센은 3개의 서로 다른 문화를 하나의 문화로 통일시켜 진정한 하나의 회사로 통합하기 위한 일을 시작한다. 하나의 문화 만들기를 위한 세부 사업으로 하나의 전략 개발, 하나의 기업 본부, 하나의 리더십 프로그램 등을 추진한다.

3개의 독자적인 사업 영역을 갖고 있는 은행을 하나의 전략으로 통합하기 위해 한센은 세 은행 모든 직급의 매니저들을 대상으로 전략 워크숍을 개최하여 각 사업 단위의 전략에 관해 토론하게 했다. 그들은 이 활동을 통해 다른 은행의 전략을 이해하고 자신들이 함께 일하면서 무엇을 이룰 수 있는지를 알게 되었다. 전략적 비전을 공유하게 된 것이다.

폴라 은행의 본사는 강력한 기업 본부라기보다는 마치 지주회사처럼 운영되었다. 기업 본부에 전반적인 전략 계획도 없었고 인적자원이나 경영 지원 운영 등의 관리 부서도 없었다. 하나의 기업 본부로 통합하기 위해 인사 부서와 재정 부서, 마케팅 부서 등을 만들어 조직이 하나로 운영되어 시너지 효과가 나도록 하였다. 조직의 메시지 역시 하나로 통합되어 각기 다른 은행 지사로 전달되도록 하였다.

한센은 폴라 은행의 모든 시스템이 문화를 변화시키는 프로그램에 따라야 한다고 생각해서 사내 대학에 고위 간부들의 리더십 역량을 키울 수 있는 리더십 프로그램을 개발했다. 팀별로 이사회 멤버의 후원자를 두었으며 프로그램 6주 후 경영 이사회 현장에서 채택한 아이디어들을 포함해 자신의 아이디어를 발표하였다. 한센과 경영 이사회는 다면 평가와 코칭도 실시하였다. 또한 사내대학에서는 젊고 유능한 매니저들을 세 은행에 6개월씩 순환 근무시키는 프로그램도 실시하였다. 이러한 노력의 결과, 조직 내 칸막이 문화가 무너지고 서로 다른 하위문화에 대한 이해를 높여 통일된 조직 문화를 이룰 수 있게 되었다.

7
경영으로 생명을 살린다

사람을 사람답게 대접한다
자신의 가치와 삶의 의미를 알아내자
경영에 어떻게 인의 씨앗을 싹트게 할 것인가
생명력이 넘치는 경영을 한다
이제는 몰입의 경영이다
사람을 키우고 보살핀다
살리는 경영은 이렇게 한다

수선화에게

울지 마라.
외로우니까 사람이다.
살아간다는 것은 외로움을 견디는 일이다.
공연히 오지 않는 전화를 기다리지 마라.

눈이 오면 눈길을 걸어가고
비가 오면 빗길을 걸어가라.

갈대 숲에서 가슴 검은 도요새도 너를 보고 있다.
가끔은 하느님도 외로워서 눈물을 흘리신다.

새들이 나뭇가지에 앉아 있는 것도 외로움 때문이고
네가 물가에 앉아 있는 것도 외로움 때문이다.

산 그림자도 외로워서 하루에 한번씩 마을로 내려온다.
종소리도 외로워서 울려 퍼진다.

(정호승)

7
경영으로 생명을 살린다

●이 세상을 살면서 자기 자신을 스스로 인정하지 못하거나 상대방이 인정해주지 않을 경우 그 삶은 결코 행복하거나 만족스럽지 못하게 된다. 사람을 사람답게 대접하는 것은 유학사상에 있어 가장 중요한 덕목이라고 할 수 있다.

《논어》에 보면 제자가 인(仁)이 무엇이냐는 질문을 하자 공자가 남을 사랑하는 것이라 대답하고, 지혜로움에 대해 또다시 질문하자 남을 알아주는 것이라고 답하는 장면이 있다. 사람을 아끼고 보살펴 생명을 살리는 것이 인(仁)의 마음이며, 그런 마음이 있을 때 다른 사람을 알아주어 그에게 맞는 일을 맡기거나 그를 더욱 큰 인간으로 성장하도록 돕는 덕을 베푸는 것이다. 사람을 알아보고 이끄는 덕이 매우 크기 때문에 사마천이 쓴 《사기》에도 선비는 자신을 알아주는 사람을 위해 목숨까지 바치고 여자는 자기를 기쁘게 해주는 사람을 위해 얼굴을 꾸민다는 내용이 있다.

공자는 《논어》에서 생명을 살리는 인(仁)에 대해 여러 모습으로 설명하고 있다. 특히 〈안연편〉에서 자신의 이익이나 욕망을 뛰어넘어 다른 사람과 사회에 편안함을 주는 예(禮)로 돌아가는 것이 인이며 하루하루 자신을 이겨 예로 돌아가면 천하가 모두 인으로 돌아가는 아름다운 세상이 된다[34]고 한 말씀은 관계망에서 평화를 이루기 위해 사는 인간의 바른 모습을 잘 표현하고 있다. 이런 마음자리에서 한 〈안연편〉의 다음 말씀은 인이 생명의 길이라는 것을 잘 나타내고 있다.

　　내가 원하는 게 아니면 남에게도 베풀지 말라.[35]

이청준의 소설 《당신들의 천국》을 보면 나병 환자들이 살고 있는 소록도라는 섬에서 병원장이 나병 환자들을 위한답시고 여러 가지 일을 시키는 내용이 있다. 병원장 생각에는 그것이 나병 환자들의 복지를 위한 천국을 만드는 것이라고 하지만 정작 당사자인 나병 환자들은 이를 달갑게 받아들이기보다는 심적, 육체적 고통만을 느낀다. 병원장이 생각하는 천국은 결코 자기들의 천국이 될 수 없고 병원장 당신의 천국일 거라는 원망만 가득 찬다. 남이 원하지 않는 일을 자신이 옳다고 억지로 시키는 것은 결코 생명을 살리는 인의 길이 아니다.

사람을 사람답게 대접한다

생명을 살리는 인을 매니지먼트의 뿌리로 삼으면 사람을 사람답게 대접하는 경영활동을 할 수 있다. 사람을 사람답게 대접하는 인의 모습을 영화 〈포레스트 검프〉에서 살펴보자.

　누가 시키지 않지만 부모님, 특히 어머니는 자연스럽게 자신의 아들을 인정하는 마음을 품고 지식을 사랑하는 위대한 존재다. 이 영화는 태어날 때부터 지능이 낮은 아이인 포레스트 검프를 당당한 한 사람으로 키워낸 검프 어머니의 생명을 살리는 지혜를 보여준다.

검프는 태어났을 때부터 아이큐가 75밖에 안 되는 저능아면서 척추가 굽어 제대로 서거나 뛸 수 없는 신체적 결함을 갖고 있는 아이였다. 그러나 그의 어머니는 검프를 저능아로 키우지 않았다. 정상적인 아이들과 똑같이 키우면서 아이의 자신감을 불어넣는 데 세심한 주의를 기울인다. 검프는 자신이 단지 조금 특별한 아이라는 정도의 마음을 품으면서 세상을 담담히 바라보는 눈을 기른다.

검프는 초등학교에 다닐 때 제니라는 여자아이와 친하게 된다. 제니는 아버지로부터 성학대를 받아 상처가 있었는데 제니를 좋아하는 검프가 그런 제니의 마음을 달래주는 역할을 한다. 어느 날 검프가 자기를 괴롭히는 아이들을 피하느라 달음박질을 한다. 필사적으로 도망을 계속하던 중 기적처럼 다리의 보조 장치 없이도 뛸 수 있게 된다. 이때부터 검프는 달리기를 하여 다른 사람보다 빨리 달리게 되며 이런 달리기 실력 덕분에 미식축구 선수까지 된다.

검프는 군대를 가게 되는데 군대에서 만난 흑인 친구와 제대 후 새우잡이 사업을 같이 할 것을 약속한다. 그러나 베트남 전쟁에서 그 흑인 친구는 죽게 되며, 이때 만난 댄 중위는 두 발을 잃는 불행을 맞는다. 군 제대 후 검프는 친구와의 약속을 지키기 위해 배를 사서 새우잡이를 하게 된다. 폭풍우에도 살아남는 등 검프에게는 행운이 뒤따르고 사업도 매우 번창한다. 이때 두 발을 잃고 실의에 빠져 있던 댄 중위가 검프를 찾아와 일등항해사로 새우잡이에 동참한다.

이후 우여곡절 끝에 제니를 만나 하룻밤을 같이 지내지만 제니는 검프를 떠난다. 계속 그렇게 제니와 만났다 헤어졌다 하다 결국 제니를 다시 만나는데 그녀는 검프의 아들을 낳아 기르고 있었다. 드디어 제니와 결혼식을 올리고 행복한 나날이 이어지지만 제니가 불치의 병으로 세상을 먼저 뜨고 검프는 마치 자신의 어머니가 자기를 보살피듯 아들을 보살피며 살아간다.

검프 인생의 기본 주춧돌을 놓은 위대한 어머니가 죽기 전에 검프에게 하는 말이다. "인생은 초콜릿 상자와도 같다. 열기 전까지는 무얼 집을지 알 수 없는 거야."

정말 멋진 말이다.

자신의 가치와 삶의 의미를 알아내자

〈포레스트 검프〉에서 보는 것처럼 위대한 어머니가 계셔서, 삶에 대한 긍정과 밝은 눈을 갖게 이끄시면 좋으련만 그렇지 못한 경우가 많다. 이럴 때는 자기 스스로 이런 마음을 갖도록 해야 한다. 유학은 무엇보다 자기 마음을 닦는 것을 중요하게 여기기 때문에 자신의 내면적인 성숙과 자신의 가치를 인정하는 참다운 배움을 위기지학(爲己之學)이라고 하고, 군자는 반드시 위기지학에 힘써야 함을 강조한다.

다른 사람을 사람답게 대접하기 위해서는 먼저 자기 자신의 소중함과 그 사명을 분명히 깨달아야 한다. 모든 일은 마음먹기에 달렸다는 말처럼 우리가 자기 스스로의 가치를 인정하는 마음을 갖출 때 세상을 밝고 단순하게 살아갈 수 있는 것이다. 마음에 따라 일이 얼마나 다르게 전개되는지를 센 닉이라는 사람의 이야기로 살펴보자.

어느 여름날 저녁 한 직원의 생일을 축하하기 위해 퇴근 시간을 한 시간 앞당겨 모든 직원이 파티 준비를 위해 집으로 갔지만 닉은 냉동열차 수리를 하러 갔다가 사고로 갇히게 되었다. 자신이 냉동열차에 갇혔다고 깨닫는 순간 센 닉은 공포에 사로잡혔고 그는 마분지 한 장에 자신이 너무 춥고 빨리 나가지 않으면 이것이 마지막 글이 될 것이라고 적었다. 다음날 아침 출근한 직원이 냉동열차 문을 열었을 때 닉은 구석에 쪼그린 채 죽어 있었다. 부검 결과 얼어 죽은 것이었다. 그런데 닉이 갇혀 있던 냉동열차는 고장이 나서 전원이 없고 실내 온도 역시 보통보다 약간 낮을 뿐이었다. 닉은 냉동열차가 가동된다고 믿은 나머지 추위를 느끼고 얼어 죽은 것이다. 스스로 가능성이 없다고 믿는 순간 몸도 죽어간 것이다.

인생에 시련이 온다 하더라도 가능성에 초점을 맞추고 자신을 도와주는 모든 손길을 믿을 때 불가능한 일도 성공으로 바꿀 수 있다는 것을 믿는 마음의 힘을 길러야 한다. 긍정적인 마음을 길러 자신감을 갖게 되면 문제가 생겼을 때 문제만 바라보고 부정적인 생각을 하는 대신 문제를 해결해가는 자신의 모습에 초점을 맞추게 된다. 마틴 루터 킹 목사의 그 유명한 연설, '나는 꿈이 있습니다'라고 세상을 향해 외치는 목소리와 모습을 생각해보자. 지금은 어느 정도 부드러워졌지만 그 당시 백인들은 흑인을 같은 인간으로 취급을 하지 않는 그런 상황이었다. 그럼에도 불구하고 백인과 흑인이 같이 손잡고 잘 어울리는 사회를 꿈꾼다고 세상을 향해 목소리를 냈다는 것, 그런 꿈을 꾸고 그 꿈을 실현하기 위해 온 인생을 불태웠다는 것, 얼마나 멋지고 훌륭한 모습인가. 우리 역시 마음속에 어떤 생각을 담고 어떤 꿈을 꾸는가에 따라 우리 삶의 모습이 그대로 이루어져간다는 단순한 진리를 깨달아야 한다.

유대인으로서 나치에 의해 아우슈비츠의 강제수용소에서 죽음의 고비를 수없이 넘기고 살아남은 빅터 프랭클이 쓴 《죽음의 수용소》를 보면 그가 어떻게 인간으로서의 존엄성이라는 가치를 지키기 위해 애썼는가 하는 것이 잘 나와 있다.
    프랭클은 수용소에서는 신체적으로나 지적으로는 원시적인 생활을 할 수밖에 없지만 정신적으로는 자신을 둘러싸고 있는 가혹한 현실로부터 빠져

나와 내적인 풍요로움과 영적인 자유가 넘치는 세계로 도피할 수 있음을 보여준다. 그는 자신의 부인을 머릿속에 그리면서 그녀가 대답하는 소리를 들었고, 그녀가 웃는 것을 보았다. 그때 한 가지 생각이 관통했다. 생애 처음으로 그렇게 많은 시인들이 시를 통해서 노래하고 그렇게 많은 사상가들이 최고의 지혜라고 외쳤던 하나의 진리를 깨닫게 된다. 그 진리란 바로 사랑이야말로 인간이 추구해야 할 궁극적이고 가장 숭고한 목표라는 것이었다.

사랑은 영적인 존재, 내적인 자아 안에서 더욱 깊은 의미를 갖는 것이다. 사랑하는 사람이 실제로 존재하든 안 하든, 살았든 죽었든 그런 것은 하나도 중요하지 않은 것이다. 이렇게 내면세계를 극대화시킴으로써 수감자들은 멀리 과거로 도피해 자기 존재의 공허함과 고독함 그리고 영적인 빈곤으로부터의 피난처를 찾을 수 있었다. 이렇게 내적인 삶이 심화되어 있었기 때문에 그전에는 예술과 자연의 아름다움에 대해 전혀 느껴보지 못했던 새로운 것을 체험하는 경우도 있었다.

프랭클은 수용소의 체험을 통해 인간은 가혹한 정신적 육체적 스트레스를 받는 환경에서도 정신적 독립과 영적인 자유의 자취를 간직할 수 있음을 발견했다. 인간에게 마지막 남은 인간의 자유, 자기 자신의 길을 선택할 수 있는 자유만은 빼앗아갈 수 없다는 진리를 체험했다. 강제수용소에서도 인간으로서의 존엄성을 지킬 수 있다. 도스토예프스키는 이렇게 말했다. "내가 세상에서 한 가지 두려워하는 것이 있다면 그것은 내 고통이 가치 없는 것이 되는 것이다."

시련과 죽음 없이 인간의 삶은 완성될 수 없다. 자기 십자가를 짊어지고 나가는 과정은 그 사람으로 하여금 자기 삶에 보다 깊은 의미를 부여할 수 있는 폭넓은 기회를 제공한다. 인간이 지닌 내면의 힘이 외형적인 운명을 초월해 그 자신의 존재를 높인다는 사실을 입증한다. 강제수용소에서 자기가 며칠 안에 죽을 것을 알고 있던 젊은 여성은 창을 통해 보이는 나무와 이야기를 나누었다. 나무가 그녀에게 무어라고 이야기 했을까. 그녀가 말했다. "나무가 이렇게 대답해요. 내가 여기 있단다. 내가 여기 있단다. 나는 생명이야. 영원한 생명이야."

정말로 중요한 것은 우리가 삶으로부터 무엇을 기대하는가가 아니라 삶이 우리로부터 무엇을 기대하는가이다. 삶으로부터 질문을 받고 이에 대한 대답은 말이나 명상이 아니라 올바른 행동과 올바른 태도에서 찾아야 한다. 인생이란 이런 질문에 올바른 해답을 찾고 개개인 앞에 놓인 과제를 수행해나가기 위한 책임을 떠맡는 것을 의미한다. '삶'이란 막연한 것이 아니라 현실적이고 구체적이기 때문에 추상적인 삶의 의미를 추구하는 것이 아니라 자신에 맞는 상황에 따라 자신의 운명을 개척하여야 하는 것이다. 때로는 주어진 운명을 그대로 받아들이고, 자기 십자가를 지고 나가야 할 때도 있다.

 인간이 '아무것도 아닌 존재'라는 가르침, 즉 인간은 생물적, 심리적, 사회적 조건의 결과물이거나 유전과 환경의 산물에 불과하다는 이론은 태생적으로 위험을 안고 있다. 인간은 상상을 초월하는 최악의 상황에서도 용감하게 저항하고 맞서 싸울 수 있는 자유의지를 지닌 존재인 것이다. 인간은 일이나 행동을 통하거나, 어떤 것을 경험하거나 어떤 사람을 만나는 것, 사랑을 통해 삶의 의미를 찾을 수 있는 존재다.

경영에 어떻게 인의 씨앗을 싹트게 할 것인가

생명을 살리는 마음인 인에 경영의 뿌리를 둘 경우 조직 내부에서는 직원들이 일을 통해 자신이 이루고 싶은 가치를 달성하도록 이끄는 경영이, 인간다운 삶을 이루게 하는 방향의 경영이 이루어진다. 조직 전체에서는 생명의 특징인 사업의 아이디어가 솟아 나오는 모습을 생각할 수 있으며, 조직 외부로는 사회와 함께하고 자연과 화합하는 발걸음을 걷게 할 것이다. 가구업체 이케아는 종업원을 위해 안전한 작업 환경을 만들기 위해 노력할 뿐만 아니라 환경오염을 최소화하기 위해 환경오염의 원인이 되는 화학약품 사용을 금지하는 등의 노력도 하고 있는데, 이는 '인 경영'의 외부적인 모습이라 하겠다.

우리의 노동 윤리라는 것은 바로 인생관에서 출발하기 때문에 개인의 인생관부터 개조해야 한다. 이 세상의 불공평성에 대해 열을 올리기보다는 자신이 노력하여 보상을 받는다는 이치를 깨닫게 해야 한다. 자신이 자신의 생애에 대해 책임을 진다는 사실을 진심으로 깨닫는 것이 중요하다. 비즈니스에서는 노동자의 가치를 인식하고 인간으로서 대우하는 경영의 변화가 있어야 한다. 사람들은 누구나 자신들이 존중받기를 원하며, 서로 관계를 맺고 소속되기를 원한다. 생명을 살리는 경영은 이 욕구를 충족시키도록 하는 것이다.

구체적인 경영 방안으로는 근로자들이 스스로 실적을 측정하고 평가하며, 일하는 방식 등을 개선하는 책임을 부여할 때 많은 기업들이 생산성 향상과 더불어 근로자의 근로 의욕이 향상된다. 사원 개개인의 가치를 존중하는 것과 경영진이 근로자들 속으로 들어가 그들의 문제점이나 개선 방안 등을 귀담아 듣는 경영 방식 역시 인의 경영이 가진 모습이다.

또한 근로자들에게 자신의 일에 대한 책임감을 일깨우고 이를 평가하고 보상하는 시스템의 구축, 이에 따른 성취동기의 부여와 훈련을 통한 능력 증대 등이 요구된다. 그리고 경영진이 일반 근로자에 비해 천문학적인 보수를 받는 시스템은 상대적 박탈감과 함께 조직에 대한 충성심을 낮춘다. 따라서

적정한 범위 내에서의 보수 체계라든가 회사의 이익이나 소유권을 근로자와 나누는 제도 등이 요구된다.

또한 경영진은 근로자들 위에 군림하는 것이 아니라 근로자들에게 힘을 주고 다른 사람을 섬기기 위해 자기의 최선을 다해야 한다는 사명 의식을 지녀야 조직이 목적을 이루고 근로자 역시 이에 대한 보답을 하게 되는 것이다. 브라질의 한 교도소 징벌방의 표어다. "시간을 죽이며 사는 자는 시간과 함께 죽는다."

생명력이 넘치는 경영을 한다

인으로 이끄는 매니지먼트는 직원들이 직장을 통해 일의 기쁨과 보람을 찾는 여건을 부여하는 활동을 한다. 삶의 대부분을 직장에서 보내는 우리들에게 일할 맛이 나는 직장에 다닌다는 것 자체가 행복의 큰 요소이기 때문이다. 사람들이 자신의 일에 몰두하도록 이끄는 동기에 대해 이지훈은 《혼창통》에서 '혼'이라는 단어를 들고 있다. 혼이 있는 모습을 보자.

나는 어느 날 홍대 앞의 일본식 선술집인 '테펜'이란 곳을 방문했다. 문을 열고 들어서자마자 예닐곱 사람의 직원들이 큰소리로 일제히 "어서 오십시오"라고 인사하는 데서 독특함을 느꼈다. 테이블에서 음식에 대한 칭찬이 나오면 그 테이블을 향해 90도로 인사를 하는가 하면 직원이 어떤 건배사를 외칠 것인지를 묻고 문구를 적어가더니, 건배사를 하자 직원 모두가 함께 건배사를 외치는 등 고객의 마음을 흡족하게 하는 모습을 보여주었다.

놀라운 일은 직원 모두가 저녁부터 새벽까지 얼굴 한 번 찡그리지 않고 늘 웃으면서 미친 듯이 일한다는 것이었다. 월급을 그렇게 많이 주는 것도 아닌데 왜 그런가를 알아보니 직장을 꿈을 키우는 수련의 장으로 만든 콘셉 때문이었다. 35세의 젊은 사장이 창업하여 직원들이 장차 사장이 되어야 한다는 꿈을 품도록 하고 그 꿈을 적어 벽에 붙이면서 반드시 언제까지 그 꿈을 이루겠다는 목표 날짜를 적도록 하는 것이었다. 이런 방침에 의해 그 당시 이미 열 사람이 독립해서 창업을 한 터였다. 이런 여건이 직원들을 그토록 기쁘게 열심히 일하도록 만든 동기였다는 것이다.

직원들의 마음을 생명력이 넘치게 움직이도록 하는 동기부여를 자세히 설명한 다니엘 핑크의 《드라이브》를 보자.
  다니엘 핑크는 기존 매니지먼트에서 동기의 중요 요인으로 여겼던 당근과 채찍이 아니라 자율성과 같은 다른 동기가 중요하다는 것을 마이크로소프트의 백과사전 실패 사건에서부터 설명한다. 1995년 마이크로소프트는 백과사전 프로젝트를 시작한다. 같은 해 위키피디아는 인터넷을 통해 자원자들이 재미 삼아 백과사전을 만들어 무상으로 사용하는 프로젝트를 가동했다. 그 당시 누구라도 마이크로소프트의 백과사전이 성공하지 못하리라고 생각하지 못했다. 그러나 15년이 지난 2009년 10월말 마이크로소프트는 백과사전을 포기하고 손을 뗀 반면 자원봉사자들이 만든 인터넷 백과사전 위키피디아는 대성공을 거둔다.

산업혁명에 따른 대량생산 체제에서는 노동자들이 정확하게 맡은 바 직무를 수행하는 것이 중요하였다. 이에 따라 생산성을 높여 성과를 향상하면 보상을 하고 그렇지 못하면 처벌한다는 당근과 채찍의 방식이 효율적인 관리 방식이었다. 20세기에 들어서자 정보통신기술 등 매우 정교한 과학기술이 개발되면서 당근과 채찍만으로는 별 효과가 없는 일이 발생하게 되었다. 당근과 채찍은 환경 변화가 없는 단조로운 직업에는 효과가 있으나 창의성을 발휘해야 하거나, 사람이 일을 통해 만족감을 얻는 상황에서는 방해가 되는 것으로 나타났다.

특히 목표를 정하고 보상을 유일한 목적으로 설정하면 사람들은 비윤리적 행동을 통해서라도 목표를 달성하려는 행동을 보일 수 있다. 예를 들어 시어스 사에서 차량 수리를 담당하는 직원들이 할당량을 부가하자 고객에게 과다 비용을 청구하고 필요 없는 것까지 수리하는 일 등이다. 일상에서 흔히 보는 고등학교의 내신성적 부풀리기 등의 부정행위가 모두 외적 보상과 관련이 있는 것이다.

창의성을 요구하는 작업에서는 적절한 보상만으로는 효과를 볼 수 없다. 인간의 내면에 있는 일을 통한 만족 또는 자아실현 같은 동기를 북돋울 수 있는 새로운 드라이브가 필요한 것이다. 스스로 일하려는 동기를 유발하는 요인으로 자율성, 숙련, 의미 있는 삶에 대한 목적 등을 들 수 있다.

자율성, 자기주도적인 동기부여의 힘

사람에게는 호기심과 함께 자신이 무언가를 주도하는 자율성이라는 본성이 있다. 사람이 어떤 일에 자신이 주도적으로 결정하는 경우 학업이나 업무에서 높은 만족감과 심리적으로 높은 행복감을 맛본다.

2002년 대학을 갓 졸업한 캐논 브룩스는 소프트웨어 회사 아틀라시안을 창업한다. 이 회사는 목요일 오후 2시부터 24시간 동안은 자신이 원하는 일을 하도록 하여 '페덱스 데이'라고 불렀다. 하룻밤 사이에 뭔가를 배달해야 한다는 의미다. 이 실험은 성공적이었다. 몇 년간 해결되지 못한 소프트웨어의 문제점들이 페덱스 데이에 해결되었다.

변호사는 월급은 많지만 자신의 직업에 별로 만족하지 못하는 것으로 나타난다. 그 이유 중 하나가 자율성이 별로 없다는 점이다. 시간당 수임료를 받기 때문에 문제 해결이라는 결과보다 얼마나 시간을 사용했느냐에 집중하여 주도권을 빼앗기며, 심지어 비윤리적 행동까지 조장하는 것이다.

자율성을 권장한다고 해서 책임감을 무시하는 것은 아니다. 각 개인마다 갖고 싶은 자율권이 다르기 때문에 각자에 맞는 자율권을 부여하고 이에 따르는 책임감을 갖도록 하면 자기 주도적으로 일을 잘해내게 되는 것이다.

숙련, 몰입에 이르는 길

숙련이란 무언가를 잘해내는 것이다. 오늘날의 경제에서 앞으로 나아가려면 숙련을 추구해야 한다. 숙련을 추구하면 몰입에 이를 수 있다. 많은 기업들이 직원의 숙련에 도움이 되는 몰입 환경을 조성할 경우 생산성과 만족도가 높아진다는 결과가 있다. 예를 들어 자율성은 없더라도 병원에서 근무하는 청소원이 환자와 잡담을 나누거나 간호사의 업무를 도와주는 등 새로운 업무를 맡은 경우 업무만족도가 올라갔으며 자신의 일을 호의적으로 평가한 것이다.

무언가를 이루는 목표는 수행 목표와 학습 목표로 나눌 수 있다. 프랑스어 과목에서 A학점을 받는 것이 수행 목표라면 프랑스어를 잘하게 되는 것이 학습 목표다. 이 중 자신이 배운 내용을 새로운 유형으로 응용하는 경우 학습 목표를 가진 학생이 더 높은 점수를 기록했다. 학습 목표가 숙련과 밀접한 관련이 있다는 것이다.

목적, 의미 있는 삶

목적은 삶을 사는 데 필요한 에너지를 제공한다. 게리 하멜은, 부를 극대화한다는 목적은 인간의 에너지를 충분히 움직일 정도로 감정을 촉발시키지 못한다고 지적한다.

탐스슈즈는 신발 한 켤레를 판매할 때마다 개발도상국의 어린이에게 새 신발 한 켤레를 준다. 이 회사는 기부를 중심으로 운영되는 영리회사다. 이 회사의 고객은 기부자로 변모된다는 콘셉트를 받아들여 의미 있는 삶에 목적을 맞춘 것이다.

앞으로 경영의 리더들은 영혼을 울릴 만한 이상과 명예, 진리, 사랑 등의 목적을 기존의 사업 활동에 덧붙이는 것이 필요하다. 학자들의 연구에서 다른 이들의 삶이 나아지도록 도와주고 배우며 성장하기를 바라는 내재적 열망이 있는 경우, 그들의 삶이 더 행복하다는 결과가 나왔다. 돈을 많이 번다는 목표를 갖는 사람들은 자신의 이익에만 집중하느라 사랑과 관심, 배려, 공감 등 중요한 것을 수용할 여유가 없어 목표 달성을 한 후에도 불행을 맛본다는 것이다.

이제는 몰입의 경영이다

칙센트미하이는 《몰입의 경영》에서 꿈을 심는다거나 자발적 동기를 불러일으키는 방식의 매니지먼트에 대해 설명한다.

기업의 경영인들은 삶에 뭔가 의미를 주고 직원 및 자녀의 미래에 희망을 주는 비전을 제시해야 한다. 경영진과 직원 모두 자기 존재가 뭔가 쓸모 있는 역할을 담당하며 가치를 지닌다는 확신을 가져야 한다는 것이다. 경영인들이 이런 임무를 담당해야 하는 이유는 오늘날 인류의 삶을 편안하고 안전하게 해줄 책임과 권한을 지닌 주체가 기업이기 때문이다. 우리의 미래는 이런 비전을 가진 지도자들에게 달려 있다.

바람직한 직장이란 경영인만이 아니라 일반 직원 역시 자신의 일에 대한 확신을 갖고 장기적인 안목에서 생각하고 행동하는 기업을 말한다. 간이식당에서 일하는 요리사나 우편물 담당 말단 직원이라 할지라도 자신이 맡은 일을 헌신적으로 성취해내면 성공 가능성이 높고 자신이 하는 일을 즐길 때 행복감에 젖게 된다.

기업의 임직원들이 일의 결과에 대해 외부에서 제공하는 보상을 바라는 것이 아니라 일 자체가 주는 기쁨이나 보람을 추구할 수 있을 때 만족감과 행복을 느끼게 된다. 그 자체로 할 만한 가치가 있는 일을 가리켜 '자기 목적성'이 있다고 말한다. 예를 들어 기타 연주를 하거나 도보 여행을 하는 행위는 활동 자체가 내부로부터 보상을 하는 것이다.

배움 자체는 일반적으로 즐거움을 주는 것이지만 획일화된 교육 방식은 배움의 기쁨을 앗아간다. 직장의 일에도 동일한 원칙이 적용된다. 직원들이 몰입의 경험을 하도록 체계화할 수 있는 지혜가 필요하다. 직장이 직원들로부터 최대한의 노동력만을 뽑아내도록 설계된 경우 직원들은 그 일을 마지못해 하게 되는 것이다. 일반적으로 기업의 현실은 직원들이 직장에서 몰입하기 어렵게 되어 있다. 이는 대부분의 업무가 표준화되거나 전문화되어 자신의 모든 능력을 발휘하여 업무를 향상시킬 여지가 거의 없게 된 덕분이다. 아무리 업무상 훌륭한 성과를 낸다 하더라도 이에 따른 피드백이 자신의 창의성이나 실력으로 돌아오기보다는 회사의 계획이나 설비, 조직 등으로 돌려지는 상황에서는 업무에 대한 진정한 몰입이 일어나기 힘들다.

직장에서 몰입을 경험하게 하려면 직원들이 개개인의 잠재력을 최대한 발휘할 수 있는 여건을 조성해야 한다. 여기에는 사무실 구조, 업무할 때 입는 복장, 또는 육아 문제를 위한 보육 센터 같은 것이 있다. 또 물리적인 환경뿐 아니라 기업의 분위기를 밝고 즐겁게 만들고 의사소통이 원활하게 하는 등의 배려도 필요하다.

또한 몰입을 이루기 위해서는 직원들이 기업의 비전과 가치를 신뢰하고 공유하는 분위기가 조성되어야 한다. 여기에는 의사소통이 매우 큰 역할을 한다. 정보가 왜곡되지 않고 소통되어야 믿음을 줄 수 있기 때문이다. 또한 직원들이 업무를 수행하는 단계마다 목표에 얼마나 근접했는지에 대한 피드백을 줄 수 있어야 한다.

사람을 키우고 보살핀다

매니지먼트의 핵심은 일과 사람을 어떻게 잘 조화롭게 하느냐 하는 데 있다. 사람을 조직의 중요한 자원으로 보아 관리하는 행위를 인적자원관리 human resource management라 한다. 인적자원관리의 주요 분야는 직원의 채용, 업무 배치 및 이동, 직원 훈련, 성과 평가와 보상, 복리 후생 등이 있다.

직원의 채용과 업무 배치는 조직이 필요로 하는 직무에 맡는 사람을 공정한 절차에 의해 선발하여 각자의 특성과 능력에 맞는 부서에 배치하여 일을 맡도록 하는 것이다.

《논어》〈안연편〉에 보면 번지라는 제자가 공자에게 인과 지혜로움에 대해 묻자 공자의 대답은 "인은 남을 사랑하는 것이다"라 하고 "지혜로움은 남을 알아보는 것이다"라고 답하였다. 이 답변에 대해 번지가 잘 알아듣지 못하자 "바른 사람을 등용하여 비뚤어진 사람 위에 앉히면 비뚤어진 사람도 바르게 될 수 있다"[36]고 다시 설명해준다.

경영에서 성공하기 위해서는 바른 인재를 채용하는 것이 무엇보다 중요하다. 일의 전문성을 갖추는 것도 중요하지만 다른 사람들과 화합하는 성품도 필요하며, 옳은 것과 바른 것을 판단할 수 있는 지혜는 더욱 중요하다. 특히 부서나 팀을 이끄는 리더에 있어서는 바른 방향으로 조직원을 이끄는 능력이 매우 중요하다. 공자도 이런 면을 생각해서 제자에게 바른 사람을 등용하여야 하는 것의 중요성을 말하고 있는 것이다.

지식근로자가 점점 더 늘어나는 요즈음은 이들을 어떻게 관리하느냐 하는 문제가 매우 어려우며, 세심한 주의를 요구한다. 지식근로자는 과거의 단순한 근로자와 달리 자신이 보유한 지식이나 기술을 업무에 잘 활용하기 때문에 조직에 대한 충성도가 높지 않으며 스스로 무언가를 판단하고 결정 내리기를 좋아하는 특성을 지닌다. 예를 들어 소프트웨어 회사의 프로그래머라던가 디자이너 같은 지식근로자는 업무의 자율성 보장이나 성과에 대한 보상 등에 있어 과거 방식을 쓰게 되면 인재를 놓칠 위험이 크기 때문에 새로운 매니지먼트 방식이 절실한 것이다. 이미 살펴본 몰입의 경영이나 자율성 같은 동기를 부여해야 할 것이다.

인적자원관리에서 직원이나 가족에 대한 여러 가지 복리 후생 제도 역시 점점 더 중요하게 되고 있다. 복리 후생에는 연금이나 퇴직금 제도, 휴가 제도, 주택 구입 융자나 사택 제공, 교육비 지원 등등 다양한 길이 있다.

   최근 스타벅스가 직원 13만 5천 명 모두에게 온라인 강좌로 대학의 학위를 딸 수 있도록 4년간 학비를 지원하는 프로그램을 도입하여 언론의 화제가 된 것도 과감한 복리 후생의 예다. 이 프로그램은 정규직은 물론 일주일에 최소 20시간만 일하는 파트타임 직원도 해당된다. 1, 2학년은 자비로 2천 달러를 부담해야 하지만 3, 4학년 때는 전액 지원을 받아 무료로 다니게 된다. 이 프로그램이 파격적인 것은 학위를 딴 후 스타벅스에 남아 있지 않아도 된다는 것이다. 슐츠 회장의 대담한 복리 후생 전략이다.

복리 후생은 직원들의 마음에 충성심을 일으키고 조직의 대외 이미지도 높이는 등 긍정적인 면이 많지만 조직이 부담하기 어려울 정도의 과도한 복리 후생은 조직의 생존을 위협할 위험이 있으므로 주의해야 한다. 과거의 GM이 퇴직한 근로자에게 상당 기간 의료보험을 제공하는 프로그램으로 인해 재정 타격을 입은 예가 그것이다.

피터 드러커의 《매니지먼트》에는 독일 크루프제철의 몰락 이야기가 나온다. 19세기 중반 창립한 이 회사는 직원들에게 많은 복리 혜택을 베풀었다. 사원 주택과 자녀 장학금, 의료비, 직업훈련을 제공했으며 저금리로 약간의 돈을 빌려주기도 했다. 크루프의 후임자들이 3세대 동안이나 무능했음에도 크루프의 직원들은 회사와 일가에 충성을 바쳤다. 1차 세계대전과 2차 세계대전 후 공장이 거의 파괴되었음에도 불구하고 두 번이나 재기에 성공한 것은 직원들의 헌신적인 노력 덕분이었다.

그러나 과도한 복지주의는 결국 회사를 무너지게 한다. 2차 세계대전 후 크루프는 지나친 사업 확장을 단행한 까닭으로 무너지는데, 무리한 사업 확장의 원인이 직원들에게 일자리를 영원히 보장해주겠다는 회사의 약속을 지키기 위해서였다. 크루프의 사례는 직원 자손들의 기대치는 증가하고 옛날의 복지가 잊히는 경우 회사의 생존 자체가 어렵다는 것을 보여준다.

살리는 경영은 이렇게 한다

인을 뿌리로 하여 매니지먼트를 하는 기업은 생명을 살리는 모습을 보인다. 예를 들어 유한킴벌리는 거의 30년 가까이 '우리 강산을 푸르게 하자'는 캠페인을 펼치며 생태 환경 보존을 위해 나무 심기 사업을 해오고 있다. 조직 내부뿐 아니라 조직이 속한 사회의 환경까지도 고려하는 매니지먼트를 하고 있는 것이다.

3M

3M은 원래 사금을 캐는 광업회사로 출발했지만 광업에서 실패를 한 후 영업 기반을 자동차 제조에 사용되는 사포와 회전 숫돌 제조업으로 바꾼다. 이 당시 오키라는 사람이 사포를 제조하는 데 사용되는 몇 가지 원료를 요청해 왔다. 3M은 이 요구를 들어주는 과정에서 오키가 이미 혁명적인 방수 사포를 개발한 것을 알게 되어 그 기술에 대한 특허권을 획득하였을 뿐 아니라 그를 고용하였는데 그는 새로운 발명품을 개발하는 핵심 요원이 되었다.

3M은 유능한 직원을 채용해서 그들이 하고 싶은 것을 마음껏 개발하는 근무 환경을 만드는 데 노력을 많이 기울였으며, 직원들이 실패를 두려워하지 않고 무언가를 시도해보는 문화를 키워왔다. 예를 들어 그 당시 한 직원이 페인트 가게를 방문하여 자동차 페인트에 사용되는 테이프 성능이 나빠 페인트가 잘 안 칠해지는 문제가 있음을 발견했다. 3M은 당장 이 문제를 해결할 테이프가 없기 때문에 이 테이프 개발에 힘을 쏟아 마스킹 테이프를 고안해냈다. 이 기술은 후일 스카치테이프로 발전했다.

3M은 여러 가지를 시도하다 그 중 잘되는 사업을 키우는 생태 환경적인 방식을 채택하였기 때문에 회사의 문화가 새로운 것에 도전하는 것으로 발전했으며, 이런 문화에서 포스트잇도 개발되었다. 포스트잇은 한 직원이 실험실에서 몇 가지 합성물을 합성하여 무엇이 될지를 알아보는 실험 과정에서 독특한 접착물을 개발하면서 탄생했다. 처음부터 특정 제품을 개발하려는 것이 아니었다. 이 실험에 공동으로 참여했던 직원이 교회에서 예배를 보던 중 책에 표시를 하기 위한 접착용 쪽지가 필요함을 느끼고 다른 직원이 개발한 접착물을 이용하여 포스트잇이 탄생한 것이다.

홀푸드

홀푸드는 자연친화적 기업으로 이름이 높은 회사다. 유기농 제품을 판매하는 이 회사는 1980년 대학을 중퇴한 존 매케이가 설립했다, 홀푸드의 성공 스토리는 개리 해멀과 빌 브린이 쓴 《경영의 미래》에 자세히 소개되어 있다.

홀푸드는 친환경 유기농 식품을 취급하여 건강한 식품으로 건강한 삶을 누리게 한다는 사명을 추구한다. 이에 따라 인공 첨가물이 들어 있는 식품은 취급을 하지 않는다. 매장의 인테리어에도 신경을 써서 넓은 공간에 목재 등 자연 친화적인 재료를 사용하고 시골 장터 같은 분위기를 만든다. 유기농 식품의 생산 과정 및 설명을 글과 사진으로 담아 소비자들이 품질에 대해 안심하고 구매할 수 있도록 한다.

또한 건강한 식습관 만들기 행사를 추진하여 요리법 등을 이메일로 제공하고 웰빙 푸드코트를 운영하는 등 유기농 먹거리 문화에 힘을 쏟는다. 직원 복지에 있어서도 직원을 팀 멤버로 부르며, 일선 멤버들이 자신이 취급하는 물품에 대해 결정하고 책임지도록 하고 있다. 경영진은 직원 평균 급여의 19배를 초과해서 보상을 받지 못하게 하며, 직원에게는 다양한 복지 혜택을 제공하는 회사다.

지역사회와도 긴밀한 협력 관계를 맺어 인근 지역의 작물을 구입한다. 영세농민에게는 저금리 대출을 해주는 등 지역사회와 하나가 되려는 노력을 쏟고 있다. 식품을 가장 건강한 유기농 식품으로 제공한다는 기본 콘셉트에 맞추어 자연 친화적이고 생명을 살리는 매니지먼트를 해내고 있는 모습인 것이다.

경북 안동시에 있는 누각인 시사단(試士壇). 조선 정조 때 퇴계 이황의 업적을 기리기 위해서 도산별과라는 과거시험을 통해 영남 지방의 인재를 선발했던 곳이다.

8
의로운 경영이 미래다

공자와 맹자는 의를 이렇게 보았다
서양 철학자들은 의를 어떻게 생각했을까
무엇이 올바름의 경영인가
올바른 경영을 위해 네 가지를 질문해보자
고객이 가치 있다고 여기는 바를 실천한다

나그네

강(江)나루 건너서
밀밭 길을

구름에 달 가듯이
가는 나그네

길은 외줄기
남도 삼백리

술 익은 마을마다
타는 저녁 놀

구름에 달 가듯이
가는 나그네

(박목월)

8
의로운 경영이 미래다

●2014년 탤런트 김보성이 등장하는 비락식혜의 '의리' 광고가 많은 사람의 눈길을 끌었다. 우리 식품에 대한 의리를 강조하는 가운데 특유의 '으리'라는 말을 붙인 광고가 코믹하면서도 묘한 심정적 동조를 가져온 것이라고 할 수 있다. 의리는 매우 좋은 말인데도 우리 머리에 떠오르는 연상은 조폭 세계의 의리와 같이 부정적인 인상이라는 것도 아이러니라 하겠다. 현재 우리 사회는 의로움이 거의 사라진 암울한 세상이기 때문에 의로움이 과연 무엇이고 삶에 어떤 의미를 지니는가 하는 것을 함께 고민해보아야 한다. 특히 매니지먼트 현장에서 의로움이라는 가치를 어떻게 실천해 가느냐 하는 것은 꽤 어려운 과제임이 틀림없다.

공자와 맹자는 의를 이렇게 보았다

사람이 세상을 살아가면서 무엇이 의로운 길이며, 어떻게 올바른 길을 찾아가는가 하는 질문은 지금 시대에도 그렇지만 옛사람에게도 매우 중요한 삶의 과제였다. 그런 면에서 공자가 〈이인편〉에서 아침에 바른 삶의 길에 대해 듣고 알 수 있다면 설령 저녁에 죽는다 하더라도 너무도 만족스럽고 행복한 삶을 사는 것[37]이라는 극단적인 표현을 한 것을 이해하게 된다.

  공자는 〈이인편〉에서 "군자는 의를 중히 여기고 소인은 이익을 중히 여긴다"[38]고 하고 또한 이익을 보면 그것이 의에 합당한지를 생각하라고 하면서 선비가 옳음을 추구하는 자세를 갖추어야 한다고 말한다. 옳음을 추구할 때 무엇이 옳고 그른지를 어떻게 아는가. 이에 대해 맹자는 자신이 잘못을 저지르면 부끄러운 마음이 들고 남이 잘못하면 혐오스러운 마음이 저절로 생기는 곳에 의(義)의 바탕이 있다고 말한다. 이는 우리 마음속에 옳고 그름을 판별하는 밝은 마음, 즉 양심(良心)이 있어서 옳은 자리에 설 수 있다는 입장이다.

  유학사상에서 의(義)는 군자의 수양을 위한 덕으로 제시되지만 많은 경우 백성을 다스리는 자리에서 나타나야 할 덕목으로 논의된다. 공자는 군자가 자신의 몸을 닦은 후 백성을 편안하게 하는 것이 의로운 길임을 밝힌다. 이런 공자의 의로움에 대한 생각은 맹자에 와서는 의로움을 강조하는 왕도정치와 백성을 근본으로 삼는 민본정치 사상으로 발전한다.

  《맹자》에서 맹자가 양혜왕을 만나 정치에 대해 대화하는 장면을 보자. 양혜왕이 부국강병에 대한 생각으로 국가가 이익을 얻을 수 있는 방법을 묻자 맹자가 왜 하필 이익을 말하느냐고 핀잔을 주면서 인의(仁義)가 중요함을 역설하는 장면은 꼭 연극의 한 장면을 보는 것 같다. 이익이 우선되면 안 된다는 맹자의 논리를 간단히 살펴보자.

  만약 왕이 자기 나라의 이익이 되는 것만 생각하고 추구하면 그 밑의 대신들도 자신의 영지에 돌아오는 이익만을 생각하고 추구하게 될 것이다. 결국 일반 백성 역시 자신에게 이익이 될 것만을 생각하고 추구하게 되고 이는 위아래가 서로 다투어 이를 추구하는 경지에 이르러 결국 나라가 위태로워진다는 것이다.

홉스의 '만인의 만인에 대한 투쟁'이라는 생각을 홉스보다 훨씬 더 오래 전에 맹자가 이미 밝히고 있음을 알 수 있다. 맹자는 이에 덧붙여 매우 지혜로운 통찰을 제시한다. 만약 의를 업신여기고 이(利)를 중요하게 여길 경우 남의 것을 모두 빼앗지 않고서는 만족할 수 없게 된다는 이치다. 의로움을 저버리고 이익만을 추구하는 사람의 모습은 동물보다도 못하다는 질책이다. 또한 맹자는 백성을 근본으로 삼는 민본정치 사상에 대해 논한다.

한 국가에 있어 가장 귀한 것은 백성이고 그다음이 하늘과 땅의 신을 모시는 사직이며, 임금이 가장 가벼운 존재라는 것이다. 만일 왕이 사직을 위태롭게 하면 그를 몰아내고 어진 임금을 세운다는 역성혁명을 주장한다. 이를 듣는 왕이 기분이 좋을 리가 없었다. 그래서 그런지 중국에서 맹자는 역대 왕조에서 찬밥 신세의 사상가였다.

맹자는 왕도정치의 구체적 내용을 밝힌다. 전쟁으로 인해 농사철을 놓치지 않으면 곡식이 먹고도 남게 되고 치어까지 잡지 않으면 물고기가 넘치고, 벌목을 삼가면 목재가 쓰고도 남게 된다고 말한다. 그리고 노인들이 따뜻한 비단옷을 입고 고기를 먹으며 백성이 굶주리지 않고 추위에 떨지 않게 하는 데도 천하의 왕이 되지 않은 자가 지금까지 없었다는 것을 밝힌다. 경제에 있어서는 백성들이 꾸준히 들어오는 수입이 없으면 한결같은 마음도 없게 된다는 '무항산 무항심(無恒産 無恒心)'을 이야기한다. 백성들을 잘 보살피는 것이 의라는 것이다. 민본사상에 따라 다스리는 사람이 왕도정치를 펴면 백성과 함께 즐거움을 나누는 '여민동락(與民同樂)'의 의로운 사회를 만들게 된다는 것이 맹자가 생각한 의로움의 핵심이라 하겠다.

서양 철학자들은 의를 어떻게 생각했을까

의로움 곧 정의justice가 무엇인지에 대해서는 그리스 시대부터 현재에 이르기까지 많은 서양 철학자들 역시 많은 고민을 하고 생각을 이어왔다. 플라톤은 《국가》에서 소크라테스와 주위 사람들이 정의가 무엇인지에 대해 질문하고 토론하는 장면을 보여준다.

정직하고 채무를 이행하는 것, 각자에게 합당한 것을 갚는 것, 강자의 이익, 약자들이 협약하여 만든 법을 지키는 것 등등이 정의의 개념으로 논의된다. 국가에 있어서는 통치자, 수호자, 생산자가 각각 자신의 일을 잘 감당해 가는 것을 정의라고 말한다.

최근 우리나라에서 많이 읽힌 마이클 샌델의 《정의란 무엇인가》라는 책에서 이야기하는 정의를 살펴보자.

샌델은 첫 장에서부터 미국 플로리다의 허리케인에 뒤따른 가격 폭리 사태를 제시하여 옳은 일이 과연 어떤 것인지를 묻는다. 바가지요금은 남의 고통이나 불행을 이용하여 이익을 챙기는 것이므로 옳지 않다는 입장을 제시한다. 이에 반하여 일부 경제학자들은 공정가격이라는 개념이 경제학적으로 의미가 없으며, 가격이 높아지면 수요자는 소비를 억제하고 공급자는 피해를 입은 먼 곳까지도 재화와 용역을 공급하는 장점이 있다. 이렇게 형성된 가격은 부당한 것이 아니라 구매자와 판매자가 교환을 위해 서로 부여한 가치일 뿐이라는 것이다. 이런 의견에 대해 허리케인이라는 비상 상황에서 구매자가 자발적으로 구매하는 것이 아니라 가격을 강요받는 상태이므로 정상적인 가격으로 인정할 수 없다는 반박을 하는 등 논쟁이 무성하다고 말한다. 그리고 정의를 판단하는 기준에 대한 몇 가지 견해를 소개한다.

최대 다수의 행복 추구, 공리주의

정의를 판단하는 기준으로 최대 다수의 행복을 추구하는 것이 정의라고 주장하는 공리주의가 있다. 영국의 도덕철학자인 벤담이 주장한 논리다. 정부가 법과 정책을 만들 때 공동체 전체의 행복을 극대화하도록 해야 한다는 것이다.

이 주장에 대한 반박으로는 개인의 권리를 존중하지 않는다는 점이 있다. 공리주의에 의하면 테러 용의자에 대한 고문이 정당화된다. 고문은 용의자에게 고통을 주지만 폭탄이 터질 경우 수천 명의 목숨이 날아갈 일을 막을 수 있다는 장점을 내세운다. 그러나 용의자가 사실 죄가 없는데도 고문을 했다면 이는 정의로운 일인가.

또한 공리주의는 행복을 계량화하는 생각인데, 이는 모든 것을 돈으로 환산하는 문제가 생긴다. 예를 들어 담배 회사인 필립모리스는 체코에서 흡연에 따르는 비용 문제가 불거졌을 때 정부 입장에서는 흡연이 손해가 아닌 이익이라는 보고서를 만들었다. 흡연자들이 생존 중에는 정부의 의료 예산을 높이지만 결국 일찍 죽기 때문에 노년층을 위한 의료, 연금, 주거 부문에서 상당한 예산 절감 효과를 낳는다는 주장이었다. 담배에서 거둬들이는 조세수입과 흡연자의 조기 사망에 따른 예산 절감 등을 모두 계산하면 순수익을 올린다는 것이다.

이 연구보고서가 사회문제가 되어 체코 대중의 큰 분노를 일으키자 필립모리스는 인간의 기본 가치를 무시했다며 사과했다. 공리주의는 금전적 측면만이 아니라 슬픔에 빠진 가족의 고통 등을 고려하지 않는 약점이 있음을 보여준다.

자유지상주의

미국은 상위 1퍼센트 부자가 미국 전체 부의 3분의 1을 소유하는데 이는 하위 90퍼센트 사람들의 부를 모두 합친 것보다 많다. 이런 불평등은 부당하기에 부자에게 세금을 부과해 가난한 사람을 도와야 한다고 생각하는 사람들이 있다. 이에 대해 무력이나 사기가 아니고 시장에서 자유로운 선택으로 부를 얻었다면 전혀 부당하지 않다는 주장이 있다. 또한 부자의 돈을 빼앗아 가난한 사람을 돕는 행위는 인간의 자유라는 기본권을 침해하기 때문에 부당하다고 항변한다.

자유지상주의자들은 근대국가가 실시하는 다음의 세 가지에 반대한다. 첫째, 온정주의다. 사람들을 다치지 않게 보호하는 법을 반대한다. 개인은 자신의 안전에 책임을 져야 하며 국가가 개인의 신체나 목숨에 관해 이래라저래라 할 권한이 없다는 것이다. 둘째, 국가가 나서서 소득과 부를 재분배하는 것을 반대한다. 재분배는 강제 행위로 국가가 절도를 하는 행위로 볼 수 있다. 셋째, 법이라는 강압적인 힘을 이용해 미덕을 권장하거나 도덕적 신념을 표현하는 것을 반대한다. 매춘은 도덕적으로 못마땅한 행위지만, 성인들의 합의로 이루어지는 매춘을 법으로 금지하는 것은 옳지 않다는 것이다.

   자유지상주의는 사회보장제도, 최저임금제, 그리고 정부가 국민의 의무로 규정해 운영하는 퇴직연금 프로그램에 반대한다. 자유지상주의의 근거는 자기 소유 개념이다. 나라는 개인은 국가나 정치 공동체가 아닌 나 자신에게 속하기 때문에 다른 사람의 행복을 위해 내 권리를 희생하는 것은 잘못이라는 것이다.

   그리고 자유지상주의는 자유를 존중하는 시장의 역할을 옹호한다. 이에 반해 시장회의론자들은 시장의 선택이 늘 자유롭지는 않다고 반박한다. 특정 재화나 사회적 행위는 돈으로 사고팔 경우 타락하거나 질이 떨어진다는 것이다.

미국의 징병제도를 보자. 미국인 대다수는 자원군을 좋아하며 징병제를 좋아하는 사람은 거의 없다. 자유지상주의는 징병제는 강제성을 띤 일종의 노예제이기 때문에 부당하다고 주장한다. 그러나 이 주장에 대해 경제적 어려움 때문에 자유가 아니라 어쩔 수 없이 자원하는 사람의 입장을 무시한다는 반박이 있다. 현역 사병 가운데 저소득층에서 중간 소득층 지역 출신 비율이 현저히 높다는 사실과 프린스턴 대학의 경우 1956년 졸업생 750명 중 450명이 군에 입대했는데 2006년 졸업생 1,108명 중 고작 9명이 입대한 사실 등에서 자원군 제도의 문제점을 볼 수 있다는 것이다.

또 다른 반박으로는 군 복무는 공동체를 위한 시민의 의무인데 자원군제도는 이런 의무를 저버리는 불공정한 제도라는 것이다. 루소는 《사회계약론》에서 시민의 의무를 시장 행위로 전락시키면 자유의 가치를 옹호하는 것이 아니라 국가의 몰락을 가져오는 부도덕한 것이라고 주장했다.

칸트의 도덕철학

칸트는 정의와 도덕을 자유와 연관시키는 입장을 옹호한다. 그러나 시장의 자유나 소비자의 선택이라고 생각하는 것들은 진정한 자유가 아니라고 주장한다. 그 자유에는 애초에 우리가 선택하지 않은 욕구를 충족시키는 행위가 포함되기 때문이다.

칸트는 사람은 누구나 존중받을 가치가 있다고 주장한다. 이는 우리가 자신을 소유하기 때문이 아니라 이성적 존재이기 때문이다. 우리는 자율적 존재이며, 자유롭게 행동하고 선택할 능력이 있다. 자율적으로 행동한다는 것은 천성이나 사회적 관습에 따라서가 아니라 내가 나에게 부여한 법칙에 따라 행동하는 것이다. 자율의 반대인 타율이란 자신의 밖에서 주어진 결정에 따라 행동한다는 뜻이다. 자유로운 행동은 목적 자체를 선택하는 것을 말한다. 인간의 존엄성을 존중하는 것은 인간을 목적으로 취급하는 것이다.

어떤 행동에 도덕적 가치를 부여하는 의무 동기란 올바른 이유로 올바르게 행동하는 것을 뜻한다. 예를 들어 갓난아이가 우물가로 가까이 가면 바로 뛰어가 아이를 구하는 것이 의무 동기에 따른 행동이며 이를 정언명령이라 한다.

자율적으로 행동할 수 있는 것은 인간이 이성을 갖고 있기 때문이다. 이성이 의지에 명령하는 방법으로 가언명령과 정언명령이 있다. 칸트는 조건이 따라붙는 가언명령 대신 조건 없는 정언명령만이 도덕적인 명령이 될 수 있다고 주장한다.

아리스토텔레스의 목적론적 사고
아리스토텔레스는 정의에 관한 논쟁이 영광, 미덕, 그리고 좋은 삶의 본질에 관한 논쟁일 수밖에 없다고 주장한다. 아리스토텔레스에게 정의란 마땅히 받을 자격이 있는 사람에게 마땅히 받아야 할 것을 주는 것이다. 예를 들어 최고의 플루트는 최고의 플루트 연주자가 가져야 하는 것이다. 플루트의 목적이 뛰어난 음악을 만드는 것이기 때문에 이 목적을 가장 훌륭하게 실현할 수 있는 사람이 최고의 플루트를 갖는 것이 정의인 것이다.

정의를 위해서는 사회조직의 목적을 이성적으로 판단해야 한다. 예를 들어 대학의 목적이 학문 성취가 우선인가, 아니면 다양성이 존중되는 사회의 지도자를 기르는 것인가와 같이 목적이 서로 다를 경우 입학 기준 역시 달리 설정할 수 있게 된다.

따라서 아리스토텔레스는 정의를 적합성의 문제로 살핀다. 조직의 목적을 확인한 후 그 역할에 적합한 사람을 찾아 그에게 본성을 실현할 기회를 주는 것이 정의인 것이다. 자유주의자는 목적론적 사고가 자유와는 어울리지 않는다고 반박한다. 정의는 적합성의 문제가 아니라 선택의 문제다. 과연 누가 자신에게 적합한 역할을 단정할 수 있는가 하는 것이 문제로 남는다. 누가 자기 역할을 정해주는 것이 아니라 직접 자기 역할을 선택하도록 해야 한다고 한다.

공동선의 추구

우리는 완전한 삶, 자신이 관심을 갖는 삶으로 이끄는 길을 찾으려 애쓴다. 자신은 가족, 부족, 도시, 나라와 밀접한 관련을 갖고 있으며 기대와 의무를 지고 있음을 알게 된다. 이런 사실이 도덕의 출발점이고 자신의 삶에 도덕적 특수성을 부여하는 것이라고 한다.

인간이 세상에 태어날 때는 언제나 공동체의 삶 속에서 관계망을 형성한다. 이는 인간이 개별적 존재로서 자유로운 선택권을 지니기 때문에, 공동체가 안고 있는 역사적이고 사회적인 임무를 감당할 의무가 없는 자발적 존재라는 시각과는 다른 견해다. 공동선을 추구하는 입장에서는 사람이 연대 의무를 감당해야 하며, 공동선의 추구가 정의의 판단 기준이 되어야 하는 것으로 본다. 가족을 보자. 자기 아이와 다른 아이가 익사 직전인데 오직 한명만 구할 수밖에 없을 때 자신의 아이를 구하는 것은 전혀 잘못이 아니다. 부모는 자기 자식을 행복하게 할 특별한 책임이 있다는 생각이 깔려 있기 때문이다.

우리가 공동체와 관련된 연대 및 소속 의무를 인정하면 독일인이 유대인에 대해, 미국 백인이 미국 흑인에게 저지른 과거의 잘못을 보상하는 책임을 지게 된다. 개인은 자신의 선택과 행동에만 책임지면 그만이라는 입장에서는 선조의 잘못에 대해 책임감이 없기 때문에 잘못을 사죄하지 않는다.

미국의 벌저 형제 이야기를 보자. 형 벌저는 범죄 집단의 우두머리가 되었고 동생 벌저는 상원의원과 대학총장을 지냈다. 형은 경찰 체포를 피해 도주 중이며 동생과 전화 통화를 했지만 동생은 형 거처를 모른다며 수사 당국에 협조를 거부했다. 연방 검사가 동생을 압박하여 배심원 앞에서 증언을 하게 했는데 이때 그는 형에게 피해가 간다면 누구에게도 협조하고 싶지 않다는 심경과 함께 자신이 형을 체포하도록 모든 사람에게 협조할 의무가 없다는 것을 밝혔다. 그는 비록 수사 방해 혐의는 받지 않았지만 총장직을 사퇴했다. 가족에 대한 책임과 의리를 보인 예다.

무엇이 올바름의 경영인가

유학사상은 기업이 이익을 추구하는 행태를 나쁘다고 보지 않는다. 기업이 생존하고 성장하기 위해 이익이 반드시 필요한 요소임을 인정하는 것이다. 다만 사업을 운영해가는 방식이 비도덕적인 경우, 예를 들어 밀수를 한다든지 하는 것이 결코 올바르지 않다는 것은 명약관화한 일이다.

유학사상은 음의 기운과 양의 기운이라는 상징성을 통해서 세상의 변화를 보는 시각을 갖고 있다. 계절을 예로 들면 동지가 지난 후 봄에서 초여름까지의 기간은 양의 기운이 점점 확대되어 하지를 정점으로 변화가 일어나는데, 하지 이후부터 음의 기운이 가을과 겨울 동지까지 계속 확대된다는 사고방식이다. 이는 꽤 재미있는 사고방식이며, 여기에서 유학의 덕목인 인(仁)을 양의 기운에 배치하고 의(義)는 음의 기운에 배치하여 살펴보기도 한다. 예를 들어 나무의 일 년을 보면 봄에 양의 기운으로 무성히 자란 잎들이 음의 기운으로 바뀌는 가을이 되면 낙엽이 되어 떨어지고 나무는 그 대신 다음 세대를 위한 열매를 맺어가는 자연 현상으로 설명하는 것이다.

의로움이란 전체의 삶이나 다음 세대의 삶을 위하여 음의 기운에 따라 가지치기를 하는 덕목으로 볼 수 있다는 생각이다. 아름다운 장미꽃을 얻기 위해서는 많은 장미꽃 중 가장 아름답고 생명력 있는 몇 송이의 장미만 남겨 두고 나머지 장미꽃은 쳐내야만 한다고 한다. 만일 장미꽃을 쳐내기가 마음 아프다고 그대로 두면 아름다운 꽃을 못 얻을 뿐만 아니라 잘못하면 전체 장미꽃이 시들어버린다. 이런 자연의 이치에서 의로움이란 희생이 따를 수 있는 것임을 알아야 한다.

경영에 있어서 올바름 또는 의로움은 조직이 본래의 목적을 잘 수행하면서 지속적으로 존립할 수 있도록 나무의 가지치기에 해당하는 불필요한 업무나 사업 영역을 없애고 시장이나 고객이 원하는 제품이나 서비스를 발굴하며, 더 효율적인 생산방식을 채택하는 영역이라 할 수 있다.

드러커 교수가 말한 경영의 두 가지 기능, 즉 해야 할 일을 효율적으로 수행하는 것과 옳은 방향으로 사업을 추진하는 것을 올바른 경영 또는 의로운 경영의 관점에서 살펴보자.

맡은 일을 효율적으로 잘 해내는 것은 자기 회사가 만든 제품이 품질이 높으면서 가격은 저렴하고 디자인이나 최신의 기술이 접목되었을 때 다른 회사에 비해 경쟁에서 유리한 위치를 차지하는 것을 말한다.

기존의 일하던 방식을 바꿈으로써 업무의 효율성을 높이는 예를 보자. 신시내티의 어린이병원은 몇 가지 일하는 방식을 변경하여 세균 감염이 없고 의료사고 없는 병원으로 유명해졌다. 새롭게 어린이병원장이 된 사람은 의사가 아닌 밸브 제조업체 CEO였다. 그는 병원의 의료사고는 기본 사항을 잘 안 지키는데서 오는 것임을 확인하고 수술을 하기 전에 30초간 여유 시간을 가지며 기본 사항을 체크하도록 했다. 이 간단한 체크로 의료사고가 획기적으로 줄어든 것이다. 또한 수술실이 한없이 밀리기도 하고 어떨 땐 비어 있는 상태가 반복되는데 이는 긴급 수술 때문에 스케줄이 뒤엉켜 있는 것이 그 원인임을 알아냈다. 이에 대한 개선으로 20개 수술실 중 18개는 예정된 수술을 하도록 배정하고 2개의 수술실은 긴급 수술을 하도록 함으로써 수술이 원활히 진행되도록 하여 업무 효율성과 수익이 2배나 증가하는 성과를 보였다. 예전부터 해오던 일이나 방식이라고 아무 생각 없이 뒤따르기보다는 새로운 시각으로 일하는 방식 또는 제품과 서비스를 바라보면 훨씬 더 효율적인 방식 또는 제품과 서비스를 만들 수 있는 법이다.

한상만 교수가 쓴 《고전에서 배우는 경영 인사이트 40》에 보면 스웨덴의 의류회사 H&M의 성공 스토리가 나와 있다. H&M은 신제품의 출시 기간을 앞당기는 기존 의류업체의 경쟁력에 다양한 디자인을 저렴한 가격에 제공하는 공급 체인을 개발했다. 특히 유명 아티스트와의 협업을 통한 제품 라인의 출시가 H&M의 상징이 되었다. 품절 상품을 추가로 발주하지 않음으로써 지금 구입 못하면 못 가진다는 인식을 심어주어 상품구매율과 회전율도 높였다. 상품 기획과 개발, 디자인을 스톡홀름의 디자이너가 담당하는데 이들은 시즌 초기에 기획 상품과 최단 3주간 내에 기획, 생산, 판매라는 체제를 구축함으로써 시장 요구에 빠르게 대응했다. 이처럼 다른 경쟁자들이 모방할 수 없는 독자적인 신제품을 저렴한 가격에 시장에 내놓음으로써 H&M이 크게 성장하게 된 것이다.

우리나라를 넘어 세계의 기업으로 우뚝 선 삼성은 어려운 고비마다 올바른 방향을 선택해서 경쟁에서 살아남는 생생한 교훈을 준다. 올바른 방향은 시장의 변화에 바르게 대처하는 것을 의미하며, 윤리적으로 꼭 옳게 행동했다는 의미는 아니다. 윤리적으로는 잘한 것도 있고 잘못한 것도 있지만, 기업을 성장하고 유지 발전시키는 방향성이 어떠한지를 중심으로 살펴본다.

삼성의 창립자인 고 이병철 회장은 유교 전통이 있는 가정에서 자랐기 때문에 조부로부터 어린 시절 《맹자》나 《논어》 등을 배우기 시작했으며, 일생에 걸쳐 《논어》를 곁에 두고 유학정신을 바탕으로 삼성을 운영해간 것으로 유명하다. 한번 사람을 믿고 채용하면 의심을 하지 않고 대담하게 일을 맡기는 방식 역시 이런 철학에서 나왔다.

 삼성을 설립할 때 무역 위주의 사업에서 크게 방향을 바꾼 것은 제일제당을 설립한 때부터다. 1953년 그 당시 우리 사회는 한국전쟁으로 폐허가 된 까닭에 변변한 제품을 생산하는 공장이 없었다. 이병철은 설탕이 우리 사회에 꼭 필요한 물품인 것을 보고 기술 등 여건이 좋지 못함에도 불구하고 제당업에 진출하였다. 일본 기계와 기술을 도입하여 공장 건설을 하였으나 설탕이 아닌 밀당이 쏟아져 심한 고생을 하는 등의 우여곡절이 있었지만 마침내 성공한다. 이병철은 사업가로서 보람을 크게 느끼며 사업으로 나라에 이바지한다는 사업보국의 사명을 가슴에 새긴다. 이후 모직물을 생산하는 제일모직을 설립하는 등 우리나라 최고의 기업으로 성장해간다.

 삼성에도 큰 시련이 있었다. 1967년 가동한 한국비료회사의 원자재를 수입하면서 인조 감미료인 사카린을 밀수한 사건이었다. 이 사건으로 한국비료를 국가에 헌납하였으며 임원진을 대폭 교체하여 새로운 기업 윤리를 세우는 토대를 만든다. 이때 바른 경영을 위해서는 지도자가 먼저 바르게 서야 한다는 중요함을 깨달았다. 한국비료로 침체된 분위기인데도 이병철은 다음해 삼성전자를 설립하고 이후 삼성조선, 삼성중공업, 삼성석유화학 등 수많은 사업을 크게 일으키며 성공 가도를 달린다. 이런 많은 회사 설립에도 불구하고 삼성이 가장 고심 투자한 분야가 삼성반도체다. 1974년 한국반도체를 인수한 후 1978년 삼성반도체로 이름을 바꾼 반도체 투자는 삼성의 운명을 건 승부였다.

 그 당시 우리나라는 반도체 기술이 거의 황무지에 가까운 상태여서 기술적으로 성공한다는 보장이 없었다. 반도체 생산 시설은 천문학적 자금이 필요하기 때문에 만일 반도체 개발에 실패할 경우 삼성 전체가 무너질 것이라는 국내외의 우려가 있었다. 그러나 고 이병철 회장과 이건희 회장이 이를 적극 추진하여 1983년 국내 최초로 64k D램 개발을 시작으로 1992년 세계 최초의 64메가 D램 개발 이후 반도체 세계 1위로 도약하여 오늘에 이른 것이다.

이병철 회장 사후 이건희 회장이 1987년 삼성의 2대 회장으로 취임한다. 이건희는 삼성을 떠맡은 지 6년이 되던 1993년 6월 독일 프랑크프루트에서 그때까지 삼성이 추구해 온 양 위주의 경영을 질 위주의 경영으로 바꿀 것을 선언한다. 그 유명한 '마누라와 자식 빼고 다 바꾸자'는 선언이었다. 삼성의 신경영이 시작된 것이다.

 삼성이 질 경영을 부르짖은 지 2년이 되던 1995년 3월 삼성 구미사업장 운동장에서 휴대전화 등 15만 대의 제품에 대한 화형식이 있었다. 세계시장에서 이류로 취급받는 삼성 제품을 일류로 올리지 않고서는 생존이 어렵다는 이건희의 결단이었다. 이날 500억 원의 제품이 공중으로 사라졌으며, 삼성 직원들은 품질을 일류로 높이지 못하면 생존이 어렵다는 것을 현실로 인식하였으며 삼성이 일류 기업으로 나가기 위한 첫걸음을 시작한 것이다. 이러한 노력의 대가로 이후 애니콜이 세계시장을 석권하게 되며, 스마트폰 갤럭시로 이어져 일본 기업 소니를 훌쩍 뛰어넘는 눈부신 성과를 보였다.

 이건희의 뛰어난 점으로는 시대의 변화를 누구보다 미리 알아보고 사업의 바른 방향을 찾아 나서는 것을 들 수 있다. 그는 앨빈 토플러나 피터 드러커 등 미래를 내다보는 학자들의 책을 열심히 보면서 내일의 세계가 어떻게 변화할지에 많은 관심을 기울이는 리더다. 지금 삼성은 휴대폰 이후의 새 사업을 다각도로 모색하고 있다. 홈네트워크와 같은 사물 인터넷 사업 등을 미래 성장 동력으로 신중하게 고려하고 있다는 소식을 듣는다.

올바른 경영을 위해 네 가지를 질문해보자

드러커는 매니지먼트의 기능을 수행하기 위해서는 다음 4가지 질문을 해야 한다고 말한다.

① 우리의 사업은 무엇인가?
② 우리의 사업은 무엇이 될 것인가?
③ 우리 고객은 누구인가?
④ 우리 고객은 무엇을 가치로 여기는가?

사업

매니지먼트의 출발점은 기업이 추구하는 사업business이 과연 어떤 것인가를 결정하는 일이다. 자신이 맡고 있는 조직이 어디에서 생존과 성장을 위한 동력, 즉 이익을 얻을 수 있는지를 알아야 한다. 고객에게 제공하는 제품이나 서비스가 다른 기업에 비해 어떤 좋은 점이 있는지, 아니면 어떤 문제점이 있는지를 분석하여 기업의 현주소를 파악해야 한다. 그리고 좋은 점은 더욱 발전시키고 문제 있는 부문은 개선 방안을 생각해보고 크게 개선될 여지가 없으면 과감하게 가지치기를 하여 문제 부문으로 인해 전체 조직이 쓰러지지 않도록 조치를 취하는 것이 옳은 매니지먼트다.

매니지먼트에서 선택과 집중은 의로움을 보이는 방식이다. 제네럴 일렉트릭의 전 회장인 잭 웰치가 부임하자마자 기존의 여러 종류의 사업 위치를 평가하여 상당한 사업 부서를 과감히 잘라낸 후 회사가 비약적으로 발전한 사실은 올바른 방향의 경영이라는 좋은 예를 보인다.

앞으로의 사업

우리의 사업은 무엇이 될 것인가라는 질문은 기업을 둘러싼 환경, 예를 들어 기술이나 고객들의 기초가 바뀌는 것을 잘 관찰하여 앞으로의 사업 방향을 선택하는 것을 말한다. 상당수의 기업들이 자신들이 과거로부터 현재까지 성공해온 방식 즉 과거의 성공 모델에 안주하여 새로운 변화에 둔감하거나 안일하게 대처하다가 파산해버린 것을 알 수 있다.

코닥은 세계에서 제일 처음으로 디지털카메라를 개발하였지만 당시까지 잘 팔리고 있던 필름 시장을 놓치는 것을 아쉬워하여 디지털카메라 출시를 늦추다가 일본의 캐논에게 시장을 빼앗기고 결국은 파산해버렸다. 매니지먼트를 수행함에 있어서 앞으로의 사업이 어떻게 되어야 하는지를 판단하는 것은 올바른 방향을 설정하기 위한 매우 중요한 리더의 과업이다.

코닥처럼 파산한 경우는 아니지만 기업이 크게 발전해갈 기회가 왔는데도 이를 보지 못하고 놓쳐버리는 덕분에 곤경을 겪는 기업으로 야후를 들 수 있다. 구글이 지금 같은 대기업으로 성장하기 훨씬 전 세르게이 브린과 래리 페이지가 스탠퍼드 대학교에서 기존의 웹 검색 방식에서 벗어나 획기적으로 성능을 높이는 새로운 웹 검색 방식을 개발하였다. 그 당시 대학원생 신분이었던 두 사람은 야후를 찾아가 자신들의 아이디어를 설명하고 야후에서 자신들이 개발한 소프트웨어를 인수해줄 것을 요청하였으나 야후는 이를 알아보지 못하고 이 제의를 거절하였다. 이에 두 사람은 자신들의 회사인 구글을 창립하여 지금 우리가 보는 멋진 기업으로 성장한 것이다.

우리가 아는 것처럼 구글은 검색엔진뿐만 아니라 스마트폰 시장까지 평정해가고 있어 마이크로소프트나 애플을 위협하는 거인의 모습을 보이고 있다. 야후로서는 땅을 치고 통탄할 노릇이지만 이미 배는 지나가 버렸으니 되돌릴 수도 없는 안타까운 마음만 남았을 뿐이다.

구글은 마이크로소프트와 달리 제품을 판매하여 수익을 올리는 방식이 아니라 웹에 관한 소프트웨어를 온라인 서비스로 제공하여, 다양한 웹 기반 콘텐츠를 광고와 연결하여 수익을 올리는 사업 모델로 성공을 거두었다. 검색엔진과 지메일, 구글맵 등의 제품이 고객의 열렬한 호평을 받고 있다. 이에 더하여 구글 콘텐츠를 이용한 개발자들의 부가적인 콘텐츠 역시 성공을 거두고 있다. 또한 스마트폰 시장에서는 기본 플랫폼인 안드로이드를 기반으로 하는 다양한 앱이 애플의 앱과 함께 세계시장을 양분하고 있는 것을 우리 모두 알고 있다. 최근에는 구글 글래스를 개발하여 3차원의 가상현실이나 눈앞 상황에 가상 이미지를 겹쳐 보여주는 증강현실을 구현하는 서비스를 제공하는 등 최첨단 기업으로서의 행보를 걷고 있다. 기술 개발과 남이 생각 못하는 기발한 아이디어를 사업 영역으로 넓혀가는 구글 같은 벤처 기업이 우리나라에서도 빨리 일어서길 기대해본다.

고객

기업의 매니지먼트에 있어서 자신의 고객이 누구인가라는 질문은 너무도 당연한 것 같아 특별한 주의를 기울이지 않는 분야라 할 수 있다. 자기 회사의 제품이나 서비스를 통상적으로 구매하는 소비자나 기업이 고객이라는 생각에 멈추는 경우가 일반적이다.

이러한 일반적인 고객의 관점에서 벗어나 고객을 새롭게 바라보는 일이 기업이나 산업을 크게 성장시키는 사례가 많다. 예를 들어 예전에는 회사가 있는 지역과 자기 나라만을 상대로 제품을 팔던 회사가 인터넷 상거래라는 과거와는 전혀 다른 거래 시스템을 이용하여 세계의 구석구석에 있는 고객들에게 판매를 하고 있는 현상에서 고객의 범위를 어떻게 정하느냐 하는 문제에 대한 혜안을 본다.

피터 드러커의 《매니지먼트》에는 카펫 업계가 고객을 어떤 방법으로 새롭게 발견하여 어려움을 넘겼는지에 대한 사례를 보여준다. 카펫 산업은 매력적인 요소도 정교한 기술도 거의 없는 오래되고 진부한 산업으로서 1950년대 초반까지 무려 30여 년간 꾸준히 하향세를 걷고 있어서 누가 보기에도 회복하기가 힘든 산업이었다. 1950년대 이전에는 아무리 좋은 집이라도 거실에 값싼 카펫을 까는 것이 일반적인 통례였다.

그러나 요즈음의 미국 집은 아무리 저가의 주택일지라도 고가의 카펫을 깔고 있다. 이런 변화가 일어난 원인은 카펫 회사가 자신의 고객이 누구이고, 누가 고객이 되어야 하는가에 대한 질문을 신중히 고려하면서 고객의 범위를 새롭게 정의한 데 있다. 전통적으로 카펫 회사들은 주택 소유주가 자사의 고객이며, 그 중에서도 자기 집을 새로 구입하는 사람들이 중요한 고객이라고 정의했다. 그러나 사람들이 주택을 구입하고 나면 비싼 카펫을 구입할 여력이 없기 때문에 값싼 제품을 사거나 기존의 카펫을 그냥 사용하는 방식이었다.

카펫 회사들은 고객에 대한 질문에 깊이 파고든 후 소비자가 아니라 주택건설업자를 고객으로 삼을 수 있다는 사실을 깨달았다. 주택 건설업자의 입장에서는 새로 짓는 집에 카펫을 깔아서 파는 방식이 수익성이 더 높았다. 이전에 건설업자는 값비싸고 질이 높은 바닥재를 깔아야 했지만 바닥 전체에 카펫을 깔면 값 싸고 약간 질이 떨어지는 바닥재를 깔아도 아무 문제가 없게 된 것이다. 건설업자는 더 낮은 비용으로 더 좋은 집을 팔 수 있게 되었다.

여기서 더 나아가 카펫 회사들은 주택 소유주들을 위해 카펫 구입 대금을 매달 할부로 지불할 수 있는 방법이 필요함을 깨달았다. 주택을 구입하는 고객의 부담을 줄여야 카펫 구입에 대한 저항이 낮아진다는 생각이었다. 카펫 산업은 주택담보대출을 해주는 금융기관을 설득해서 카펫도 주택에 들어가는 자본 투자의 일부이므로 담보 가치로 여기도록 하였다.

 마지막으로 주택 건설업자들이 카펫 회사를 대신해서 소유자에게 카펫을 판매할 수 있도록 제품을 재설계했다. 주택 구입자들이 건설업자를 통해 다양한 컬러와 패턴으로 된 카펫 샘플을 보고 선택할 수 있도록 했다. 이 샘플은 기본적으로 중급, 상급, 최상급의 세 가지밖에 없으며 할부 구입의 경우 등급 사이의 할부금이 별로 차이가 없게 하여 대부분의 주택 소유주들이 상급 이상의 카펫을 구입하게 하였다. 카펫 산업이 부활한 것이다.

고객에 대한 정의를 내릴 때 자기 회사의 고객이 어디에 있는가라는 질문도 중요하다. 미국의 시어즈 백화점은 자신의 주 고객층인 농부들에게 카탈로그를 우편 발송해서 판매하는 방식으로 성장했었다. 1920년대 들어 자동차 산업의 발달로 농부들이 이동성을 가지게 되어 도시로 나가 물건을 구입하는 것을 보고 도시에 매장을 설치하여 새로운 고객을 흡수할 수 있었다. 요즈음 인터넷을 통해 국경을 넘어 세계 각국의 고객을 만나는 것과 같은 사고방식이다.

고객이 누구인가에 대한 질문의 답을 찾는 매니지먼트의 분야가 마케팅이다. 마케팅에서는 모든 소비자를 대상으로 하는 것이 아니라 주 고객층을 선정해서 그들을 집중 공략하는 방식을 쓰는데 이를 타깃 마케팅이라 한다. 타깃 마케팅은 예를 들어 도시의 10대 청소년층이라든가 실버 마케팅 식으로 비슷한 요구나 성향을 가진 소비자를 그룹으로 나누어 마케팅을 펼치는 것으로 타깃 마케팅을 위해서는 시장을 세밀하게 나누어 분석하는 시장세분화 작업을 먼저 행한다.

 10대 소녀가 구두에서 원하는 가치는 내구성이나 편리함이 아니라 그 당시 또래의 10대들에게 어필하는 유행이라고 할 수 있다. 물론 나이가 든 여성에게는 유행보다는 내구성이나 가격이 훨씬 더 높은 가치의 척도로 바뀌게 된다.

　가전제품을 구입하는 경우 주부들 입장에서 제품 자체의 성능이 가치 판단에 중요하지만 친구나 이웃이 같은 회사 제품이나 다른 회사 제품을 사용하다가 문제가 생겼을 때 어떤 애프터서비스를 받는지도 중요한 구매 결정의 요소가 된다. 가격 이외에도 품질이나 서비스 등이 구입 시의 가치 판단에 중요한 요소가 됨을 보여주는 예라 할 수 있다.

시장세분화 작업은 소비자의 성향, 연령층, 지역, 문화 등등의 여러 요소별로 범주를 선정해서 그 특성에 따라 제품이나 서비스를 맞추어가는 방식이다. 크게 보면 개인별까지는 안 되지만 그룹별 맞춤 서비스라고 할 수 있다.
　시장세분화의 요소는 여러 가지가 있지만 가장 일반적인 요소는 연령과 성별, 지역, 소비자의 특성이나 문화 등을 사용한다.
　첫째, 연령층으로 분석하는 방법은 자기 회사의 특성에 맞게 다양한 방식으로 구분해서 활용한다. 예를 들어 연령층을 10대, 20대와 30대, 40대와 50대, 60대 이후 등으로 나누어 각 연령층이 요구하는 특성이나 소비성향 등을 분석하고 자기 회사 제품의 중요한 고객층이 어디에 있는지를 확인하는 방법이다. 같은 연령층이라 하더라도 남성인지 여성인지를 구분하여 특성을 살피는 것도 중요하다. 나이키의 경우 운동화는 10대의 청소년을 주 타깃으로 삼아 스타 마케팅을 펼쳐 이를 통해 큰 성공을 거둔 것으로 유명하다. 골프 제품 시장에는 타이거 우즈를 전면으로 내세워 골프를 하는 연령층을 공략하는 식으로 제품이나 서비스별로 다른 타깃을 설정하는 것을 알 수 있다.
　둘째, 지역 세분화는 작은 범위로는 도시와 시골로 구분할 수 있으며 세계적인 구분은 유럽, 아프리카, 미국, 중국 시장과 같이 지역과 문화의 특성이 서로 다른 그룹으로 나누어 분석하는 방법을 쓴다. 같은 회사 제품이라도 지역별로 좋아하는 포인트가 다르기 때문에 예를 들어 유럽은 흑색 가전을 좋아하는데 반해 아프리카는 백색 가전을 좋아한다면 그 시장에 맞는 제품을 제공하는 방식이다.

셋째, 소비자의 특성 및 문화 요소에 따른 세분화는 지역이나 연령층과도 밀접한 연관이 있지만 인종에 따라 다른 문화 등을 구분하여 분석하는 방식을 쓴다. 예를 들어 인도 사람들에게 쇠고기를 판매할 수 없고 유대인에게 돼지고기를 팔 수 없는 것은 그들의 문화가 다른 것이다. 같은 커피라 할지라도 미국식 아메리카노처럼 원두커피를 옅게 마시는 문화가 있는가 하면 유럽의 에스프레소처럼 진한 커피를 좋아하는 식으로 다른 특성을 보이는 것이다. 특히 종교가 서로 다르기 때문에 소비자의 기호가 바뀌는 것도 중요하게 분석해야 할 요소가 된다.

십여 년 전부터 우리나라의 영화와 연예인 등을 중심으로 일기 시작해 아시아 지역에서 엄청난 열기를 불러일으키고 있는 한류 열풍을 보자. 이런 한류 열풍 문화를 우리나라 기업들이 마케팅으로 잘 활용하는 것은 소비자 특성 및 문화라는 요소의 큰 덕을 보는 예라 할 수 있다.

고객이 가치 있다고 여기는 바를 실천한다

중국 당나라의 임금 현종이 죽고 못 살 정도로 좋아했던 그 당시 최고의 미녀 양귀비는 요즈음의 눈으로 보면 너무 살이 많이 쪄서 미인으로 전혀 인정하지 않을 정도다. 시대에 따라 미인에 대한 생각이 바뀐 것이다. 고객이 무엇을 가치로 여기는지도 시대에 따라 변하기 때문에 이를 확인하는 것은 결코 쉬운 일이 아니다.

일반적으로 기업이 고객을 진심으로 위하고 올바른 행동을 보여주면 그 기업을 높게 인정하고 기업에 호감을 느껴 기업이 성장하는 데 큰 힘을 실어주는 것을 볼 수 있다. 이런 예로 1982년 미국 시카고 지역의 주민 7명이 타이레놀을 복용한 후 사망한 사례를 보자.

자기 회사 제품인 타이레놀을 복용한 후 7명이 사망한 사건은 존슨앤존슨에게 마른하늘에 날벼락이었다. 미국 시장에서 통증 완화제로 널리 사랑받던 타이레놀이 갑자기 무서운 약품으로 인식되어 잘못하면 회사가 부도 직전의 망할 지경까지 내몰렸다.

경찰 조사 결과 누군가가 캡슐로 되어 있는 타이레놀에 청산가리를 투입한 것으로 판명되어 회사는 일단 누명은 벗게 되었다. 이때 회사는 아직 팔리지 않고 마켓에 진열되어 있는 타이레놀과 몇 개월 전에 이미 구입해서 소비자들이 보관하고 있는 타이레놀을 어떻게 하느냐는 문제에 부딪혔다. 이를 전부 회수해서 대금을 반환하는 데만 2억 5천만 달러, 우리 돈으로 2천 5백억 원이라는 어마어마한 자금이 소요되기 때문이었다.

회사는 이때 큰 손실을 입더라도 타이레놀을 전량 회수하는 결정을 내렸다. 그리고 타이레놀의 제품 이름을 바꾸지 않고 3중 캡슐로 만들어 외부에서 독극물을 투입할 수 없도록 개선하였다. 이런 회사의 진심 어린 행동에 미국인들이 호응하여 6개월 만에 타이레놀은 미국 시장의 32퍼센트라는 경이적인 시장점유율을 차지하며 재기에 성공하였다. 기업이 고객의 안전과 행복을 진심으로 위한다는 옳은 마음을 소비자들이 높은 가치로 인정한 것이다.

9

예와 덕의 경영이 기업을 살린다

예치와 법치는 사회에 반드시 필요하다
경영에도 예치와 법치가 긴요하다
자율 경영에서 예치와 덕치가 가장 잘 구현된다
사고 예방과 안전 훈련도 덕치의 하나다
기업의 사명과 윤리를 저버려서는 안 된다

폭설, 그 이튿날

눈이 와서,
대숲은 모처럼 누웠다

대숲은 아주 천천히
눈이 깔아놓은 구들장 속으로 허리를 들이밀었을 것이다

아침해가 떠올라도 자는 척,
게으른 척,
꼼짝도 하지 않는 것은

밤새 발이 곱은 참새들
발가락에 얼음이 다 풀리지 않았기 때문

참새들이 재재거리며 대숲을 다 빠져 나간 뒤에
대숲은 눈을 툭툭 털고
일순간, 벌떡 일어날 것이다

(안도현)

9
예와 덕의 경영이 기업을 살린다

●아침에 지하철로 출근을 하는데 큰소리로 통화를 한다든가, 옆자리에 앉은 사람이 잠을 자면서 머리를 자기 어깨로 떨어뜨리는 등의 불쾌한 행동으로 짜증이 솟아오르는 경험을 자주 하였을 것이다. 더불어 사는 세상에서 상대방에게 이익은 못 주더라도 폐는 끼치지 않고 사는 것이 사람의 도리지만 이처럼 예의가 없는 행태에 마음이 불편해지는 것은 인지상정이다.

예(禮)란 상대방을 존중하고 배려하는 인간의 도리이며, 인(仁)이라는 덕목이 사람과의 관계에서 행동으로 표현되어 나오는 덕을 말한다. 공자는 인이 구체적으로 드러나는 한 모습이 예라고 하며, 자기 마음대로 아무렇게나 하는 행동을 자제하고 예로 돌아가 예에 맞게 행동해야 한다고 말한다.

예에 맞게 행동하는 것은 머리로만 되는 것이 아니고 일상 속에서 습관처럼 몸에 배어야 하는 것이다. 어린아이의 예절에 관한 책인 《소학》은 어린아이 때부터 물 뿌리고 청소하며 어른 부름에 응하고 대답하는 쇄소응대(灑掃應對)를 예절을 배우는 첫걸음으로 매우 중요하게 여겼다. 조선시대의 대유학자 율곡 이이는 《격몽요결》에서 《예기》에 있는 아홉 가지 공손한 태도를 말하는 구용(九容)과 《논어》에서 말하는 경건한 마음을 가다듬는 방법인

구사(九思)에 대해 자신의 해설을 덧붙이며 바른 습관을 기르는 것을 장려하고 있다.

구용이란 신중한 걸음걸이, 공손한 손동작, 바른 시선, 다문 입술, 조용한 목소리, 바로 세운 머리, 고르게 쉬는 숨, 똑바로 서 있는 자세 및 단정한 얼굴 모양을 말한다. 이런 자세를 갖추면 외모에서부터 단정하고 우아한 자세를 풍겨 주위 사람들에게 자연스럽게 군자의 모습을 보이게 될 것이다. 이는 서양의 왕이나 귀족이 위엄 있는 모습을 위해 어려서부터 발레 등을 통해 똑바로 서고 걷는 자세를 바로잡는 것과 같은 방식의 습관 들이기와 마찬가지인 것이다.

《논어》〈계씨편〉에 있는 9가지의 바르게 생각하는 자세인 9사(九思)를 보자.

① 눈으로 볼 때는 밝게 볼 것을 생각한다.
② 귀로 들을 때는 밝게 들을 것을 생각한다.
③ 얼굴빛은 온화하게 할 것을 생각한다.
④ 모습은 공손하게 할 것을 생각한다.
⑤ 말을 할 때는 진실하게 할 것을 생각한다.
⑥ 일을 할 때는 경건하게 할 것을 생각한다.
⑦ 의심이 날 때는 물어볼 것을 생각한다.
⑧ 분노가 일어날 때는 어려움에 처하게 될 결과를 생각한다.
⑨ 이득을 볼 때는 의로운 것인가를 생각한다.[39]

이런 바른 생각이 삶 속에서 자연스럽게 나오기 위해서는 자신을 가다듬고 수양하는 수기(修己)가 있어야 한다. 공자는 예를 수양하는 데 있어서 밖으로 드러난 형식도 중요하지만 내면의 바탕도 함께 닦아야 제대로 된 군자가 된다는 것을 〈옹야편〉에서 다음과 같이 말한다.

> 바탕[質]이 문채[文]를 이기면 거칠고 문채가 바탕을 이기면 사치스럽다. 바탕과 문채가 고루 어울린 후에야 군자이다.[40]

바탕과 문채가 고루 어울린 것을 문질빈빈(文質彬彬)이라 한다. 앞으로 문질빈빈을 목표로 자신을 가다듬는 것에 힘쓰기로 하자.

예치와 법치는 사회에 반드시 필요하다

관계망에서 살아가는 우리 모두가 예를 갖추고 예에 의해 모든 사회질서가 잘 갖추어지면 좋겠지만, 예만으로는 생명이나 재산과 같은 삶의 근본적인 토대를 지킬 수 없기 때문에 법에 의해 질서를 다스리는 법치(法治)가 필요하게 되었다. 예치와 법치에 대한 유학사상을 알아본다.

  순자는 예에 의한 다스림인 예치를 주장했다. 순자는 사람들이 한정된 재화를 놓고 서로 투쟁하기 때문에 사회가 혼란되는 것을 막기 위한 방안으로 선왕의 예법을 제시했다. 선왕이 각자의 직분에 맞는 예법을 제정하고 이를 지키면 사회질서가 유지된다는 것이다. 우리의 이웃 일본은 이러한 순자와 한비자의 예치 및 법치 사상을 사회질서를 유지하는 큰 기둥으로 하여 나라를 이끌어왔다.

이에 반해 공자와 맹자는 사회질서를 위해 법으로 다스리는 법치가 필요하다는 사실을 인정하지만, 법치보다는 예치와 덕에 의한 다스림인 덕치를 더 귀하고 중요하게 여겼다. 〈안연편〉에서 공자는 군자라는 덕의 바람이 불면 백성인 풀이 자연스럽게 눕는 것과 같은 덕치가 행해져야 한다고 말한다.[41] 또한 백성을 형벌로 다스릴 경우 형벌을 면하기 위해 질서를 유지할 수 있을지는 몰라도 백성들이 염치를 모르게 된다는 것을 지적한다. 덕으로 인도하고 예로 다스릴 때 염치를 알게 되고 바르게 된다는 것이다.

법으로 다스리면 염치를 잃는 예를 보자. 어린아이를 돌보는 한 유치원에서 저녁 6시까지 부모가 아이를 찾아가야 하도록 되어 있었는데 몇몇 부모가 제시간에 못 오고 늦게 자기 아이를 찾아가면서 늘 미안한 마음을 표시하곤 하였다. 유치원 측에서 늦는 것을 방지하기 위하여 늦은 시간만큼 벌금을 부과하기로 정하자 부모들이 미안한 마음이 없어진 채 당당하게 벌금을 내면서 예전보다 더 늦게 아이를 찾아가는 결과를 초래하고 말았다. 예의로 이루어진 관계에서 돈으로 계산하는 거래 관계로 바뀔 때 사람의 행동양식이 바뀐다는 사실을 보여주는 것이다.

공자 당시에도 법을 적용하는 데 대한 논쟁이 있었다. 《논어》에는 섭공이란 사람이 자신의 마을에 사는 직궁이라는 자가 자신의 아버지가 양을 훔친 것을 증언한 사실을 말하고 이에 대해 공자의 마을에서는 아버지가 자식을 위해 숨겨주고 자식이 아버지를 숨겨주는데, 이를 정직이라고 한다고 공자가 대답하는 장면이 있다. 유학이 법치보다 가족을 살피는 덕치를 더 우선시하는 입장을 밝힌 예다. 똑같은 사실을 한비자와 같은 법치의 입장에서는 아버지도 벌하고, 아버지와의 관계를 어긴 아들도 벌해야 한다는 주장을 편다.

《맹자》에도 비슷한 예가 있다. 맹자의 제자 하나가 순임금의 아버지가 살인죄를 저지른 경우 순임금은 어떻게 해야 하는지를 물었다. 이에 맹자는 임금으로서는 법을 지켜야 하는 것을 인정하지만, 자식으로서는 아버지를 저버릴 수 없기 때문에 아버지와 함께 멀리 도망하여 종신토록 임금의 자리를 버린 것에 대해 아쉬워하지 않냐나 한다는 입장을 밝힌다. 현재 우리나라 형법은 아들이 아버지의 죄를 고발하지 않더라도 처벌하지 않도록 규정하여 덕치 개념을 살리고 있다.

경영에도 예치와 법치가 긴요하다

예와 법은 내부적으로는 질서를 부여하고 조직 외부에 대해서는 고객에 대한 배려와 함께 소비자 및 지역사회에 대한 책임 있는 태도로 연결될 수 있다. 원칙이 있는 매니지먼트를 수립하는 것이 예의 실천 방안 중 하나인 것이다.

예가 고객에 대한 배려로 나타나는 사례를 《우동 한 그릇》이라는 소설을 통해 살펴보자. 《우동 한 그릇》은 일본 작가 구리 료헤이가 쓴 동화 같은 짧은 소설이다. 북해정이라는 우동 집에서 섣달 그믐날 밤 10시에 문을 막 닫으려 할 때였다. 한 여자가 여섯 살, 열 살 가량의 아이 둘을 데리고 들어와 머뭇거리며 우동 한 그릇을 주문한다. 주인은 1인분 우동에 반을 더해 내주었다. 주인은 손님들이 무안해할까봐 모르는 척하고 양을 조금 더 준 것이었다.

손님들은 150엔을 내고 맛있게 먹었다는 인사를 했다. 주인은 고맙다는 말과 함께 새해에 복 많이 받으라는 덕담을 건넸다. 다음해 섣달 그믐날에도 이 손님들이 찾아와 우동 한 그릇으로 배고픔을 해결한다. 그 다음해는 우동 값이 200엔으로 올랐지만 주인은 밤 10시가 되자 메뉴판의 200엔을 150엔으로 바꾼다. 어김없이 찾아온 세 식구는 이번엔 우동 두 그릇을 시켜 맛있게 먹고 300엔을 지불한 후 간다.

다시 1년이 지나 주인이 이 손님들을 기다리지만 이후로 그들이 나타나지 않은 채 10여 년이 흐른다. 그런 어느 해 섣달 그믐에 멋진 두 청년과 부인이 가게에 들어선다. 그들은 3인분을 주문한다. 그리고 자신들의 이야기를 주인에게 들려준다. 가난해서 힘들었지만 우동 한 그릇을 시킨 자신들에게 고맙다고 말해준 것이 용기를 주어 큰아들은 의사, 작은아들은 은행에 다닐 만큼 성공하게 되었다는 것이다.

  우동 집 주인의 깊은 배려의 마음이 세 식구에게 고난을 헤쳐갈 용기와 감사의 마음을 심어 훌륭한 삶을 이루게 되었다는 훈훈한 이야기다. 이 이야기는 일반적인 예의나 배려의 마음보다는 훨씬 더 깊은 마음을 담고 있지만, 매니지먼트에서 고객을 배려해야 한다는 지혜 또한 잘 보여주고 있다.

이와는 상반되는 경우로 회사에 큰 손해를 입히거나 회사를 곤경에 처하게 하는 사례도 매우 많다. 예를 들어 일본의 토요타 자동차는 2010년 미국 시장의 리콜과 관련해서 미국 교통안전국에 차량 결함 가능성을 제대로 보고하지 않았다. 이 문제로 형사 기소될 뻔했지만 미국 법무부와 한화 1조 2천억 원 정도를 벌금으로 내기로 합의하고 기소를 피한 사실이 보도되었다. 고객을 제대로 대접하지 못해 곤욕을 치른 예다.

  지금은 그렇지 않지만 아주 오래전 현대자동차가 미국 수출을 시작했을 때도 그런 일이 있었다. 현대자동차의 제품은 가격이 낮지만 성능이 좋아 미국 소비자들로부터 호평을 받았고 많은 사람이 구입했다. 그런데 차 성능은 좋은데도 불구하고 아주 사소한 마무리가 잘 안 되어 소비자들이 짜증을 내고 불만을 표시하는 일이 많았다. 예를 들어 실내의 백미러가 툭 떨어지는 식의 사소한 결함 등이었다. 하지만 고객에게는 싸구려 차라서 그런가 하는 나쁜 이미지를 심어주게 되었다. 어이없는 품질관리상의 문제였다. 고객을 존중하고 대접하는 마음이 있다면, 자신이 사용할 것처럼 정성을 들여 제품을 만들고 서비스를 제공하는 것이 예에 맞는 매니지먼트인 것이다.

  최근의 보도처럼 원자력발전소를 건설하는 데 품질이 떨어진 부품을 성능시험 보고서를 조작하여 납품한 사실이나 세월호 참사에서 들어난 악덕 선주가 승객의 안전을 무시한 채 돈을 더 벌기 위해 불법으로 선박을 고친 일 등은 예에서 벗어난 일일 뿐 아니라 실정법을 어긴 흉악한 범죄행위인 것이다. 사람의 마음을 잃고 짐승보다 못한 마음을 품은 이런 사람들에게 유학의 덕목과 이에 따른 책임 의식을 심어주는 일이 무엇보다 시급한 일이라 하겠다.

자율 경영에서 예치와 덕치가 가장 잘 구현된다

조직은 여러 종류의 규율을 통해 매니지먼트를 한다. 예를 들어 각 직위별로 어떤 권한과 책임을 부여하는지, 승진은 어떤 기준으로 이루어지는지 등등의 자체적인 규율을 갖고 있다.

　예(禮) 사상 속에는 사회적인 직위에 맞는 직분이나 행위의 규범을 중요하게 여긴 내용이 있는데 이를 명분(名分)이라 한다. 명분 개념은 공자가 정치의 요체가 명분을 바로 잡는 정명(正名)에 있음을 밝히는 것에서 잘 드러난다. 공자는 정명에 대해 명분이 바르지 않으면 말에 순서가 없게 되고 그 결과 일이 잘 이루어지지 않는다는 것을 주장하였다. 또한 명분이란 임금은 임금답고, 신하는 신하답고, 아버지는 아버지답게 행동하고 자식은 자식다워야 한다는 말에서 보는 것처럼 사람이 각자의 위치에 맞는 행위를 하는 것임을 밝힌다.

이러한 명분 사상은 기업이나 조직체에서 다양한 사람으로 구성된 조직에 의해 사업을 수행하기 위한 조직 구조를 설계하는 것과 같은 개념으로 볼 수 있다. 특히 독일의 사회학자인 막스 베버가 말한 관료제 bureaucracy는 군대 조직에서 보듯이 가장 오래된 조직 구조로서 매니지먼트의 주요 사항이다. 이는 순자의 '분수' 사상과도 밀접한 관계가 있다.

순자는 사람의 도리가 윗사람과 아랫사람의 분별 및 각 직위에 따르는 직무 등을 분별하는 것에 있으며, 이 분별에 따라 자신의 위치에서 맡은 직분을 잘해내는 분수, 그리고 이 분수가 예법으로 드러남으로써 사회생활이 질서를 갖추게 된다고 말한다. 관료제 역시 조직체의 구성원들이 자신이 맡는 직분이 무엇이고 권한과 책임 및 직위의 높고 낮음 등을 명확하게 규정함으로써 조직의 업무를 효율적으로 해나갈 수 있도록 하는 것이다. 관료제는 전문 지식이나 기능이 필요한 일이나 부서에 그러한 능력을 갖춘 사람을 배치함으로써 조직이 맡은 임무를 성공적으로 수행할 수 있게 하는 것이다.

현대 매니지먼트에 있어서 이처럼 조직 구조를 만들고 실제 업무를 수행하는 데 필요한 규율을 정하는 것은 예치적인 면도 있지만 법치적인 요소가 많다고 할 수 있다. 어떤 문제가 발생했을 때 누가 책임을 지고 또 해결할 권한을 갖느냐 하는 사항 등을 조직의 규율로 명확히 규정해서 시행하는 제도이기 때문이다.

일반적인 이런 조직 구조의 틀을 깨뜨리고 상사나 부하 개념이 없는 조직을 이끄는 고어텍스 사는 공자가 이야기한 예치와 덕치를 실천하는 기업으로 우리의 관심을 끈다. 고어텍스 사의 정식 명칭은 'W. L. Gore Associates', 우리말로 하면 '고어와 동료들'이다.

고어텍스는 방수와 방풍 기능이 뛰어나면서도 이물질이나 액체가 내부로 스며들지 못하도록 막을 형성한 의류 원단으로 유명하다. 이런 이유로 고어텍스 원단으로 만든 운동화나 등산복은 다른 제품에 비해 고가로 팔리고 있다.

고어텍스는 듀폰에 다니던 빌 고어가 부인과 함께 자신의 집 지하실에서

1959년에 세운 회사다. 전 세계 50개 지역, 9천 명이 넘는 직원에 1천 종이 넘는 제품을 생산하고 있으며, 창립 이후 한 번도 손실을 겪지 않은 회사다. 한 해 대략 30억 달러가 넘는 매출 실적을 올리면서 미국에서 일하기 좋은 100대 회사에 포함되고 있으며, 17년 연속 순위에 포함된 우량 회사다.

고어텍스 사의 특징을 보자. 첫째, 상무이사나 부사장과 같은 직급이 없다. 직급을 갖게 되면 명령권이 있는 것처럼 착각하고 어떤 틀에 갇힐 위험이 있으므로 직급을 없앴다. 둘째 상사나 부하 같은 서열이 없는 수평 조직이다. 도움이 필요하면 동료에게 부탁해서 함께 일을 해내는 방식이다. 셋째, 한 공장에 250명 이하만 근무하는 조직으로 이 조직에서 많은 동료들이 따르면 리더라고 부른다. 또한 연공서열에 따라 승진을 시키지 않는다.

2014년의 CEO는 테리 켈리인데 그녀는 델라웨어 대학교 기계공학과를 졸업하고 1983년 엔지니어로 입사에 2005년에 CEO가 되었다. 이 회사의 CEO는 전임 CEO가 은퇴할 때 직원들에게 누구를 리더로 하면 좋을지를 설문 조사를 해서 그 결과에 따라 이사회가 선임하는 방식을 쓴다. 테리 켈리도 이렇게 투표로 선임된 CEO다.

고어텍스는 서열이 없는 조직인데 어떻게 회사가 잘 움직일 수 있을까. 그들은 팀을 구성해서 운영하는 방식으로 해결하고 있다. 작은 팀은 3~5명, 큰 팀은 여러 국가에 걸쳐 100명이 넘는 직원들로 구성될 때도 있다. 직원들의 업무 성과 평가는 팀원들이 서로 비즈니스 성공에 대한 기여도, 팀원과의 협력 정도 등등을 종합해 순위를 매긴다. 이 순위에 영업 실적 수치 등을 합해 보상위원회가 연봉과 인사고과를 결정하는 시스템으로 작동한다.

고어텍스를 운영하는 가장 중요한 제도는 팀별로 직원들이 자발적으로 따르며 지지하는 리더에 의해 의사를 결정하고 실적을 쌓아가는 자율 매니지먼트 방식이다. 고어텍스의 자율적인 매니지먼트 방식은 유학사상에서 이야기하는 예치 또는 덕치의 모습의 모범적인 사례라고 할 수 있다.

사고 예방과 안전 훈련도 덕치의 하나다

조직은 조직의 구성원이 부정을 저지르는 위험이나 인명이나 재산상 재난을 불러오는 위험을 사전에 차단할 수 있는 사고 예방 시스템을 운영하고 있다. 국가적인 재앙을 먼저 보자. 2008년 2월 서울 한복판에 있는 국보 1호 '숭례문'이 불에 타서 없어져버린 황당한 일을 들 수 있다. 국가의 허술한 문화재 관리 시스템과 한심한 화재 대처 능력 덕분에 600년 이상을 버텨온 문화재가 한줌의 재로 날아가 버린 것이다.

기업의 예를 보자. 2008년 프랑스 제2위 은행인 소시에테 제네랄에서 서른한 살의 은행원인 제롬 케르비엘이 회사 규정을 어기고 주가지수 선물이라는 투기성 짙은 금융상품에 '몰빵' 거래를 하다가 우리 돈으로 6조 8천억 원을 날리는 대형 금융 사고를 냈다. 소시에테 제네랄 은행은 회사 전체가 날아갈 만큼 큰 타격을 입었다. 대형 은행은 직원들이 거래를 할 수 있는 한도를 정하여 사고를 방지하는 시스템이 있지만 교묘히 피해가는 직원에게 구멍이 뚫린 것이다. 통제 관리 시스템에 문제가 있었던 것이다.

일본에서는 65세가 되면 가입자에게 지급하도록 되어 있는 국민연금의 납부 기록 약 2천만 건이 사라져 버린 일도 있었다. 2007년에 이 사실이 밝혀져 유권자들이 크게 분노해 그 당시 총리였던 아베가 물러났었다. 연금 기록을 관리하는 사회보험청이 30년 전부터 납부 기록을 허술하게 관리한 덕분이다. 일본 자민당은 사회보험청을 해체하고 새 기구로 전환하는 등 뒷북치는 제도 개선을 했지만 국민의 분노와 혼란은 상당 기간 계속되었다.

이처럼 어떤 조직이든 자신이 해야 할 일을 부주의하게 하거나 허술하게 처리하면 매우 심각한 결과를 불러온다. 조직이 사고를 미리 예방하는 시스템을 만들고 이 시스템에 구멍이 안 생기도록 잘 운영해야 하는 이유가 있다. 최근의 카드 회사들의 인적 정보가 인터넷 해킹으로 새어 나가 소비자들이 피해를 입은 사실을 보면 사고 예방 시스템의 중요성을 다시 인식하게 된다.

특히 초기에는 별로 심각하지 않은 것 같은 조그만 비틀림이 시간과 함께 확대되어 걷잡을 수 없는 큰일로 번지는 효과인 '깨진 유리창 법칙'을 주의해야 한다. 깨진 유리창 법칙은 미국 스탠퍼드 대학의 필립 짐바르도 교수가 일종의 실험을 통해 발표한 인간의 심리에 관한 법칙이다. 실험은 이렇게 진행되었다. 치안이 허술한 골목길에 보존 상태가 동일한 두 대의 자동차 보닛을 열어놓은 채 1주일을 방치하는 것이다. 두 대 중 한 대는 보닛만 열어 놓았으며, 다른 한 대는 고의적으로 창문을 조금 깨고 보닛을 열어 놓았다.

1주일 후 두 자동차는 확연히 다른 결과를 보인다. 보닛만 열어둔 자동차는 변화가 없었는데, 유리창을 깬 자동차는 배터리와 타이어가 없어졌고 낙서, 파괴 등이 일어나 거의 고철 상태에 가깝게 파손되었다. 초기의 조그만 틈, 깨진 유리창이 사람들에게 죄의식을 없애고 큰 잘못으로 이끈다는 법칙이다.

깨진 유리창 법칙은 1990년대 중반 뉴욕 시 교통국장으로 있던 데빗 간이 치안 회복을 목표로 뉴욕 지하철의 낙서를 지우는 일에서 큰 효과를 보았다. 당시 뉴욕에서는 연 60만 건 이상의 강력 범죄 사건이 발생했으며, 여행객들은 뉴욕 지하철을 타면 안 되는 위험지역이었다. 지하철의 낙서를 지우는 운동에 대해 교통국 직원들은 범죄 단속이 시급한데 엉뚱한 일을 한다고 반발했지만 간 국장은 6천 대에 달하는 차량의 낙서를 지우고 무임승차하는 사람을 단속했더니 경범죄로 검거된 사람 중에서 살인 등을 저지른 범죄자를 발견하는 등의 성과를 얻었고 범죄 건수도 눈에 띄게 줄어들었다.

결과적으로 강력 범죄가 75퍼센트나 급감하는 효과를 보았다. 깨진 유리창 법칙은 이후 뉴욕 시장으로 취임한 줄리아니와 브래턴 검찰국장의 낙서 지우기와 보행자 신호무시, 빈 깡통 아무 데나 버리기 등의 경범죄 단속 활동으로 이어져 뉴욕 시의 범죄율을 낮추는 데 크게 기여했다. 작은 잘못을 빨리 고치면 큰 잘못을 예방할 수 있다는 생각이 현실에서 결실을 본 것이다.

조직에서 부정이나 사고 등을 예방하기 위한 시스템으로 규율을 정하고 감시하는 제도 등을 운영하는 것은 필요 불가결한 일이지만 여기에도 예치의 사상을 고려할 필요가 있다. 직원들이 잘못을 저질렀을 때 결과만을 추궁하여 과정을 알아보지도 않고 처벌하는 방식은 억울한 경우가 생기는 수가 많다. 무언가 옳은 일을 잘하려고 했는데 여건이 잘못되어 일이 잘못된 경우에는 그 정상을 살펴보고 처벌보다는 용기를 북돋아주는 것이 직원의 사기를 올리고 결국 조직이 성장해가는 길이다. 물론 고의적으로 부정을 저질렀거나 근무 태만으로 일이 잘못된 경우에는 신상필벌의 원칙으로 징계해야 하는 것은 말할 필요가 없다.

사고를 방지하기 위한 안전 교육도 중요하다. 《어린왕자》로 유명한 생텍쥐페리의 《야간비행》을 보면, 안전 훈련에 대한 이야기가 나온다. 그 당시는 비행기가 발명된 지 얼마 되지 않은 시기여서 야간에 비행을 하는 것은 매우 위험한 일이었기 때문에 주인공은 비행기와 관련된 직원들을 매우 혹독하게 훈련시킨다. 조그만 업무, 예를 들어 나사 하나라도 제대로 조이지 않은 실수에 대해서 매우 엄격하게 야단을 쳐서 직원들이 늘 긴장을 하며 일을 하게 한다.

  주인공이 아침에 직장으로 출근하면서 거울을 보며 하는 독백이 의미심장하다. 즉 그가 그렇게 자기 부하 직원들을 엄하게 다스리는 것은, 그들은 모르지만 그가 자기 직원들을 너무 사랑하기 때문이라는 것이다. 그가 그렇게 엄격하게 하지 않고 직원의 조그만 실수를 눈감아주면 그 당시는 좋을지 몰라도 결국 비행기를 조종하는 직원의 생명을 앗아갈 수 있기 때문에 결코 그럴 수 없다는 독백이다. 깊이 생각해볼 마음의 자리라고 본다. 이 이야기는 직원을 사랑하면 교육 훈련, 특히 안전사고 등을 방지할 수 있도록 하고, 그 직원이 업무를 잘해내고 자신의 행복을 추구할 수 있도록 하는 것이 윗사람의 큰 덕목이라는 지혜를 보여준다.

기업의 사명과 윤리를 저버려서는 안 된다

이미 살펴본 대로 예란 우리가 다른 사람에 대한 마음가짐과 행동 양식을 바로 잡는 덕이다. 조직에 예에 의한 매니지먼트를 뿌리내리기 위해서는 먼저 기업의 사명이 무엇인지를 밝히는 것이 중요하다. 사람은 자신이 몸담고 있는 조직이 사회를 위해 공헌한다고 믿을 때 조직에 대한 충성심과 함께 자부심이 높아지며 일에 더욱 열정을 보이는 법이다.

단순한 이익만을 추구하는 것이 아니라 공동체나 인류 전체의 복지를 위한 활동을 하는 것을 조직의 사명으로 삼고 이를 추진하는 기업들이 증가하고 있다. 예를 들어 유한킴벌리의 자연 보존 활동이 이에 해당한다.

제임스 콜린스와 제리 포라스가 쓴 《성공하는 기업들의 8가지 습관》에서 미국의 의약품 제조 회사인 머크는 의약품이 이익을 위한 것이 아니고 환자를 위한 것이며 사람의 생명을 구하는 것이라는 비전을 지속적으로 추구한 결과 성공한 기업으로 남은 사실을 알려준다. 예의 정신에 바탕을 둔 조직의 목적과 사명을 수립하는 일은 매니지먼트의 기본적인 임무인 것이다.

조직의 구성원이 조직의 사명이나 목적에 맞추어 윤리적으로 생각하고 행동을 하는 조직 문화를 이루어가는 것 역시 매니지먼트에서 예를 실천하는 일이 된다. 기업이 사회와의 관계에서 책임을 부담하는 자세와 조직 구성원들이 윤리에 어긋나는 행동을 하지 않도록 윤리적인 규정을 두고 문화를 일구는 것은 조직이 긴 기간에 걸쳐 생존하고 성장해가는 데 있어 없어서는 안 될 기본 바탕이 되기 때문이다.

유학 경전의 하나인《대학》에 보면 돈을 정당하지 않은 방식으로 벌면 결국 그 돈을 바르게 쓰지 못하고 잃게 된다는 지혜의 말이 있다. 부정한 수법으로 번 돈으로는 결코 편안한 마음을 지니고 바른 삶을 살 수 없다는 옳은 이야기다. 구글의 그 유명한 표어, '사악하지 말자Don't Be Evil'가 단순하지만 바른 행동을 이끄는 문화의 바탕이 되었다는 것을 마음에 새기자.

10
지식 경영과 창조 경영으로 내일을 연다

지금의 기술과 지식은 곧 낡은 것이 된다
지식 경영이 해답이다
집단지성을 십분 활용한다
외부 지식을 적극적으로 받아들인다
전혀 다른 제품과 서비스를 상상한다
창조 경영이란 이런 것이다
상상력이 남이섬을 살렸다

길

나의 소년 시절은 은빛 바다가 엿보이는 그 긴 언덕길을
어머니의 상여(喪輿)와 함께 꼬부라져 돌아갔다.
내 첫사랑도 그 길 위에서 조약돌처럼 집었다가
조약돌처럼 잃어버렸다.

그래서 나는 푸른 하늘 빛에 호져 때없이
그 길을 넘어 강가로 내려 갔다가도
노을에 함북 젖어서 돌아오곤 했다.

그 강가에는 봄이, 여름이, 가을이, 겨울이
나의 나이와 함께 여러 번 다녀갔다.

까마귀도 날아가고
두루미도 떠나간 다음에는 누런 모래둔과
그리고 어두운 내 마음이 남아서 몸서리쳤다.
그런 날은 항용 감기를 만나서 돌아와 앓았다.

할아버지도 언제 난 지를 모른다는 마을 밖
그 늙은 버드나무 밑에서
나는 지금도 돌아오지 않는 어머니,
돌아오지 않는 계집애,

돌아오지 않는 이야기가 돌아올 것만 같아
멍하니 기다려 본다.

그러면 어느새 어둠이 기어와서
내 뺨의 얼룩을 씻어준다.

(김기림)

10
지식 경영과 창조 경영으로 내일을 연다

● 사람이 다른 동물과 구별되는 점이 여러 가지 있지만 무엇보다 중요한 것이 생각할 줄 아는 이성(理性)을 갖고 있다는 것, 배울 수 있는 학습 능력을 갖고 있다는 것을 들 수 있다. 사람은 눈과 귀와 입과 같은 감각기관을 통하여 보고 듣고 말함으로써 외부 세계와 소통을 하며 배우고 지식을 쌓아간다. 만 두 살도 되기 전에 큰 병을 앓는 바람에 이런 기능을 잃어버린 헬렌 켈러 여사가 만 7세를 석 달 남겨 놓은 시점에서 외부 세계와 다시 소통하는 영화 장면을 보면 눈시울이 뜨거워지며 배울 수 있는 능력을 갖고 있다는 단순한 사실이 경이롭고 감사하게 다가온다.

눈이 멀고 귀도 안 들리고 말도 할 수 없어 외부 세계와는 완전히 동떨어진 채 동물적 본능만 의지하여 먹고 자는 것과 따뜻함이나 추운 것만을 느끼고 동물과 같은 삶을 사는 어린 소녀에게 손바닥에 글씨를 써서 인간으로서의 소통을 일깨우는 앤 설리번 선생의 정성이 마침내 꽃을 피우는 장면이다.

어느 날 아침 헬렌의 유난스러운 히스테리를 앤 설리번 선생이 나무라자 헬렌은 이에 대항하여 밥 같은 무언가를 흩뿌려 몸과 옷을 더럽힌다. 앤 설리번은 헬렌을 우물로 끌고 가 손바닥에 찬물을 쏟는다. 이때 처음으로 헬렌의 얼굴에 떠오르는 어떤 생각, 즉 이 찬 것이 도대체 무엇인가 하는 의문을 표하자 앤 설리번이 얼른 손바닥에 물이라고 쓴다. 그제야 손바닥에 쓴 물이라는 단어가 바로 헬렌이 느끼고 있는 그 찬 물체를 지칭한다는 것을 알게 되는 순간이다. 어둠 속에 갇힌 동물의 세계에서 외부 세계와 소통할 수 있는 인간으로 부활하는 이 장면이 너무 귀하고 감격스럽다.

공자는 《논어》 전편을 통해 배움을 강조하고 또 강조했다. 그 까닭은 사람이 배워서 지식을 얻는 것이 사람으로 살아가는 가장 기본적인 자리임을 일깨우기 위한 것이었다. 《논어》〈위정편〉에는 배움에 있어 반드시 생각이 함께하여야 한다는 다음의 말이 있다.

> 배우기만 하고 생각하지 않으면 어두워지고 생각하기만 하고 배우지 않으면 위태롭다.[42]

이 구절에 대해 신영복 교수는 그의 저서 《강의》에서, 생각한다는 사(思)를 생각이나 사색의 의미가 아니라 실천의 의미로 읽어야 한다고 밝힌다.[43] 사(思)를 사색으로 읽을 경우 학(學)과 사(思)가 대비가 안 된다는 것이다. 사의 글자 구성도 밭 전(田)과 마음 심(心)으로 되어 밭의 마음이므로 노동하는 곳, 실천의 현장의 뜻이라고 본다. 학(學)이 보편적 사고라면 사는 자신의 경험을 중심으로 하는 과거의 실천이나 주관적 관점을 뜻하는 것으로 해석한다. 따라서 어떤 것을 배우면 배운 내용에 대해 현실적인 적용을 생각하고 이를 실천해가야 하며, 일상의 실천에서 얻은 것을 보편적인 지식에 다시 비추어 보는 그런 자세를 배움의 바른 자리로 보는 것이다.

지금의 기술과 지식은 곧 낡은 것이 된다

요즈음 우리는 인터넷이나 스마트폰과 같은 정보통신기술의 놀라운 발전으로 손가락만 한 번 움직여서 자신이 알고자 하는 지식이나 정보를 손쉽게 얻을 수 있는 시대에 살고 있다. 일찍이 앨빈 토플러는 우리가 사는 이런 세상을 '정보화사회' 라 했고 피터 드러커는 '지식사회' 라고 하였다. 정보와 지식이 우리의 문화를 과거와 전혀 다른 모습으로 바꾸어가는 것을 지칭한 것이다.

매니지먼트는 앞선 지식이나 기술을 적용하여 다른 기업보다 더 좋은 제품이나 서비스를 제공하려는 활동을 한다. 이동통신 기술에 있어 SKT와 KT 등이 3세대 기술보다 앞선 LTE-A 기술이나 이보다 몇 배 빠른 새 기술을 개발하여 1기가의 영화를 한편 내려받는 데 몇 십 초에 끝나는 식의 통신 속도 경쟁을 하는 것이 시장에서 우위를 점하기 위한 매니지먼트 활동이다.

  이처럼 매니지먼트는 새로운 기술과 지식을 어떻게 적용하느냐 하는 문제에 깊은 관심을 갖고 새로운 기술의 개발 및 동향 파악을 하고 있으며, 새로운 기술을 제품이나 서비스에 접목하여 시장에 출현하는 시기 등을 잘 선택하기 위해 노력한다. 일본의 소니는 아날로그에서 디지털로 TV 기술이 이동함에도 불구하고 기존의 아날로그 시장의 우위를 잃기 싫어 디지털 기술 적용을 늦게 한 결과 삼성이나 LG에게 시장을 잃은 사례는 새로운 기술의 시장 진입 시기에 대한 교훈을 준다.

  우리가 잘 아는 마이크로소프트 역시 인터넷이라는 새로운 기술과 지식이 접목된 시장이 생성되는 것을 알았지만 그 폭발적인 발전 가능성을 뒤늦게 알아 차려 후발 주자가 된 덕분에 큰 힘을 못 얻었다. 인터넷 시장에 있어서도 검색엔진에서는 구글, 소셜네트워크에서는 페이스북, 인터넷 마켓에서는 아마존이나 이베이 등의 앞선 서비스에 눌려버린 형편이다. 이에 더해 스마트폰 시장에서도 애플이나 구글에 짓눌려 있으니 매니지먼트에 있어서 새로운 지식이나 기술에 따른 시장을 제대로 안다는 것이 얼마나 중요한 일인지를 잘 보여주고 있다.

《논어》에 보면 어려움에 처해 있으면서도 배우지 않는 사람을 나무라는 내용이 있다. 기업 환경이 어렵게 되면 어렵게 된 원인이 무엇인지 어떤 방식으로 어려움을 헤쳐 나갈 것인지에 대해 깊이 생각하고 배우는 자세가 절실히 요청된다. 어려움이 닥쳤는데도 어려움을 알지 못하고 늘 하던 방식대로 대응을 하다가 어느 순간 기업 자체가 쓰러지는 경우가 많다는 것을 우리는 잘 알고 있다.

경영자는 항상 겸손한 마음으로 기업의 내부와 외부의 변화에 대해 촉각을 세우고 문제점과 해결 방안을 묻고 배워 어려움을 딛고 혁신적인 제품이나 서비스를 제공하는 기회로 삼는 경영을 펼쳐야 하는 것이다.

지식 경영이 해답이다

지식이나 기술을 업무에 적용하여 높은 성과를 올리기 위해서는 조직의 구성원들이 체득한 개별적인 지식을 함께 나눌 수 있는 시스템이 필요하다. 직원 한 명이 특정 업무에 관하여 자기 혼자만의 경험이나 지식을 지니고 다른 사람은 이에 대해 전혀 알지 못하는 상태에서 그 조직을 떠나버릴 경우에 업무에 커다란 공백이 찾아 들어 매우 힘든 상태에 빠지는 수가 많다. 이런 곤란한 일을 겪지 않기 위해서 그리고 업무에 관한 개선을 위해서도 각 개인이 소유하는 지식을 함께 나눌 수 있는 지식의 창고인 정보 공유 시스템을 만드는 것이 좋다.

지식은 그 성격에 따라 '형식지'와 '암묵지'로 나눌 수 있다. 형식지는 글이나 말로 자신이 알고 있는 것을 표현할 수 있는 지식을 말한다. 형식지는 남과 쉽게 나눌 수 있다. 암묵지는 개인의 머릿속이나 몸에서 체험되어 있지만 밖으로 표현하기가 매우 어려운 지식이다. 맛깔스런 음식을 만드는 기법이나 청자를 빚는 기술 같은 것은 남이 알아들을 수 있도록 표현하기가 쉽지 않은 암묵지다.

'지식 창고 시스템'을 '지식 경영'이라고 하는데 지식 경영에서는 형식지와 함께 가능하면 암묵지도 가능한 선까지 최대한 설명을 해서 함께 나눌 수 있도록 하는 것이 좋다. 실제 업무에 적용할 때 필요한 세밀한 지식이나 경험은 기존의 문서나 업무 지침서 등에 나타나지 않는 수가 많다. 전문 지식을 갖는 구성원이 새로 그 일을 맡은 사람도 업무를 잘 해낼 수 있도록 자세한 내용을 설명하도록 하는 것이 지식을 서로 나누는 정신에 부합하는 방식이다.

지식 경영으로 성공한 만도를 보자. 이 회사는 1999년 부도가 나면서 모든 지출을 동결했지만 지식 경영에 대한 투자만은 지속적으로 한 결과 부도 기업을 매출 약 2조 원이 넘는 알짜 기업으로 바꿔 놓았다. 만도는 자동차의 핵심 부품에 대한 품질을 높이고 지식 경영을 통해 세계적인 경쟁력을 확보하여 현대자동차뿐 아니라 GM, 포드, 크라이슬러 등에까지 부품을 공급하며 기술력을 인정받고 있다.

만도는 지식 경영을 통해 변화와 혁신을 주도했으며 조직 내 지식을 공유하고 활용하여 기술 개발 경쟁력을 높이도록 하였다. 입사 5년차 이상 사내 전문가는 자신들이 쌓아온 해당 기술 분야 '핵심 기술 보유자'로서 프로젝트에 참여한 동료 연구원들에게 지식을 제공해주는 중개자 역할을 겸하게 하였다.

이러한 활동은 사내 동아리 모임을 통해 축적되고, 모든 직원이 동영상을 통해 보고 배우도록 하였다. 만도의 지식 경영은 사내뿐 아니라 국내의 연구소와 생산 공장까지 '글로벌 협업 체계'를 구축하여 고객 불만과 품질, 자재관리 비용을 낮출 수 있었다. 특히 만도의 지식 경영은 사람 중심의 지식 경영으로 '지식 경영 성과지표'를 개발하여 핵심 지식을 금전으로 측정하는 방법을 만들어 시스템이 잘 운영되도록 하고 있다.

지식 경영의 또 다른 예로 구글은 직원들이 자유롭게 자신이 하고 싶은 일이나 생각, 프로그램 개발 등을 할 수 있도록 격려하면서 자신이 추구하는 과제 등을 사내의 데이터베이스에 올리도록 하고 있다. 사내의 다른 직원이 자신이 관심을 갖고 있는 문제에 대해 해결책이나 참신한 아이디어를 게시하면 이 데이터베이스를 통해 서로 의견을 교환하거나 함께 과업을 수행할 수 있도록 하는 지식 경영이 활발히 이루어지고 있다.

지식을 매니지먼트에 활용하기 위해서는 조직 내 구성원들이 더 높은 지식이나 기술을 습득하기 위한 체계적인 교육 훈련 및 학습이 뒤따라야 한다. 지식사회의 근로자는 과거의 육체근로자와 달리 전문 지식을 자신의 작업에 적용할 때, 현재의 전문 지식이나 기술이 매우 짧은 기간에 별 쓸모가 없는 지식으로 전락해버리는 일을 겪는 수가 많다. 늘 새로운 지식과 기술을 배우고 익혀 시대에 뒤떨어지지 않도록 교육 훈련 및 학습을 지속적으로 후원하는 제도를 수립해야 한다.

직원들이 스스로 학습을 해가는 방식의 하나로 학습 조직을 들 수 있다. 학습 조직은 직원들이 소그룹 단위로 학습을 위한 조직을 만들어 업무에서 생긴 문제점을 서로 토의하고 개선 방안을 찾아내는 식으로 자기들의 문제를 자기들끼리 해결하면서 배워가는 방식이다. 학습 조직이란 개념은 미국 MIT 대학교의 피터 센지 교수가 제시한 방식이다. 앞으로 기업이 생존경쟁에서 살아남기 위해서는 늘 새로운 지식이나 기술을 스스로 배우고 이를 매니지먼트 현장에서 활용할 수 있도록 하여야 한다는 내용이다. 구글의 지식 경영 역시 학습 조직 차원에서 활용되고 있다.

집단지성을 십분 활용한다

지식 경영이나 학습 조직 이외에도 조직 구성원들이 소유하고 있는 지식을 활용하는 방식의 하나로 집단지성이란 개념이 있다. 한 사람의 특출한 지식이나 지혜보다 여러 사람이 갖고 있는 지식이나 상상력 등이 더 큰 힘을 발휘한다는 생각을 매니지먼트에 활용하는 방식이다.

중국 춘추전국시대에 진나라가 이웃의 작은 나라인 우와 괵을 욕심내어 우나라에게 괵나라를 치려고 하니 길을 내어달라고 하였다. 우나라가 길을 내어주자 괵나라를 멸망시킨 후 돌아오면서 우나라도 함께 멸망시켰다. 입술이 없으면 이가 시리다는 순망치한(脣亡齒寒)의 옛말이 여기서 나온다. 여기서 살펴보려는 것은 괵나라의 왕 이야기인데, 그가 망한 이유는 자신이 혼자 똑똑한 체해서 주위에 바른 말을 하는 신하가 모두 멀리 가버렸거나 입을 다물었기 때문이었다. 주위 사람들을 무시하지 않고 그들이 갖는 지식을 잘 활용해야만 매니지먼트가 잘 된다는 것을 명심하자.

다음은 집단지성을 활용하여 멋진 성과를 거둔 미국의 가전제품 소매 회사 베스트바이의 서버츠 부사장 이야기로, 게리 하멜이 쓴 《경영의 미래》에 흥미롭게 쓰여져 있다.

서버츠는 광고 부서를 담당했는데 베스트바이의 판매 예측이 매니지먼트에 있어 매우 중요하지만 정확한 예측을 위한 유일한 해결책이 불가능함을 알았다. 서버츠는 상품권 판매 예상치 정보를 영업 사원뿐 아니라 다른 사원들에게도 설문에 참여하도록 설득했다. 그는 이메일을 수백 명에게 보내 다음 달 판매 예상치를 받았다. 그 결과 상품권 판매팀의 예상치는 5퍼센트가 어긋난 반면 집단의 평균 예상치는 0.5퍼센트밖에 빗나가지 않았다. 서버츠는 이런 실험의 결과를 이용하여 회사가 추진하는 미래 사업과 핵심 전략 결정에 10만여 명의 베스트바이 직원들의 지혜를 동원하는 집단지성 시스템을 구축해 활용하였다.

외부 지식을 적극적으로 받아들인다

인터넷과 소셜네트워크 서비스 같은 정보통신의 발달은 지식이나 기술을 내부에서만 찾는 것이 아니라 조직 밖에서도 찾아 활용하는 식으로 발전해 나가고 있다. 미국의 프록터앤갬블P&G은 크레스트 치약, 팸퍼스 브랜드의 유아용 기저귀 등 수백 종의 생활용품과 프링글스 같은 스낵을 생산하는 회사다.

2002년 P&G는 감자 칩에 동물 형상이나 유머 등을 인쇄하려 했는데 먹을 수 있는 염료가 없어서 새로 개발해야 하는 문제에 부딪혔다. 이때 P&G는 먹는 염료 기술을 자체 개발하기보다는 글로벌 네트워크를 통하여 그런 기술을 보유한 사람을 찾는 방식을 사용하였다. 이러한 노력의 결과 이탈리아의 조그만 제과점에서 개발한 먹는 염료 기술과 제과 기계를 구입하고 감자 칩에 적용하여 시장에 내놓을 수 있었다. 이처럼 외부의 지식과 기술을 활용하는 전략을 P&G는 연결개발Connect and Develop이라 하며 회사 자체가 보유한 연구개발 능력을 보완하는 방식이다. 이 전략에 의해 P&G는 아이디어나 기술의 50퍼센트를 외부에서 구하여 시장과 기술의 빠른 변화에 잘 대응하고 있다.

비슷한 이야기로 캐나다의 금광 회사인 골드코트 사가 있다. 이 회사는 금광을 찾지 못하여 파산의 위기에 몰렸을 때 회사 사장이 한 모임에서 리눅스에 관한 이야기를 듣고 리눅스가 소스 코드를 공개한 것처럼 회사의 탐사 자료를 모두 외부에 공개했다. 그리고 57만 5천 달러를 건 콘테스트를 개최하였다. 이 콘테스트에 참가한 50여 개 나라, 천여 명의 사람들이 웹에서 자료를 분석하여 110곳의 금광 후보지를 찾아냈으며, 새 후보지의 80퍼센트에서 금을 발견했다. 외부의 지식과 기술을 적극적으로 활용한 사례다.

전혀 다른 제품과 서비스를 상상한다

새로운 아이디어나 제품과 서비스를 창조해내는 것은 시장에서 경쟁력을 높이는 데 있어 너무도 중요하다. 창조성으로 우리를 놀라게 하는 '와우 wow' 상품이 있다. 무엇인가 매우 신기한 것을 보거나 들었을 때 와, 하는 식으로 감탄의 마음을 표현하는데 영어에서도 사람을 열광시키거나 감동을 줄때 '와우'라고 말한다. 따라서 와우 상품이란 우리말로 호기심을 일으키고 '사람들이 사고 싶어 하는 상품'으로 생각해도 무방할 것 같다. 이러한 와우 상품은 1, 2년 정도 반짝 히트한 후 사라지는 것이 아니라 상당히 긴 시간 동안 사람들이 좋아하는 특성이 있다.

와우 상품의 대표적인 상징으로 비틀즈를 들 수 있다. 비틀즈는 1960년에서 1970년까지 만 10년간만 음악 활동을 하고 팀을 해체하였다. 그들은

1960년대의 사회에 문화적 혁명을 일으켰다. 미국 내에서만 1억 6백만여 장, 전 세계적으로 10억 장 이상의 음반이 판매되었다. 그들은 모든 장르의 비평가들에게 인정을 받은 대중음악 역사상 가장 성공적인 밴드로 기억되며, 아직도 지구 어디에선가 비틀즈 노래는 단 1초도 쉬지 않고 흘러나온다는 말이 있을 만큼 사랑받고 있는 대표적인 와우 상품이다.

와우 상품의 특성은 폭발적 매출로 시장을 장악한 후 긴 기간 지속적으로 소비자들의 애호를 받는다. 또한 회사 이름보다 높은 인지도를 갖으며, 브랜드명이 고유명사가 되는 등의 특성이 있다. 와우 상품을 개발하면 시장이 커지고 수익이 올라가기 때문에 많은 기업은 와우 상품을 어떻게 개발할 것인지에 대해 관심이 많다. 그러나 와우 상품 개발 방식은 어떤 표준화된 길이 있는 것이 아니기 때문에 정형화할 수는 없다. 그러나 남과 다른 생각을 가진 괴짜 디자이너나 개발자들이 상식을 뛰어넘는 일을 벌이기 때문에 이루어지는 수가 많다.

예를 들어 어린아이들의 단순한 장난감 수준이던 게임기를 고성능 컴퓨터로 바꾸어 DVD와 게임을 모두 할 수 있도록 한 소니의 플레이스테이션 2(PS/2)는 회사 내부의 반대가 많았지만 구다라기 켄이라는 기술자가 강력하게 주장하여 세상에 나올 수 있었다. '플레이스테이션'이라는 이름도 일하는 컴퓨터를 '워크스테이션'이라고 했으니, 가지고 노는 컴퓨터는 '플레이스테이션'이라고 이름 붙인 것이다. PS/2는 발매 이틀 만에 100만 대 가까이 팔리는 등 와우 상품의 대열에 올라섰다.

미국 애플이 매우 고전하고 있던 1998년 '아이맥i-Mac'은 그 당시의 상식을 깬 디자인으로 대히트를 치며 애플이 부활할 수 있도록 해주었다. 아이맥은 컴퓨터 내부가 전부 보이도록 투명하고 디자인이 독특하여 소비자로부터 많은 사랑을 받아 1998년 한 해 동안 83만 대 이상이 판매되었다. 현재 일반화된 USB 장치를 처음으로 탑재한 컴퓨터라는 명성도 얻고 있다. 아이맥을 디자인한 조나단 아이브는 이후 아이팟과 아이폰의 디자인 개발을 진두지휘하여 CEO 스티브 잡스가 애플의 가장 소중한 자산으로 인정했던 디자이너다.

그는 아이맥의 색감을 얻고자 사탕 공장에서 수개월간 직접 연구하였으며, 아이맥의 완벽한 내부 모습을 위해서 회로 기판까지 직접 디자인할 만큼 '디자인광'이며 천재라고 할 수 있다.

이처럼 와우 상품의 탄생에는 창조적인 생각이나 인간의 감성을 아우르는 독특한 시각을 가진 사람이 있음을 알 수 있다. 요즈음 창조 경영을 강조하는 이유도 이런 와우 상품의 개발과 연관되어 있기 때문이다.

창조 경영이란 이런 것이다

이제는 오래된 영화로, 당시의 놀라움은 사라지고 그저 흥미 있고 기발한 영화였다는 기억으로만 남아있지만, 〈쥬라기 공원〉을 처음 보았을 때의 흥분은 대단했다. 마치 옛날이야기 속에서만 존재하던 쥬라기 시대로 가서 실제 공룡을 보고 있는 것 같은 놀라운 느낌은 지금도 잊을 수가 없다. 스틸버그 감독이 만든 〈쥬라기 공원〉은 수많은 사람들이 필자와 같은 놀라운 경험을 한 덕분에 흥행에 대성공을 거두어 그 당시 현대자동차가 자동차 몇 만 대를 수출해서 번 것과 맞먹는 돈을 영화 한 편으로 벌어들였다는 언론 보도도 있을 정도였다.

영화 〈쥬라기 공원〉은 인간이 태고 시절의 환경과 같은 쥬라기 공원을 만들고 화석에 숨어 있는 공룡의 피를 최첨단 유전자공학을 이용하여 공룡을 재생해낸다는, 어쩌면 미래에야 가능할 것 같은 스토리를 담고 있다. 그러나 이러한 인간의 노력은 자연의 질서와 맞지 않기 때문에 결국 실패한다는 결말을 보여준다.

〈쥐라기 공원〉 이야기를 한 김에 일본의 '아사히야마' 라는 동물원 이야기를 살펴보자. 〈쥐라기 공원〉엔 공룡이 있지만 아사히야마 동물원엔 원숭이, 펭귄, 북극곰 등 현재 우리가 볼 수 있는 동물들이 있다는 점이 다르다. 쥐라기 공원이 자연 질서를 거스르는 콘셉트를 갖고 있다면 아사히야마 동물원은 자연의 질서를 회복시킨다는 차이점이 있음을 먼저 얘기하고 싶다. 아사히야마 동물원은 일본의 최북단 시골 도시인 홋카이도 아사히가와 시에 있는, 동물의 숫자도 별로 많지 않은 작은 동물원이다. 이 동물원은 1980년대 들어 테마파크에 밀려 관람객이 감소하면서 폐쇄 일보 직전까지 몰렸다. 잘못하면 동물원이 폐쇄된다는 절박한 상태에서 어떻게 하면 다시 관람객을 끌어들일 수 있을지 아이디어를 짜내기 시작했다.

우선 관람객이 감소한 이유를 먼저 분석했더니 동물들이 관람객에게는 아무 관심이 없고 자기에게 먹이를 주는 사육사에만 관심을 두기 때문에 관람객의 흥미를 이끌어낼 수 없다는 것을 발견했다. 그리고 동물을 그저 보여주기만 할 것이 아니라 동물이 자연 상태에서 어떻게 행동하는지를 생생하게 보여주면 사람들의 흥미를 끌 수 있을 것이라는 콘셉트를 찾아내었다. 동물이 가진 야생의 습성과 행동 능력을 자연 그대로 보여준다는 '행동 전시' 라는 콘셉트를 찾은 것이다.

이 콘셉트에 의해 동물원 우리 안에서 펭귄은 그냥 뒤뚱거리며 걷는 모습만을 보이거나 곰은 잠을 자거나 하품을 하는 모습을 보이던 것에서 탈피하게 된다. 펭귄이 새로 만든 펭귄 수족관에서 공중의 새가 날아다니는 것보다 더 빠르게 헤엄치는 모습을 보여줌으로써 날아다니는 펭귄이라는 소문이 나돌게 하고 북극곰이 물고기를 먹기 위해 멋지게 다이빙하는 모습을 보여주는 것으로 바꾸었다. 오랑우탄은 사육사가 우리 밖에 놓아둔 먹이를 구하기 위해 우리와 먹이 사이에 있는 외줄을 타고 건너는 모습을 자연스럽게 보여준다. 이처럼 동물들의 억지스러운 쇼가 아니라 다른 어느 동물원에서도 볼 수 없는 동물들의 자연스러운 행동 그대로를 생생히 보여주고 체험할 수 있도록 했기 때문에 관람객들의 폭발적인 호응을 얻어 1년에 3백만 명이 관람하는 유명한 동물원이 된 것이다.

동물원의 사육사들도 예전에 동물들에게 먹이를 주고 잘 키우는 역할만을 맡았지만 이제는 관람객 사이에서 동물들의 습성을 이야기하고 동물들과 사람이 함께 살아가는 존재라는 것을 느끼도록 해주는 엔터테이너로서 창조적인 역할을 하게 되었다.

자연 질서를 파괴하지 않으면서 인간의 힘으로 사막의 불모지를 세계적인 관광과 레저의 도시로 탈바꿈시킨 '두바이'의 상상력과 창조적인 아이디어 역시 창조 경영의 좋은 예가 될 것이다. 두바이는 1년 내내 볕이 좋고 아름답지만 해안선이 짧기 때문에 이를 마음껏 즐길 수 없다는 문제점을 해결하기 위해 처음엔 인공 섬을 만들 생각을 했다. 그러나 섬을 만들어도 섬의 가장자리만 해안선이지 가운데는 그냥 보통 땅이 되고 마는 문제점이 있었다. 그래서 야자수 가지 형태의 섬들을 만들었다. 이에 따라 해안선 길이를 76킬로미터로 늘리고 야자수 밖으로는 커다란 원형의 방파제를 만든 팜아일랜드는 인간의 상상력과 창의력이 얼마나 대단한가를 보여준다. 또한 사람이 더위 속에서도 스키를 즐기도록 실내 스키장인 '스키 두바이'를 만들고, 세계에서 가장 높은 초고층 빌딩 '버즈 두바이'를 건설하는 등 하나하나가 모두 입을 벌리게 만드는 작품들을 만들어냈다. 이런 생각은, 몇 년 지나지 않으면 두바이의 석유가 고갈되는데 그때 먹고살 것을 지금 관광과 레저로 준비하여야만 살아남을 수 있다는 절박한 마음에서 나왔다. 벼랑 끝에 서면 무언가 살길을 찾는 아이디어가 나오는 것이다.

창조성과 관련해서 가야금 명인 황병기 선생이 자신의 가야금에 얽힌 삶을 '오동 천년, 탄금 50년' 이라는 제목의 신문 연재에서 밝힌 내용을 소개하고 싶다. 음악에 얽힌 '밤의 소리' 라는 이야기다. 황 명인이 1990년대 초 KBS에 들렀을 때 녹음기사의 방에 멋진 동양화가 걸려있는데, 소리가 나무 사이로 옮겨 다니는 그림이라는 뜻의 '성재수간도(聲在樹間圖)' 였다. 그림은 사람의 뒷모습이고 숲 속에 있는 집에서 막 나와 사립문 밖을 유심히 들여다보는 모습을 보여주고 있다. 바깥은 온통 숲이고 달밤에 거센 바람 때문에 나무들은 옆으로 누워 있고 사람 머리카락도 한쪽으로 쏠려 있는 모습이 영화의 한 장면 같다고 느꼈다고 한다. 그때 곡을 쓴 것이 '밤의 소리' 라는 것이다. 황 명인의 글 그대로 곡에 대한 설명을 들어보자.

> 그림 속 남자는 누군가를 그리워하고 있는 것 같았다. 그런 사연이 아니면 그렇게 유심히 어딘가를 바라보고 있을 리가 없었다. 그리워하는 이가 언제 오려나 하고 기다리다 사립문 밖 발자국 소리를 듣고 놀라 뛰어나왔을 것이다. 하지만 아무도 오지 않고 바람결에 나뭇잎만 운다. 음악은 달밤에 누가 찾아올 것 같은 신비로운 분위기로 시작한다. 마치 님의 소리가 들리는 것 같은 가락이다. 그리고 둘째 부분은 흥겹다. '왔다' 는 착각이다. 셋째 부분은 바람만 휘몰아친다. 격동적이다. 그리고 맨 마지막에는 느리고 애절한 마음으로 돌아간다. (중앙일보) 2008. 2. 1.)

이 글을 읽으며 '명인' 이란 이런 마음을 가지신 분이구나 하고 머리가 절로 숙여졌다. 동양화 그림을 나도 보건만 이런 식의 상상력과 스토리를 만들어낸다는 것은 도저히 우리 같은 사람에겐 불가능하기 때문이다.

창의성이란 꼭 천재일 필요는 없지만 보통 사람과는 무언가 다르게 보고 과거에 겪은 경험이나 상상력 같은 것이 어떤 사물이나 음악 등과 접할 때 번쩍 튀어 오르는 것인가 하는 생각을 해본다. 그러나 누가 그런 상상력을 발휘할지 아무도 모른다. 많은 사람이 섞여 있는 조직 내에 우리가 알지 못하는 그런 상상력을 발휘할 창조성 있는 사람이 있을 것이라는 가능성을 믿고 창조성을 매니지먼트에 적용하려는 노력과 함께 제도를 잘 운영하는 것이 바른 길일 것이다.

상상력이 남이섬을 살렸다

망해가던 남이섬의 사장을 맡아 유원지에서 관광지로 이미지를 바꾸고 《겨울연가》의 촬영지로 이름을 날릴 만큼 전혀 다른 세상을 창조한 강우현 사장은 《상상망치》라는 책에서 남이섬을 새롭게 일군 내용을 알려주고 있다.

그가 남이섬의 사장을 맡은 2001년 회사는 계속되는 적자로 침몰 직전이었다. 부족한 자금을 은행 대출을 해서 메꾸려 해도 대출을 해주지 않아 맨몸으로 버티며 살길을 찾아야 하는 상황이었다. 강우현은 '맨땅에 헤딩' 식으로 정글을 헤쳐 간다. 그러나 꿈은 크게 잡는다. 100억짜리 남이섬에 100만 명이 몰려오는 큰 미래의 모습을 상상한 것이다.

남이섬은 40년 전부터 섬을 사서 나무를 심고 가꾼 수재 민병도 선생이 '두 대에 걸쳐 아름다운 자연을 물려준다'는 귀한 뜻으로 일구어 온 섬이었다. 강우현은 그 뜻을 잇기로 하여 그 당시 유원지인 남이섬을 관광지로 바꾸는 개혁을 시도한다. 관광(觀光)이란 빛을 보는 것이니 볼거리가 많고 사진 찍을 곳을 많이 만들면 된다는 소박하고 단순한 개념에서 시작한다. 무슨 거창한 계획이나 마스터플랜 없이 눈에 보이는 문제를 하나하나 해결해가는 방식을 썼다. 해보다 안 되면 다른 방식을 쓰고 그것도 안 되면 또 다른 방식을 쓰는 식이었다. 생태적인 방식이다. 그의 좌우명 '이걸 해도 저걸 해도 운명이다. 그냥 생각나는 대로 해보자'에서 자신감을 확인하면서 말이다.

그는 남이섬의 초옥공방에 기거하며 할아버지가 강릉 작업실에 써준 속선당(俗仙堂)이란 현판을 걸어 택호로 삼는다. 속세에서도 신선처럼 살라는 할아버지의 당부를 생각하고 마음을 비우는 자세를 가다듬는다.

돈이 없으니 자연 그대로를 가지고 상상을 펼쳐 무언가를 해야 하는데 그 중의 하나가 남이섬에 많은 별빛, 강물 소리, 바람 소리 등에 이름을 붙여주는 작업이었다. 동화나라 별빛, 달빛, 새소리 식이었다. 그는 이렇게 남이섬에 '상상 공화국' 짓기를 추진한다. 이름 하여 '나미나라공화국'이 그것이다. 새 사업을 하고자 할 때 타당성 검토에 앞서 상상력은 필수이다. 공장을 짓는다면 완성된 공장의 모습과 어떤 제품이 어떤 수준으로 생산되고 소비자가 그걸 어떻게 쓰고 버리는지를 상상하면 재활용 가능한 제품을 기획할 수 있다. 마치 화가가 백지에 그림을 그리는 것과 같은 상상력이 필요하다.

그가 좋아하는 말로 '투석문로(投石問路)'가 있다. 먼저 돌을 던져 놓고 길을 묻는다는 것이다. 고민만 하며 시간을 축내기보다 무언가 일을 먼저 시도해 본다는 자세다. 남이섬을 일구기 시작할 때 빈 소주병이 지천으로 있었다. 이를 어떻게 재활용할지를 고민하다 멀쩡한 병은 녹이고 비틀고 해서 꽃병 만들고, 깨진 것은 녹여 타일을 만들어 화장실 벽에 붙이거나 호텔 계산대 장식품으로 사용했다.

술병으로 정원을 만들고 이름을 '이슬정원'이라 했다. 사람들은 새벽에 이슬이 많이 내려 그 이름을 붙인 것으로 알지만 소주 '참이슬' 병으로 만들었기 때문에 이슬정원으로 했다는 설명을 했다. 이 이야기를 들은 화장품 회사 아모레에서 설화수 병을 보내와서 설화수 병 나무도 만들었다.

사람들은 가을 단풍에 은행잎이 수북이 쌓인 길을 걷기를 좋아하는데, 남이섬은 북쪽이라 은행잎이 빨리 져버려 길에 쌓일 새가 없었다. 마침 송파구청에서 은행잎 쓰레기를 치우느라 돈도 많이 들고 골치 아픈 문제라는 것을 알고는 단풍잎 쓰레기를 실어와 산책로에 깔아 명소를 만들었다.

자연을 활용하여 사진 찍을 곳을 만들면서 '잡초는 화초로, 쓰레기는 쓸애기'라는 슬로건을 내세우며, 누구나 자유롭게 노래하고, 또 가지고 갈 수 있는 체험 관광이 되도록 했다. 예술가에게는 숙식도 제공하고 재료도 대주었다. 어느 사진작가는 남이섬 풍경을 남겨주었다.

기존의 상인들을 섬 밖으로 내보내자 고발 등이 들어와 많은 고통을 당했지만 강우현은 이를 이겨내고 음악이 흐르는 자연 친화적인 관광지로의 개혁을 실천해간다. 밤 10시면 무조건 불을 끄니 별빛, 달빛이 살아났고, 농약을 치지 않으니 벌레가 생겼다. 벌레가 생기니 새들이 날아오고 새똥에 묻어온 씨앗에서 야생화가 피어났다. 여기저기 핀 야생화를 한곳에 모아 야생화 군락지를 만들었다.

낡은 건물은 전시관, 빈터는 공연장, 숲 속 무대에서 명상 음악회를 열거나 외국 전통 무용단을 불러 공연도 했다. 보관할 데가 없어 고민하는 조각가에게 작품을 야외에 무료로 보관해 주겠다고 하니 다들 고마워했다. 섬 한가운데에 이름도 없이 서있던 조각상을 강가로 옮겨 '고향 바다를 그리워하는 남이섬 인어공주'라고 이름 붙이자 많은 사람이 그 앞에서 사진을 찍고 갔다.

그는, 방문객을 돈 내고 들어오는 손님으로 바꾸고, 자연과 문화가 주인인 '남의 섬'으로 바꾸는 방식으로 1년 내내 축제를 벌였다. 섬이 달라졌다는 소식에 손님들이 몰려오면서 가족 단위 손님이 몰려오고 예술가들의 발길이 잦아졌다. 가수들과 교향악단이 들어와 야외무대에서 공연을 펼쳤고 조각가, 유리공예가, 흙공예 예술가가 공방을 차려 손님들과 가깝게 호흡하는 장소가 되었다.

부지런히 쓸고 닦고 매만지며 힘들게 일하던 어느 날 방송사 촬영 팀이 〈겨울연가〉 촬영지 답사를 위해 찾아왔다. 강우현은 〈겨울연가〉의 윤석호 감독에게, 무료로 언제든지 편안하게 촬영을 하되 제작발표회를 남이섬에서 할 것을 제안한다. 남이섬이 〈겨울연가〉의 아이콘이 되게 한 것이다. 이 때문에 한류 열풍이 시작되기도 했다.

강우현은 남이섬 열풍이 몇 년 지나면 사그라지리라는 것을 예상하고 2006년 '나미나라공화국'을 만들기 시작했다. 정관루라는 호텔을 국립 호텔, 6성급 호텔이라고 자칭하면서 섬 선착장에서 나미나라 여권을 발급하는가 하면 법 없이도 살아갈 수 있는 이들을 위한 '무법천지법'이라는 헌법도 공포했다. 서로를 위하고 존중하는 편한 상식이 법보다 아름답다는 것을 널리 알리기 위해서라는 취지도 표명했다. 또한 배 타고 떠나는 해외여행이라는 콘셉트로 남이섬 여행을 '해외여행'이라고 불렀다.

회사가 어려우니까 아이디어만 나왔다. 어느 여름날 북한강 상류에서 떠내려온 물배추 몇 포기가 있었다. 물을 정화시키는 작용을 한다기에 오수처리장 근처에 던져두었더니 놀라울 정도로 번식했다. 그 때문에 오수처리장 물도 깨끗해졌다. 가을이 되자 그것을 팔고자 했다. 분명 서울에는 없을 것이기 때문이다. 직원들이 말도 안 된다고 웃었지만 도회지 손님들이 한 포기에 500원씩, 첫날에만 120포기를 사갔다. 우리에겐 흔하지만 남에겐 없는 것, 그것이 바로 상품이 된다는 것을 보여준 일화다.

그는 경영을 따로 공부해서 이 일을 한 것이 아니라 물이 흐르듯이 자연스럽게, 바람처럼 유연하게, 무언가가 있으리라는 상상을 키우며 많은 실패 속에서 되는 길을 찾아 이룬 결과라고 말한다. 상상력에서 꽃피운 창조의 열매를 생생히 보여준 예다.

11

사회와
함께할 때
논어경영은
완성된다

기업의 사회 기여가 전 세계적인 추세이다
윤리 경영, 사회 공헌 경영을 해야 성공한다
사회적기업이 점점 늘어나고 있다
리더란 사는 길로 이끄는 사람이다
이것이 리더가 갖추어야 할 덕목과 능력이다
섬김의 리더십을 발휘하자
군자 리더십이야말로 궁극의 리더십이다

그 꽃

내려갈 때 보았네
올라갈 때 못 본 그 꽃

(고은)

11
사회와 함께 할 때 논어경영은 완성된다

●논어로 이끄는 경영은 유학사상을 뿌리로 하여 조직의 활동이 인간적인 훈훈함을 품으면서 성과를 올리는 경영을 의미한다. '논어경영'은 조직과 관련된 근로자나 고객 모두가 생명을 살리는 덕과 참된 가치를 제공하는 자리에 서는 것이다. 공자는 이런 자리를 《논어》〈위정편〉에서 다음과 같이 말하고 있다.

> 덕으로 다스림은 마치 북극성이 제자리에 있고 여러 별이 북극성을 향해 도는 것과 같다.[44]

북극성이 제자리에서 큰 덕을 베풀어서 여러 별이 그 주위를 감싸고 사이좋게 운행하는 모습은 바로 군자가 자신을 닦아 주위 사람을 편안하게 하는 수기안인(修己安人)의 자세를 그리고 있다. 〈공야장편〉에서는 이런 자리를 "노인은 편안하게 해주고 벗들은 미덥게 해주며 젊은이들은 따르게 하는 것이다"[45]라고 각자의 처지에 맞게 덕을 베풀어야 한다고 말하고 있다. 리더십은 자신이 몸담고 있는 공동체에 대해 책임 있는 대응과 실천으로 구성원들과 끊임없이 상호작용하는 과정에서 드러난다.

경영이 사회와 함께 생명을 살리는 경영을 해나가는 데 있어서 기업의 사명의식 또는 가치관이 먼저 확립되어야 한다. '영혼이 있는 기업'이라는 생각을 밝힌 《CEO 안철수, 영혼이 있는 승부》의 내용이다.

> 기업은 사람과 같이 살아있는 유기체이며, 사람이 나름대로 가치관을 가지고 살아야 조화로운 삶을 살 수 있는 것처럼 기업도 하나의 가치관을 가치고 생명을 이어간다. 가치관을 가진 사람이 존재의 의미에 충실할 수 있듯이 기업도 그러한 가치관이 있어야 그 기업의 존재 의미에 충실할 수 있다. 이 가치관이 있느냐 없느냐에 따라 기업은 영혼이 있는 기업과 영혼이 없는 기업으로 나누어진다. (91쪽)

영혼이 있는 기업의 세부적인 모습을 기업이 사회에 대해 지는 책임, 사회 공헌 부문 및 리더로서의 군자의 모습을 통해 알아본다.

기업의 사회 기여가 전 세계적인 추세이다

기업은 사회에 여러 가지 혜택을 준다. 무엇보다도 직원을 고용하여 지역사회가 경제적으로 윤택하게 된다. 조선소가 많이 있는 울산이나 거제도는 다른 지방 도시보다 주민의 살림살이가 더 윤택하다. 기업체가 많은 직원을 고용하기 때문에 지역 경제가 활성화되기 때문이다. 기업은 제품이나 서비스를 제공하여 기업이 생존하고 발전해가는 기본 바탕 위에 사회적이고 윤리적인 책임, 그에 더하여 박애적인 역할까지 그 영역을 확장하고 있는 것이다.

기업은 사람들에게 일자리도 주며 문화 발전 등에 많은 공헌을 하지만,

2007년 태안 앞바다의 원유 유출 사고로 서해 전체가 기름 범벅이 된 것처럼 큰 재앙을 주기도 한다. 우리나라는 GDP 규모로 세계 12위 국가이지만 환경 파괴를 않고 경제성장을 할 수 있는 능력에서는 142개국 중 거의 꼴찌인 136위라고 하는 것은 우리 기업들이 환경이나 기업의 사회적 책임에 얼마나 무심한가를 보여준다.

  오늘날은 언론이나 비정부기구 등을 통해서 환경, 에너지, 부패, 인권과 같은 사회적 문제 제기가 계속되고 있어 기업이 더 이상 이를 외면할 수 없는 시대가 되었다. 예를 들어 온실가스 배출량을 줄이는 규제가 점점 더 심해지는 까닭에 자동차 회사들은 친환경 차량을 개발하기 위해 온 힘을 쏟고 있다. 장기적으로 휘발유 등의 화석연료를 대체하는 수소 자동차, 전기 자동차 등의 하이브리드 자동차 개발에 연구력을 집중하며, 생산과정에서 폐차에 이르기까지 환경오염과 에너지를 절약하는 제품을 개발하고 시스템을 개선하고 있다.

미국 GE의 제프리 이멜트 회장은 2005년 온실가스 감축을 명문화한 교토의정서가 비준된 지 3개월 후에 '에코매지네이션' 경영을 선포했다. 에코매지네이션은 생태학ecology과 GE의 슬로건인 상상력imagination at work의 합성어다. GE는 청정 기술 연구개발비를 2배로 늘려 온실가스 배출량을 1% 감소시키려는 노력과 함께 플라스틱으로 외관을 꾸민 차량, 정지할 때 에너지를 배터리에 비축하는 열차 엔진, 물을 7%까지 절약하는 농약 살포제 등을 만들고 있다.

  또한 고유가와 경쟁 심화로 수익성이 떨어지고 있는 항공사를 위해 연료 효율성을 크게 높인 항공기 엔진을 개발하여 고객의 고민을 해결하고 회사가 돈을 버는 전략을 활용하고 있다. 지금은 GE의 '환경이 돈이다Green is green'라는 슬로건이 유행어가 되고 있을 정도다.

환경뿐 아니라 기업의 비윤리적 행위, 예를 들어 인종차별, 기업 재산의 사적 유용, 세금 포탈, 회계 부정 등의 윤리 문제 역시 사회가 매우 민감하게 생각하고 있다. 기업이 당면하고 있는 사회적 책임이 크지만 이를 기업의 부담으로만 생각하기보다는 생각을 바꾸어 GE의 에코매지네이션처럼 새로운 기회로 만드는 적극적인 자세가 필요하다.

피터드러커 대학원의 아이라 잭슨 학장이 1990년대 보스턴 은행 부사장으로 있을 때의 경험담이다. 당시 미국 금융 당국이 흑인이나 히스패닉 등 소수 인종 차별을 금지하고 있었다. 그러나 대부분 은행이 이를 외면하고 있을 때 보스턴 은행은 이를 새로운 비즈니스 기회로 보고 적극 호응한 덕분에 백악관에서 상도 타고 고객의 평판도 높아졌으며 새로운 시장에 진입하기 위한 금융 당국의 승인과 같은 상당한 덕도 보았다는 것이다. 사회에 대한 적극적인 기여가 결국 보상을 받은 것이다.

생활 소비용품 업체인 프록터앤갬블은 전 세계 20억 명의 빈곤층에 관심을 기울여 이들을 위한 제품 개발에 주력하고 있다. 앞으로의 비즈니스 기회를 사회적 기여에서 찾는 것이다. 스타벅스는 시간제 직원을 포함한 14만 명의 모든 직원들에게 스톡옵션을 주고 의료보험을 제공함으로써 한 기업이 많은 사람의 행복에 기여하고 있는 예를 보여준다. 미국의 카터 전 대통령이 망치를 들고 집을 짓는 모습으로 유명한 해비타트 운동(사랑의 집짓기)에는 미국의 유통업체 홈데포가 건축자재를 다루는 1,500개 점포가 참여하는 조직을 만들어 돕고 있다.

구글은 2004년 상장 때 구글 주식의 1퍼센트와 연간 수익의 1퍼센트를 자선사업에 쓰겠다고 약속했다. 이 약속을 지키기 위해 2006년 구글닷오알지 Google.org를 설립하였으며 2008년 초에 앞으로 수년간 집중 지원할 5대 사회 공헌 과제를 선정 발표했다. 질병 및 재난의 조기 경보 및 예방 시스템 구축, 석탄보다 싼 태양열 에너지 생산 연구와 풍력 자원 기술 개발, 전기 겸용 하이브리드 자동차의 상용화, 아프리카 등 개발도상국의 중소기업 지원, 교육, 보건 위생 등 공공서비스의 개선이다. 구글의 사회 공헌 방식은 전통적인 스타일이 아니라 성과를 중시하는 기업 스타일로 하겠다는 특성이 있다. 돈뿐 아니라 구글의 최대 자산인 직원들의 시간과 창의적 아이디어, 혁신적 기술을 제공하겠다는 것이다. 또 구글닷오알지가 영리법인이기 때문에 경우에 따라 투자 개념으로 지원 대상을 선정하여 효율성을 높이겠다고 한다.

기업이 특정한 한 지역에 있기 때문에 그 지역사회에 많은 혜택을 주는 경우도 있다. 독일 자동차 회사인 BMW가 뮌헨 시에 문을 연 'BMW 벨트'는 자동차 출고장, BMW 체험관, 연회장, 콘서트홀, 회의실 등을 포함하는 새로운 개념의 출고장이다. BMW 벨트에서 고객에게 전달되는 차량이 연간 4만 5천 대 정도이므로 가족을 포함하면 연간 20만 명가량이 차량을 픽업하기 위해 뮌헨을 방문한다. 유럽 전역은 물론 상당수 미국 고객들도 유럽 여행을 겸해 BMW 벨트를 방문한다. 또한, 뮌헨 공장과 연계한 견학 프로그램 참관자와 'BMW 체험교실', 콘서트홀 및 회의실 등을 방문하는 사람까지 합하면 연간 85만 명 정도가 방문하는 것으로 추산하고 있다.

BMW 벨트 덕분에 뮌헨은 많은 관광 수입을 얻고 시의 예산 투입 없이 콘서트홀 등 각종 문화시설을 덤으로 얻고 도시를 대표하는 '랜드마크'도 갖게 되어 기업과 도시가 서로 상생하게 된 것이다. 뮌헨 시 역시 BMW 벨트 건립으로 교통 혼잡이 가중되지 않도록 교통신호 체계를 개선해주고 인근에 지하철역도 만들어 주는 등 협조를 하였다. 그리고 BMW가 현재 3만 4천 명의 직원을 고용하고 있는데 4백여 명을 더 고용할 수 있게 되어 뮌헨 시에 많은 도움을 주게 되었다.

미국 펜실베이니아에 있는 '허시 마을'도 비슷한 예다. 초콜릿 제조 공장인 허시 공장을 중심으로 학교, 호텔, 테마파크, 병원 등을 갖춘 이 마을에선 모든 게 허시 초콜릿과 관련이 있도록 하고 있다. 가로등마저 '키세스' 초콜릿 모양을 하고 있고 매년 5백만 명이 넘는 관광객을 맞이하고 있는 명품 도시가 된 것이다. 기업과 사회가 서로 협조하여 상생의 길을 걷는 좋은 사례다.

윤리 경영, 사회 공헌 경영을 해야 성공한다

기업이 사회적 책임을 잘 이행하고 더 나아가 사회에 공헌하기 위해서는 일차적으로 경영 윤리를 실천해야한다. 경영 윤리는 사회가 정한 법이나 도덕적 기준을 지켜서 기업을 둘러싸고 있는 이해관계자에게 피해를 주지 않도록 하는 것부터 실천하는 것이다. 예를 들어 한 건설 회사가 하청 업체에 공사를 맡기면서 실제 공사 대금은 100억 원이지만 계약서에는 110억 원으로 한 후 하청 업체가 차액 10억 원을 건설 회사에 리베이트로 다시 돌려주는 관행은 법과 사회질서를 파괴하는 것으로 결코 해서는 안 될 비윤리적인 행위인 것이다.

　　경영 윤리를 높이는 방식으로 윤리적 기준과 비윤리적 행위의 예를 회사의 윤리 헌장으로 선포하고 이를 적극적으로 실천하는 기업들이 많이 있다. 예를 들어 미국의 존슨앤존슨은 5가지의 경영 윤리 헌장을 두고 있는데 이는 고객과의 관계, 회사 직원과의 관계, 경영자의 책임, 사회적 책임, 그리고 회사 주주에 대한 책임 등으로 이루어져 있다. 국내의 기업들은 경영진이나 직원이 해서는 안 될 비윤리적 행위를 예시하고 이를 위반할 경우 벌칙을 주는 윤리 경영을 실천하기도 한다. 예를 들어 상납이나 뇌물 제공, 회계 부정, 뒷거래를 통한 리베이트, 회사 기밀의 외부 유출 같은 스파이 활동, 경쟁사간 담합과 같은 행위를 금지하는 것이다.

경영 윤리와 이를 통한 사회적 공헌을 위한 경영에 대한 보고서 작성이나 이를 검토하는 방침들이 논의되고 있다. 이 중 GRI Global Reporting Initiatives라는 기구에서 만든 기업의 지속가능성 보고서의 가이드라인을 세계적으로 많은 기업이 적용하고 있다. 이 가이드라인에 의하면 기업의 사회적 공헌 성과는 6개 분야로 나뉜다.

첫째, 경제 분야로서 경제적 가치의 창출과 같은 경제 성과와 시장 지위, 공익을 위한 인프라 투자 같은 간접 경제 효과를 보고한다.

둘째, 환경 분야로서 원료 사용량, 에너지 소비 및 절감량, 물 사용량, 생물의 보호, 온실가스 배출량이나 폐기물 배출, 환경 법규 준수 등을 보고한다.

셋째, 노동 분야로서 고용, 노사 관계, 직장 보건 및 안전, 교육 및 훈련, 다양성 및 평등한 기회 등을 보고한다.

넷째, 인권 분야로서 인종차별 금지, 아동노동, 강제 노동, 원주민 권리 침해 등을 보고한다.

다섯째, 사회 분야로서 지역사회 프로그램, 부패 사건, 경쟁 저해 행위 및 법규 준수에 관해 보고한다.

여섯째, 제품 책임 분야로서 고객 건강 및 안전 규칙, 제품 및 서비스의 정보 유형을 보고한다.

이 가드라인에서 보는 것처럼 점점 더 많은 기업이 사회 전체에 대해 다양한 책임과 공헌 활동을 하고 이를 보고하며 평가받고 있다. 이러한 공헌 활동을 잘해낸 기업은 사회적으로 존경을 받으며 고객들에게 좋은 이미지를 심으면서 더 발전해가는 것이다.

사회적기업이 점점 늘어나고 있다

사회가 요구하는 것을 보다 본격적으로 추구하는 목적으로 발전한 것으로 사회적기업이 있다. 사회적기업은 이윤을 추구하는 대신 사회 서비스를 제공하는 것을 주목적으로 하는 기업으로 영리기업과 비영리기업의 중간 형태의 성격을 지닌다. 우리나라는 사회적으로 취약한 계층에게 일자리를 제공하고 사회 서비스를 제공하는 기업을 육성하기 위해 〈사회적기업 육성법〉을 제정하여 사회 서비스 영역을 넓히는 노력을 하고 있다. 사회적기업의 유형을 보면 사회적 약자인 노인층이나 탈북자들에게 일자리를 제공한다든지 시각장애인들에게 음악을 가르쳐 공연 예술 활동을 하게끔 하고 농촌 등 지역 주민들에게 다양한 교육 프로그램을 운영하는 등의 다양한 사업을 하고 있다.

우리에게 잘 알려진 사회적기업의 하나인 '아름다운 가게'는 사용했던 물건을 재사용하도록 하여 친환경 생태를 추구하고 나눔을 실현하고 있다. '아름다운 가게'는 단순히 물건을 사고파는 곳이 아니라 지역 주민들의 기증을 통한 물건을 필요로 하는 사람에게 베풀 수 있는 지역 공동체의 역할을 하고 있는 사회적기업의 모습을 잘 보여준다.

서울시가 선정한 우수한 사회적기업의 하나인 'touch4good'이란 곳의 내용을 인터넷에서 볼 수 있다. 이 기업의 이름에서 'touch'는 '손길, 솜씨, 마음에 닿다'라는 의미가 있고, '4'는 영어의 'for' 즉 누군가를 위한다는 뜻, 그리고 'good'은 '좋은 물건'의 의미가 있다고 한다. 주 사업은 업사이클링 프로세스로 버려지는 현수막들을 솜씨 있게 좋은 패션 소품으로 만들어 사람들의 마음에 닿고자 하는 것이다.

재료로 쓰는 현수막은 직접 수거하지 않고 현수막을 사용한 본인이 직접 기증을 하도록 하는데 이렇게 함으로써 환경에 대해 한 번 더 생각할 기회를 주려고 한다. 이 기업은 수익금의 일부를 환경성 피부질환인 아토피를 겪고 있는 아동들을 위해 가습기와 보습제를 지원하고 아토피 캠프 참가비와 환경 교육 프로그램 지원 등에 사용한다.

사회적기업으로 활동하기 위해서는 〈사회적기업 육성법〉에 의해 인증을 받아야 한다. 이에 대한 자세한 내용은 '한국사회적기업진흥원' 홈페이지를 방문하면 알 수 있다. 사회적기업으로 인증받지 않으면서 사회 서비스를 제공하는 조직으로 소셜벤처가 있다.

소셜벤처는 사회적 기업과 목적이나 운영 면에서는 같지만 정부의 인증이라는 기준을 맞출 필요 없이 다양한 형태로 사회 서비스를 제공하기 때문에 세계 각국에서 활발한 사업을 벌이고 있다. 예를 들어 영국의 베어윈드 에너지협동조합은 풍력으로 전기를 발전시켜 1,400여 가정에 에너지를 공급하고 있다. 사업에서 얻은 수익으로 배당도 하며 지역사회 환원 목적으로 지역사회에서 생산된 물품을 구입하여 지역사회 에너지 절약과 에너지 교육을 위해 사용하고 있다.

미국의 **OLPC**One Laptop per Child사는 미국 델라웨어 주의 비영리단체로 MIT연구소 멤버들이 주축으로 활동하고 있다. 이 기업은 100달러짜리 노트북 한 대를 구입하면 제3세계 개발도상국의 어린이 한 명에게 한 대의 컴퓨터를 공급하는 것을 목적으로 한다. 구글, 이베이 등의 기업이 자금을 지원하고 있는 소셜벤처다. 우리나라도 이런 소셜벤처를 많이 만들어 사회적 서비스를 활발하게 제공할 수 있는 환경을 북돋아야 하겠다.

리더란 사는 길로 이끄는 사람이다

리더라고 하면 조직의 최고 경영진을 떠올리지만 리더란 경영진부터 현장의 팀에 이르기까지 모든 활동 단위에 꼭 필요한 존재이다. 리더는 스스로 솔선해서 움직이며 주위 사람들을 따라오게 하는 힘을 갖고 있다. 실력은 공부를 혼자서 열심히 하면 얻을 수 있는 것이지만, 리더의 능력은 자신의 꿈을 지지하는 사람들이 함께 문제를 풀어주기 위해 모일 수 있도록 만드는 힘으로, 자기를 둘러싼 사람의 마음을 얻어야만 한다고 한다. 리더는 자신과 연결된 관계망에서 주위 사람들의 후원과 지지 없이는 아무것도 이루지 못한다는 것을 깨달아야 한다.

특히 리더가 조직의 최고 책임자일 경우 리더가 어떤지에 따라 전혀 다른 결과가 생기는 것을 알 수 있다. 이런 현상은 운동경기 팀에서 쉽게 보인다. 2002년 거스 히딩크가 한국 축구팀의 감독을 맡아 그 전까지 별로 신통치 않았던 한국 축구팀을 월드컵 4강이라는 눈부신 업적으로 보답하여 우리 국민 모두가 열광의 도가니로 빠지게 한 것이 좋은 리더십의 예라 할 수 있다. 리더의 역할이 이처럼 중요하기 때문에 우리 사회에 리더십에 대한 논의가 무성하다. 우선 할리데이비슨의 리더십을 살펴보자.

'할리데이비슨' 하면 말발굽 소리를 연상시키는 큰 엔진 소리와 검정색 가죽점퍼에 검은 선글라스를 쓰고 거친 모습으로 오토바이를 질주해 나가는 이미지를 떠올린다. 이처럼 멋진 할리데이비슨이라는 브랜드로 독특한 오토바이 문화를 만든 회사가 1980년대 초반 어려움에 빠졌었다. 일본 혼다가 값싸고 품질 좋은 오토바이로 미국 시장을 공략하자 할리데이비슨의 시장점유율이 급격히 떨어지고 거의 파산 지경에 이르게 된 것이다. 회사가 어려운 상태에 있을 때 회사의 고위 임원들이 회사의 경영권을 인수하고 리처드 티어링크 전 회장을 최고 재무책임자CFO로 영입하여 강도 높은 구조

조정을 하게 되었다. 혼다의 시스템을 벤치마킹하고 기존 고객의 충성도를 강화하는 마케팅 전략을 펼치는 방법을 사용하였다. 1989년 티어링크 회장은 CEO에 취임하여 10년 가까이 회사를 경영하며 회사 가치를 100배 이상 키워냈다. 회사가 이처럼 크게 일어서는 데는 할리데이비슨을 소유하는 고객들이 클럽을 형성한 것이 큰 힘이 되었다. 클럽을 위해 랠리를 열어 마음껏 축제처럼 즐기도록 하였는데 이 클럽들이 할리데이비슨에 많은 도움을 준 것이다.

리더는 자신이 맡고 있는 조직을 잘 운영하여 조직이 달성하려고 하는 성과를 잘 올리도록 하는 임무와 책임을 맡는다. 리더가 어떤 리더십을 갖는가는 역사적으로 매우 중요하였다. 한 국가를 이끄는 지도자가 어떤 방향으로 국민과 국가의 힘을 모으느냐 따라 국가의 흥망성쇠가 달라졌기 때문이다. 예를 들어 20세기 말엽 영국의 대처 수상은 고질적인 영국병인 광산노조의 파업을 잘 마무리하고 정부 개혁과 사회 개혁을 추진하였다. 그 당시 영국에서 가장 우선적으로 해야 할 일을 해냈기 때문에 그는 훌륭한 수상으로 기억되고 있다.

　기업의 CEO는 성과를 올리기 위해서 어느 분야에 중점을 둘지를 먼저 알아야 한다. 나는 젊었을 때, 꽤 규모가 큰 회사의 아들이 부친의 사업을 이어받기 위해 부친으로부터 경영 수업을 받는 광경을 본 적이 있다. 그 부친이 아들에게 간곡하게 알려준 비즈니스의 경험과 지혜 중 특히 좋은 사람을 쓰라는 간곡한 당부가 있었으며 이는 오랜 시간이 지나도 기억이 남는다. 비슷한 예를 마피아 가족의 얘기를 담은 영화 〈대부 Godfather〉에서도 볼 수 있다. 마피아 보스 역을 맡은 말론 브란도가 자신의 후계자인 아들에게 보스 지위를 넘기면서 부하 다루는 법, 특히 배신할 수 있는 부하를 식별하는 법을 얘기하는 장면이 기억에 남는다. 다른 패밀리와 타협하라고 접근하는 부하가 있으면 그가 배신자일 가능성이 높다고 얘기했는데 이후 부친이 얘기한 대로 다른 패밀리와 타협하고 접근하는 배신자를 처벌한 후, 상대 조직을 무너뜨리며 발전하는 내용이다.

일본의 이하다 류우이치가 쓴 《사장의 제왕학》이란 책을 보면 CEO의 리더십이란 사람을 이끌어가는 힘인데, 이는 권력이나 재물과 같은 힘이 아니라 스스로 삼가 사람을 공경하는 마음의 힘이라고 강조한다. 사장은 남보다 먼저 먼 미래를 바라보는 눈이 있어서 비전을 제시할 수 있어야 하며 이에 따라 전략을 수립하고 실천해야 한다는 것이다. 또한 후계자를 양성하는 것도 중요한 임무로 제시한다.

기업의 리더와는 다르겠지만, 등산을 할 때 리더가 얼마나 중요한가를 SBS 스페셜의 다큐멘터리 〈하얀 블랙홀〉을 보고 느꼈다. 방송을 본 사람은 알겠지만 히말라야의 촐라체 등정을 하던 두 사람 중 어린 대원이 얼음 사이의 계곡인 크레바스에 빠진다. 서로를 연결한 끈을 끊지 않으면 두 명 모두 죽게 된 상황에서도 리더가 끈을 끊지 않고 죽을힘을 다해 얼음 계곡에 빠진 대원을 끌어 올린 후 기적적으로 살아 돌아오는 모습을 보며 가슴이 뭉클했다. 리더란 함께 하는 사람을 사는 길로 이끄는 사람이라는 것을 생생히 보여주었다. 그렇다, 리더는 어느 조직이나 집단에서든 중요하다. 조직이나 집단을 보다 나은 세상으로 이끄는 임무를 맡고 있기 때문이다!

이것이 리더가 갖추어야할 덕목과 능력이다

리더란 다른 사람들을 성공의 방향으로 이끄는 사람이며 자신이 이끄는 결과에 대해 책임을 지는 사람이다. 뛰어난 리더는 다른 사람이 추종하도록 하는 특별한 성품이나 자질을 갖고 있는데 이러한 재능이나 품성, 자질 등이 리더십의 핵심 요소가 된다. 또 리더에겐 미래를 이끌어 가기 위한 종합적인 사고와 직관력, 상상력, 통찰력 등이 요구된다.

GE의 CEO였던 잭 웰치는, 리더란 자기 주위의 사람들이 항상 주도적이지는 않더라도 보다 열심히 일하고 더욱 일을 즐기며, 마침내는 그들이 가능하다고 여겼던 것 이상의 성취를 이루도록 하는 사람이라고 말한다. 그는 리더에 의해 조직의 구성원들이 더욱 성장하면서 리더로부터 특별한 재능을 배워서 더욱 큰일을 해낼 수 있도록 한다는 것을 강조하고 있는 것이다.

조직의 목적과 비전 제시

피터 드러커는, 리더는 항상 자신이 몸담고 있는 조직의 사업은 무엇이며 조직의 목적이 무엇인지를 정의해야 한다고 강조한다. 세상이 늘 바뀌기 때문에 고객이 좋아하는 것이나 새로운 기술 등을 눈여겨보아 이에 맞추어 사업을 검토하는 일이 가장 중요한 리더의 임무이자 능력이라는 것이다. 드러커의 이 말을 듣고 잭 웰치는 GE의 회장이 된 지 얼마 안 되어 GE의 다양한 사업 중 시장에서 1등 아니면 2등인 것만 그대로 유지하도록 하는 엄청난 구조 조정을 감행했다. 1등 또는 2등에 속하지 못한 사업들은 1등이나 2등이 될 수 있는 방안을 추진하거나fix, 그 사업을 팔아버리거나sell, 아니면 그냥 폐기하는close 조치를 취했다.

매니지먼트의 핵심인 '옳은 일을 하는 것doing right things'의 의미는 조직의 사업 및 목적을 바로 세우는 것이다. 리더는 먼 앞날을 바라보고 조직이 나아갈 길, 즉 사업의 방향과 비전을 제시하는 능력을 반드시 갖추어야 한다.

능력 있는 사람을 쓰고 키우는 능력

리더는 조직의 각 업무를 담당하는 전문가를 영입하거나 발탁하는 능력이 있어야 한다. 우리가 잘 아는 삼국지에서 유비가 제갈공명이라는 뛰어난 군사전략가를 초빙함으로써 다른 나라에 비해 부족한 것이 많았음에도 나라를 잘 이끌어간 이야기는 인재의 중요성을 보여준다. 리더 스스로가 여러 가지 뛰어난 능력을 갖춘 경우도 있지만 그렇다 할지라도 대부분의 조직에서는 모든 분야에서 전문가의 탁월한 전문적인 능력을 갖추기는 어렵다.

애플의 스티브 잡스가 사업의 방향이라든가 고객이 원하는 제품이나 서비스를 제공하는 데 탁월한 능력을 지닌 것을 우리 모두 알고 있다. 그러나 조너선 리라는 훌륭한 디자인 전문가가 없었다면 그토록 멋진 아이폰이 세상에 나올 수 있었을지 생각해볼 필요가 있다.

리더는 능력 있는 사람을 발탁할 뿐 아니라 앞으로 큰 능력을 발휘할 가능성이 있는 사람을 발탁해서 전문가 또는 다음 시대의 리더가 될 수 있도록 길러내는 능력 또한 갖추어야 한다. 《논어》를 보면, 노나라 왕이 공자에게 어떻게 해야 백성이 복종하고 잘 따를 수 있는지 묻자 공자는 바른 사람을 찾아 굽은 사람 위에 등용하면 백성들이 잘 따를 것이라고 대답한다. 공자는 바른 사람을 바른 자리에 앉히는 것이 리더십의 중요한 덕목이라는 것을 일깨운다.

열정

잭 웰치는 리더가 자신의 삶이나 조직을 이끄는 데 있어 열정passion이 있어야 한다고 이야기한다. 우리는 살아오면서 열정이 있는 사람과 열정이 없는 사람은 같은 일을 하더라도 큰 차이가 생긴다는 것을 경험했다.

잭 웰치는 열정 속에 4가지 속성이 있음을 '4E'로 밝힌다. 첫째는 강력한 에너지Energy다. 일을 추진하는 에너지가 없으면 일이 잘 진행되지 않으므로 늘 에너지가 충만하도록 해야 한다. 둘째, 다른 사람에게 활력을 불어넣는 능력인 격려Energize다. 자신만 에너지가 넘치는 것이 아니라 조직 구성원들이 에너지가 넘칠 수 있도록 격려하고 배려하는 리더의 넉넉함이다. 셋째, 예와 아니오를 분명히 하는 결단력Edge이다. 다가오는 앞날이 불투명한 가운데 조직이 나아갈 길을 결정하는 의사 결정은 리더가 맡는 무거운 책임이다. 이때 우유부단하지 않고 과단성 있는 결단을 내리고 조직을 이끄는 결단력은 리더가 갖추어야 할 덕목임이 틀림없다. 마지막은 실천력Execute이다. 결단력을 발휘하여 방향을 정했으면 조직의 모든 자원을 그 방향으로 이끄는 실천이 있어야 한다. 말만 하거나 회의만 하고 실천을 하지 않을 경우 조직이 원하는 성과를 결코 얻을 수 없다. 그래서 리더는 말을 더디게 조금만 하고 실천은 빠르게 제대로 해야 한다고 공자는 말했다.

섬김의 리더십을 발휘하자

그린 리프는 헤르만 헤세의 소설 《동방순례》를 읽으면서 주인공 서번트 레오의 모습에서 지도자의 덕을 발견하였다. 그리고 이 느낌을 발전시켜 '서번트 리더십'이라는 모순되는 개념을 설정하여 자신의 생각을 책으로 펴냈다. 서번트, 우리말로 하인이라고 번역되는 지위와 리더십의 결합은 언뜻 너무 어색하고 어울리지 않는 것 같다. 그러나 서번트가 남을 섬기는 자라는 것을 고려하여 '섬김의 리더십'이라 부르면 그 뜻이 통한다. 섬김의 리더십이라는 개념이 탄생한 배경인 《동방순례》의 내용을 간략히 살펴보자.

이 짧은 소설은 주인공이 종교 집단의 일원으로 동방을 순례했던 경험을 회상하는 형식으로 되어 있다. 주인공은 이름 대신 H. H라는 이니셜을 사용하여 헤르만 헤세 자신이 이야기를 한다는 기분을 느끼게 한다. 주인공은 종교 집단의 일원으로 동방 순례에 나선다. 이 여행에서는 현대적인 교통수단인 철도나 기선, 자동차, 그리고 전신 등 삶을 공허하게 만들어버린 문명의 이기는 전혀 사용되지 않는다. 여행자들은 오래된 결맹의 역사와 믿음에 관계된 장소나 기념물들을 모두 찾아보고 경배하는 일정을 보낸다.

주인공은 여행 중 짐을 나르는 등 여러 가지 잡일을 돕는 하인 레오가 눈에 띄어 그를 좋아하게 된다. 그는 어딘지 모르게 사람을 끄는 구석이 있었고 부담 없이 사람의 마음을 사로잡는 힘을 갖고 있었다. 그는 즐겁게 일했다. 혼자서 노래를 부르거나 휘파람을 불었으며 필요로 할 때가 아니면 눈에 띄지도 않는 이상적인 하인이었다.

이 여행의 목적지인 동방은 그냥 어떤 나라나 지리적인 장소가 아니라 영혼의 고향이자 청춘이고, 어디에나 있는 곳이면서도 아무 데도 없는 곳이며, 모든 시간이 하나가 되어버린 그런 곳이다. 주인공은 이런 것을 의식하면서 큰 행복을 맛보았고, 훗날 이 행복이 사라져버리자 그 소중함을 알게 되었다. 이러한 행복은 마치 꿈을 꾸면서 느끼는 행복과 똑같은 비밀로 이루어져 있었다. 또한 그것은 생각해낼 수 있는 모든 것을 동시에 체험하고, 외면과 내면의 세계를 유희하듯 뒤바꿀 수 있으며 시간과 공간을 제쳐버릴 수 있는 자유로 이루어진 것이었다.

어느 날 주인공은 하인 레오에게 묻는다. 예술가들이 창조한 형상들은 저토록 생생하게 살아있는 것처럼 보이는데 정작 예술가들은 반쪽짜리 인간처럼 보이는 이유는 무엇인지 말이다. 레오는 대답한다. 그것은 어머니도 마찬가지다. 어머니가 아기를 낳고 아기에게 자기 젖과 아름다움과 힘을 모두 주고 나면 자신은 눈에 띄지 않게 된다. 이는 서글프지만 아름다운 봉사의 법칙이다. 그리고 오래 살기를 원하는 사람은 남에게 봉사해야 하며, 남을 지배하려 하면 오래 살지 못할 것이라고 레오는 덧붙인다.

순조롭게 진행 중이던 순례는 어느 날 하인 레오가 실종된 뒤 혼란에 빠진다. 그를 찾는 모든 노력이 헛수고가 되던 날, 일행은 서로 무기력해지고 갈

등을 겪게 되었고, 믿음은 사라지고 가치와 의미마저도 잃게 되었다. 주인공은 실망하여 순례 대열에서 빠져나와 일상으로 돌아온 후 자신이 겪은 동방 순례의 경험에 대해 글을 쓰기 시작한다.

주인공은 결맹을 배반하고 순례를 포기한 데 대해 양심의 가책을 느껴 결맹에 자수하여 자신의 죄에 대해 심판을 받게 된다. 높은 사람 여럿이 심판관으로 있었지만 놀랍게도 하인 레오가 최고의 심판자인 것이 아닌가. 레오는 주인공이 절망에 이르고 진지한 시도를 포기한 죄를 꾸짖으며, 절망이란 인간의 삶을 이해하고 그 정당성을 인정하려는 모든 진지한 시도의 결과라고 알려준다. 주인공은 레오가 삶의 의미를 깨달은 현자라는 것을 알게 된다. 그리고 자신의 마음이 서서히 레오의 마음을 닮아가고 있다고 느끼면서 소설은 끝난다.

동양적인 내면의 각성을 통해 삶의 궁극적 의미와 영혼의 행복을 찾아낸다는 헤세의 생각이 드러난 소설이라 할 수 있다. 서번트 레오는 하인이지만 본래는 종교 집단의 지도자라는 설정은 노자 사상을 표현한 것이라고 한다. 다른 사람 위에 군림하는 자세가 아니라 물처럼 아래로 흘러 가장 낮은 자리에서 모든 것을 감싸 안는 모습을 보여준다는 것이다.

그린 리프는 주인공이 본래 지도자임에도 불구하고 서번트의 일을 한 것은 지도자가 천성적으로 자기 주위 사람들을 배려하고 봉사하려는 마음을 가지고 있기 때문이라고 주장한다. 그리고 앞으로는 서번트처럼 섬기는 자세를 가진 지도자나 기관만이 살아남을 수 있다고 말한다.

리더가 되려는 사람 중에서 처음부터 다른 사람 위에 군림하려는 사람과 다른 사람을 섬기려는 사람은 근본적으로 다르다. 서번트 리더는 처음에 리더가 되려고 한 것이 아니라 진정으로 섬기고 싶은 마음에서 시작한 것이다. 다른 사람을 섬기다 보면 뒤에서 밀어주는 것보다 앞에서 이끌어주는 것이 더 잘 섬기는 것임을 알고 리더로 나선다는 것이다. 따라서 서번트 리더는 섬김을 받는 사람들이 더 건강하고 지혜로워지는지, 자유롭게 되는지와 같은 타인의 욕구에 모든 관심을 기울인다. 조직의 구성원이 보다 인간적인 삶을 누리고 자신의 일에 열정을 지니고 능력을 발휘할 수 있도록 자신의 모든 능력을 쏟아붓는 것이 서번트 리더의 모습인 것이다.

서번트 리더가 팀을 이끌 경우 직원들은 자율권을 갖고 자발적 동기에 의해 자신의 일을 수행하며 창의성을 높이는 문화를 만들게 된다.

군자 리더십이야말로 궁극의 리더십이다

유학사상에서 군자란 자신을 닦아 백성을 편안하게 하는 수기안인(修己安人)을 목표로 하는 사회의 리더를 일컫는다.

자신이 몸담고 있는 조직을 좋은 조직이 되도록 이끄는 것은 군자만이 아니라 대부분의 리더가 바라는 목표일 것이다. 그러나 군자의 리더십과 일반적인 리더십이 다른 점을 든다면, 군자는 유학에서 제시하는 덕을 중심으로 이끈다는 것이다.

앞에서 자세히 살펴본 인(仁)의 매니지먼트를 비롯해 다양한 덕으로 이끄는 리더십은 서양의 리더십에서는 고려하지 않은 동양의 지혜에서 나온 것이다. 이런 덕의 리더십에는 남을 위하는 배려와 봉사의 리더십, 즉 서번트 리더십이 당연히 포함되는 것이다. 군자 리더십은 생명을 살리는 덕을 근본으로 하는 매니지먼트이기 때문이다.

《논어》〈옹야편〉은 군자가 갖추어야 할 인의 모습에 대해 다음과 같이 말한다.

인자란 자기가 나서고 싶으면 남을 내세워주고 자기가 이루고 싶으면 남을 이루게 한다. 가까운 자기를 보아 남의 처지를 미루어 보는 것이 인을 실천하는 방법이다.[46]

군자가 자기 주위 사람들을 세워주면 주위 사람들은 자연스럽게 군자에게 몰려오며 군자가 이들을 이끄는 리더십을 발휘하게 되는 것이다. 그리고 공자는 〈옹야편〉에서 군자가 어려운 일을 남보다 먼저 하고 상은 뒤로 미루기 때문에 인이라고 한다[47]고 군자의 솔선수범하는 자세에 대해 언급한다.

리더로서의 군자는 다른 사람의 말을 잘 듣고 공감하는 자세를 갖추고 있다. 군자가 본받고 싶어 하는 성인의 '성(聖)'이란 글자에는 귀(耳)와 입(口)이 들어 있다. 이는 성인이 다른 사람의 말을 잘 듣게끔 귀가 열린 사람이라는 뜻이라고 생각할 수 있다.

다른 사람을 배려하고 다른 사람을 위해 봉사하기 위해서는 조직의 구성원이 무엇을 원하고 있으며, 문제점이 무엇인지를 알기 위해 항상 열린 마음과 듣는 자세를 갖추고 있어야 한다. 남의 말을 잘 듣는다는 것은 조직의 내부뿐 아니라 조직 외부에 있는 고객의 말에도 귀를 기울이는 자세가 얼마나 중요한지를 일깨운다. 고객이 무엇을 원하고 있고 조직이 그런 욕구를 어떻게 채워줄 수 있는가에 대해 늘 깨어 있어야 조직이 원하는 목적을 달성할 수 있기 때문이다.

군자가 이끄는 조직의 모습을 그린다면 아름다운 화음으로 음악을 연주하는 오케스트라가 제격일 것이다. 오케스트라 지휘자로서 군자는 각각의 다양한 소리를 내는 연주가들처럼 전문가로 구성된 조직체를 지휘하는 것이다.

오케스트라의 리더인 지휘자에 따라 같은 음악이라도 그 맛과 향기가 전혀 달라진다는 것을 우리는 잘 안다. 지휘자가 자신만의 개성 있는 음악을 만들기 위해서는 전체 음악을 잘 해석할 수 있어야 할 뿐만 아니라 각 파트의 연주에 대해서도 잘 알고 있어야 하며, 단원들과 호흡을 잘 맞추어야 한다.

2009년 테드TED에는 이태이 탤감Itay Talgam이라는 컨설턴트가 나와 저명한 지휘자들이 오케스트라를 지휘하는 모습을 담은 비디오로 보여주면서 그들의 지휘 방식과 리더십에 대해 재미있게 설명했다.

우리도 잘 아는 리카도 무티의 지휘는 음악을 완전히 장악하여 연주자들이 자신의 통솔 아래 빈틈없는 앙상블을 이루도록 이끄는 자세를 보인다. 지휘하는 모습은 결단력 있고 음악은 웅장하며 절도가 있어 보이지만 잘 훈련된 군인의 행진처럼 어딘가 답답함도 느껴진다.

이에 비해 카라얀은 그냥 음악에 몰입하여 눈을 감은 채 춤을 추는 모습을 보인다. 연주자들은 지휘자가 구체적인 지휘를 하지 않기에 다른 동료의 음악을 들으면서 거기에 자신의 연주를 맞추는 방식으로 화음을 이룬다고 말한다.

마지막에 나오는 지휘자의 모습이 가장 인상적이다. 이름은 잘 모르겠지만 그는 아예 지휘봉도 없이 팔짱을 낀 채 일체 손으로 지휘를 하지 않았다. 그 대신 눈과 입모습, 고개를 들었다 내렸다 하는 방식으로 멋진 음악을 만들어낸다. 이태이 탤감은 이런 모습을 '아무런 지휘도 하지 않으면서 지휘하는 것doing without doing'이라고 이름 붙인다. 노자에서 말하는 인위적인 무엇을 하지 않지만 못하는 것이 없다는 무위이무불위(無爲而無不爲)과 같은 의미다.

자신이 앞에 나서서 억지로 이끄는 모습이 아니라 조직의 구성원들이 자신의 능력이나 자질을 마음껏 발휘할 수 있는 여건을 만들고, 재미있고 행복한 마음이 가득하도록 늘 배려하고 섬기는 마음, 부모가 자식을 아끼고 키우는 그런 마음으로 조직을 이끄는 것이 리더로서의 군자의 자세다. 각 개인이 나름의 개성을 지니고 있으므로 그 개성을 살려 전체로서의 조화와 아름다운 화음을 이루는 조직을 만드는 것이 리더인 군자가 해야 할 일인 것이다.

유학에서는 조직이나 사회를 조화롭지만 전부 같은 상태로 만드는 것이 아닌 상태를 지향하는 것을 화이부동(和而不同)이라 했다. 오케스트라의 각 파트는 다른 음을 내지만 전체는 아름다운 화음을 이루는 데서 화이부동의 모습을 본다.

군자 리더십의 전형은 바로 이순신 장군이다. 그가 전선 12척으로 330척을 무찌른, 귀신도 놀랄 전쟁의 달인이라는 데는 누구나 동의하지만 해전의 역사에 전무후무한 역사를 모범을 남긴 그의 리더십의 핵심에 대해서는 대부분 잘 모르는 경우가 많다. 1905년 러일전쟁 당시 일본 해군을 이끌고 러시아 발틱 함대를 무찌른 도고 헤이하치로 제독은 세계에서 가장 위대한 제독이라는 칭찬의 말을 듣자 이렇게 대답했다. 영국의 넬슨 제독과는 비교할 수 있어도 이순신 장군과는 감히 비교되는 것이 황송하다, 그는 세계 해전사상 가장 위대한 장군이라고 말이다.

왜적의 침략으로 나라 전체가 황폐화된 풍전등화의 상황, 군수물자는 물론 식량조차 제대로 조달되지 않는 열악한 환경에서 23번을 싸워 23번 모두 승리한 이순신 장군의 업적은 과연 어디에서 나온 것일까. 이순신 장군의 리더십에 관한 많은 책이 있지만 김종대 전 헌법재판관이 쓴 《이순신, 신은 이미 준비를 마치었나이다》란 책이 가장 인상적이었다.

김종대 헌법재판관은 공직 생활 30년 동안 이순신 장군이 자신의 참 스승으로서 사표가 되었다고 밝히고 있다. 그가 이순신 장군을 사표로 삼은 것은 장군이 병법에 밝아 전투에서 승리한 능력보다는 어릴 때부터 유학 공부를 하며 군자로서의 인격 수양을 통해 삶과 죽음을 초월한 자리에서 백성과 나라를 구한 큰 인격을 갖춘 성자의 모습을 보였기 때문이다. 그래서 단순한 전쟁 영웅을 넘어 성스러울 '성(聖)'자를 바친 성웅으로 부르는 것이다.

이순신 장군은 전투에 나서기 전에 적에 대한 정보를 최대한 많이 확보하여 이에 대한 대책을 세밀히 준비하였다. 적군의 규모나 적장의 성격 등을 분석하여 이를 무찌를 수 있는 방법을 강구하는 동시에 날씨나 조류의 변화 등도 작전 계획에 포함시키는 전문성을 발휘하였다. 반드시 이기는 전쟁을 하기 위한 이토록 철저한 준비는 자신의 부하와 백성을 무척 아끼는 인(仁)의 덕목에서 나온 것이다. 명량 전투에서 단 두 명만 전사한 사실이 이 점을 잘 말해준다.

그는 부하들과 함께 작전 계획을 수립하면서, 의견을 자유롭게 표현하도록 하여 소통을 원활하게 하고 모든 정보를 공유하여 신뢰를 얻었다. 이 점은 경영의 리더들이 모두 본받아야 할 점이다. 또한 현장 점검을 중요하게 여겨 포구 순찰을 해서 대비가 소홀하면 벌을 주었으며 도망친 병졸은 참수함으로써 군율을 세웠다. 군율이 무너지면 조직이 무너지기 때문이었다.

기술 개발에도 힘을 써 거북선을 만든 것은 너무나 유명하다. 당시 일본의 배는 밑바닥이 뾰족한 첨저선인데 비해 우리나라의 배는 밑바닥이 평평하면서 크고 단단한 평저선이었기 때문에 일본 것보다 크고 사정거리가 긴 화포를 싣고 먼 거리에서 일본 함대를 포격할 수 있었던 것은 승리의 큰 힘이었다. 이 모든 것이 이순신 장군이 보여준 위대한 리더십의 면면이다.

인용 고전
원문과 주석

인용 고전 원문과 주석

I

1. 자로문군자(子路問君子) 자왈 수기이경(子曰 修己以敬)
   왈 여사이이호(曰 如斯而已乎) 왈 수기이안인(曰 修己以安人)
   왈 여사이이호(曰 如斯而已乎) 왈 수기이안백성(曰 修己以安百姓)
   왈 수기이안백성(曰 修己以安百姓) 요순기유병저(堯舜其猶病諸)
2. 유안회자 호학(有顏回者 好學) 불천노 불이과(不遷怒 不貳過)
3. 극기복례위인(克己復禮爲仁)
4. 자왈(子曰) 유(由) 회여지지호(誨女知之乎)
   지지위지지 부지위부지(知之爲知之 不知爲不知) 시지야(是知也)
5. 자왈 족식 족병 민신지의(子曰 足食 足兵 民信之矣)
   자공왈 필부득이이거 어사삼자 하선(子貢曰 必不得已而去 於斯三者 何先)
   왈 거병(曰 去兵) 자공왈 필부득이이거 어사이자 하선(子貢曰 必不得已而去 於斯二者 何先) 왈 거식 자고개유사 민무신 불립(曰 去食 自古皆有死 民無信 不立)
6. 다문궐의 신언기여 즉과우(多聞闕疑 愼言其餘 則寡尤)
   다견궐태 신행기여 즉과회(多見闕殆 愼行其餘 則寡悔)
   언과우 행과회 녹재기중의(言寡尤 行寡悔 祿在其中矣)
7. 이러한 해석은 박민영, 《논어는 진보다》 46~52쪽에서 잘 설명하고 있다.
8. 희로애락지 미발위지중(喜怒哀樂之 未發謂之中)
   발이개중절 위지화(發而皆中節 謂之和)
   중야자 천하지대본야(中也者 天下之大本也)

화야자 천하지달도야(和也者 天下之達道也)

치중화 천지위언 만물육언(致中和 天地位焉 萬物育焉)

9 부여귀 시인지속욕야(富與貴 是人之所欲也)

불이기도득지 불처야(不以其道得之 不處也)

10 인개유불인인지심자(人皆有不忍人之心者)

금인사견유자장입어정(今人乍見孺子將入於井)

개유출척 측은지심(皆有怵惕 惻隱之心)

11 비례물시 비례물청(非禮勿視 非禮勿聽)

비례물언 비례물동(非禮勿言 非禮勿動)

12 도지이정 제지이형 민면이무치(道之以政 齊之以刑 民免而無恥)

도지이덕 제지이례 유치차격(道之以德 齊之以禮 有恥且格)

13 십유오이지우학(十有五而志于學)

삼십이립(三十而立)

사십이불혹(四十而不惑)

오십이지천명(五十而知天命)

14 지자요수 인자요산(知者樂水 仁者樂山)

15 학이시습지 불역열호(學而時習之 不亦說乎)

유붕자원방래 불역락호(有朋自遠方來 不亦樂乎)

인부지이불온 불역군자호(人不知而不慍 不亦君子乎)

16 천명지위성(天命之謂性) 솔성지위도(率性之謂道) 수도지위교(修道之謂敎)

2

17 생이지지자상야(生而知之者上也) 학이지지자차야(學而知之者次也)

곤이학지우기차야(困而學之又其次也) 곤이불학민사위하의(困而不學民斯爲下矣)

18 대학지도 재명명덕 재친민 재지어지선(大學之道 在明明德 在親民 在止於至善)
19 격물치지성의정심(格物致知誠意正心) 수신제가치국평천하(修身齊家治國平天下)
20 민이호학 불치하문(敏而好學 不恥下問)
21 지지위지지 부지위부지 시지야(知之爲知之 不知爲不知 是知也)
22 고지학자위기 금지학자위인(古之學者爲己 今之學者爲人)

3

23 군자무본 본립이도생(君子務本 本立而道生)
24 덕불고 필유린(德不孤 必有鄰)
25 일음일양지위도(一陰一陽之謂道)
    계지자 선야 성지자 성야(繼之者 善也 成之者 性也)
26 이 예는 이기동, 《주역강설》 872쪽 내용을 참조하였다.
27 생이유이목지욕(生而有耳目之欲)
    유호성색언(有好聲色焉)
    순시 고음란생이예의문리망언(順是 故淫亂生而禮義文理亡焉)

4

28 무욕속 무견소리(無欲速 無見小利)
    욕속 즉부달(欲速 則不達)
    견소리 즉대사부성(見小利 則大事不成)

5

29 인지생야직 망지생야행이면(人之生也直 罔之生也幸而免)

30 이 책에는 두 작품이 실려 있다. 앞의 작품이 〈우동 한 그릇〉, 뒤의 작품은 〈마지막 손님〉이다. 이 내용은 책 43~46쪽의 내용, 72~127쪽의 내용을 요약한 것이다.

6

31 군자욕눌어언이민어행(君子欲訥於言而敏於行)

32 가여언이불여언 실인(可與言而不與之言 失人)

    불가여언이지언 실언(不可與言而之言 失言)

    지자부실인 역불실언(知者不失人 亦不失言)

33 맹지반 불벌(孟之反 不伐)

    분이전 장입문(奔而殿 將入門)

    책기마왈 비감후야(策其馬曰 非敢後也)

    마부진야(馬不進也)

7

34 극기복례위인(克己復禮爲仁)

    일일극기복례 천하귀인언(一日克己復禮 天下歸仁焉)

35 기소불욕 물시어인(己所不欲 勿施於人)

36 번지문인 자왈 애인(樊遲問仁 子曰 愛人)

    문지 자왈 지인(問知 子曰 知人)

    번지미달(樊遲未達)

    자왈 거직조저왕 능사왕자직(子曰 擧直錯諸枉 能使枉者直)

8

37 조문도 석사가의(朝聞道 夕死可矣)

38 군자유어의 소인유어리(君子喩於義 小人喩於利)

9

39 시사명 청사총(視思明 聽思聰)

색사온 모사공(色思溫 貌思恭)

언사충 사사경(言思忠 事思敬)

의사문 분사난(疑思問 忿思難)

견득사의(見得思義)

40 질승문즉야(質勝文則野)

문승질즉사(文勝質則史)

문질빈빈연후군자(文質彬彬然後君子)

41 군자지덕풍(君子之德風)

소인지덕초(小人之德草)

초상지풍 필언(草上之風 必偃)

10

42 학이불사즉망 사이불학즉태(學而不思則罔 思而不學則殆)

43 신영복,《강의》179~184쪽의 내용을 요약하였다.

11

44 위정이덕 비여북신(爲政以德 譬如北辰)

거기소이 중성공지(居其所而 衆星共之)

45 노자안지 붕우신지 소자회지(老者安之 朋友信之 小者懷之)

46 부인자 기욕입이입인(夫仁者 己欲立而立人)

기욕달이달인(己欲達而達人)

능근취비 가위인지방야이(能近取譬 可謂仁之方也已)
47 인자선난이후획 가위인의(仁者先難而後獲 可謂仁矣)

감사의 글

우리가 애송하는 서정주의 〈국화 옆에서〉라는 시는 "한 송이 국화꽃을 피우기 위해 / 봄부터 소쩍새는 / 그렇게 울었나보다"라는 구절로 시작한 후 천둥 역시 국화를 꽃피우기 위해 여름 한철을 먹구름 속에서 울었을 것이라고 하여 생명 있는 무언가를 이루는 자연의 오랜 준비와 노고를 노래한다. 자연스레 피는 듯 보이는 한 송이 꽃조차도 주위의 헌신적인 도움 없이는 결코 홀로 이루어낼 수 없는 이치를 잘 나타내고 있다고 본다.

지금 펴내는 이 책 역시 한 송이 꽃을 피우는 자연의 노고처럼 주위 여러 사람들의 도움이 없었다면 결코 탄생할 수 없었을 것임을 마음속으로 다시 한 번 느끼며 감사를 드린다.

먼저 논어와 경영이라는 서로 접합점이 잘 안 보이는 영역에 도전할 수 있도록 유학사상 방면에서 이끌어주신 성균관대학교 유학대학 교수 여러분께 감사를 드린다. 오석원 전 유학대학원장, 이기동 대학원장, 최일범 교수, 조민환 교수 등등 많은 분으로 말미암아 유학의 속살을 보고 느끼는 행운을 만난 데 대해 큰 고마움을 느낀다. 이에 더하여 늦은 시기에 유학이라는 생소한 영역에 도전한 만학도를 감싸주고 용기를 주며 빛나가지 않도록 도움을 준 클래스메이트이자 도우(道友)인 여러분께 깊은 감사를 드린다. 유학 공부를 먼저 하신 명륜유학포럼의 여러분들, 특히 포럼 첫 회장을 맡아주신 조병두 박사와 총무를 맡은 전용주 박사 등으로부터 음으로 양으로 많은 도움을 받았으니 이에 고마움을 표하고 싶다. 지면 관계상 일일이 이름을 밝히지 못함을 양해하실 것이라 생각한다.

이 책의 추천사를 흔쾌히 써주신 서정돈 이사장님과 류덕희 성균관대학교 총동창회장님께 이 자리를 빌려 깊은 감사의 마음을 올려 드린다. 또한 성균관대학교 경영대학의 동료 교수 여러분들과 박사과정 모임인 성회연 회원들께도 여러모로 신세 진 것에 감사드린다. 특히 내가 지도하여 박사 학위를 받은 이수로 교수를 위시한 여러 박사들과 내 연구실 조교로 자질구레한 잡무를 성실히 해준 석사 과정 학생들에게도 깊은 고마움을 표하고 싶다.

또한 성대 경영대학원 IMBA 17기 졸업생은 지도 교수로서 인연을 맺은 후 지금까지 훈훈한 정을 나누고 있으니 이 또한 큰 기쁨이 아닐 수 없어 이 자리를 빌려 고마움을 전한다. IMBA 졸업생 중 개인적으로 많은 도움과 각별한 정을 나눈 졸업생들이 상당히 많다. 김대봉 회장, 오한권 회장, 조부형 사장, 김정신 사장, 김은희 사장(18기와 19기) 등등 일일이 이름을 밝히기엔 너무 많은 분들께 특별한 감사를 표한다.

이 책의 발간과 편집을 맡은 예문 출판사의 이주현 대표, 홍대욱 주간, 김유진 편집팀장, 김지은 디자인팀장께도 고마움을 전한다.

마지막으로 우리 집 식구들, 아내 오영숙, 딸 김현성과 사위 이재선, 아들 김희준에게 남편과 아버지로서 사랑과 감사의 마음을 나누고 싶다.

논어가 흐르는 경영

초판 1쇄 인쇄일 2015년 1월 9일 • 초판 1쇄 발행일 2015년 1월 20일
지은이 김혁
펴낸곳 (주)도서출판 예문 • 펴낸이 이주현
등록번호 제307-2009-48호 • 등록일 1995년 3월 22일 • 전화 02-765-2306
팩스 02-765-9306 • 홈페이지 www.yemun.co.kr
주소 서울시 강북구 미아동 374-43 무송빌딩 4층

ⓒ 2015 김혁
ISBN 978-89-5659-241-1 (13320)

저작권법에 따라 보호받는 저작물이므로 무단전재와 복제를 금하며,
이 책 내용의 전부 또는 일부를 이용하려면 반드시 저작권자와
(주)도서출판 예문의 동의를 받아야 합니다.